让每一个生命向着阳光节节生长

——城郊幼儿园"竹趣"微型课程的实践研究

刘晓薇 主编

文汇出版社

图书在版编目(CIP)数据

让每一个生命向着阳光节节生长 / 刘晓薇主编. —
上海：文汇出版社，2023.6
ISBN 978-7-5496-3985-4

Ⅰ.①让… Ⅱ.①刘… Ⅲ.①学前教育-文集 Ⅳ.
①G61-53

中国国家版本馆 CIP 数据核字(2023)第 098156 号

让每一个生命向着阳光节节生长
——城郊幼儿园"竹趣"微型课程的实践研究

主　　编 / 刘晓薇
责任编辑 / 熊　勇
封面装帧 / 薛　冰

出版发行　**文汇**出版社
　　　　　上海市威海路 755 号
　　　　　（邮政编码 200041）
经　　销 / 全国新华书店
排　　版 / 南京展望文化发展有限公司
印刷装订 / 启东市人民印刷有限公司
版　　次 / 2023 年 6 月第 1 版
印　　次 / 2023 年 6 月第 1 次印刷
开　　本 / 720×1000　1/16
字　　数 / 330 千字
印　　张 / 21.5

ISBN 978-7-5496-3985-4
定　　价 / 68.00 元

本书编委会

主　编：刘晓薇
副主编：沈乐怡
编　委：戚丹花　韩春磊　陶　叶　金　玲
　　　　　陆君伟　杨雯晔　沈浩梅　唐晓丹
　　　　　苏周莉　肖　红　沈丽萍　干春兰

序

钱圩幼儿园地处沪郊,幼儿园周边有广袤的竹林,多数孩子家中亦有竹园,"竹"元素以其内容丰富、形式多样存在于生活之中,孩子从小就习惯了在田埂、竹林中奔跑嬉戏。2020年晓薇任钱圩幼儿园园长之初,听她讲述幼儿园"竹趣"课程理念时,那句"让每一个生命向着阳光节节生长"深深打动着我。"生命""阳光""生长",在这美好字眼的背后我真切地感受到晓薇园长为农家孩子打造一所家门口好幼儿园的满腔热情,我也满怀期待这所农村幼儿园会有哪些让人惊喜的改变。事实上,在之后的几次调研中我惊喜地发现钱圩幼儿园"竹趣"课程比我预想得更具内涵而富有张力。

幼儿园"竹趣"课程是晓薇园长承担的上海市教育科学研究项目(C2021292)成果,"宝剑锋从磨砺出,梅花香自苦寒来",在她的带领下,团队成员借助行动研究与反思性实践终于修得正果,而真正的可贵之处在于其独特的话语写真。我感慨于普通的竹子在晓薇园长的奇思妙想中变成一个个既具童趣又富有野趣的原创性课程教学活动。从竹趣景观设计、课程环境打造,到学习中的"探竹"、生活中的"品竹"、运动中的"玩竹"、游戏中的"乐竹"、实践中的"寻竹"等,近30万字的幼儿园"竹趣"课程成为幼儿亲近自然、探索世界、体验生活的媒介,教师专业发展的桥梁,更成为幼儿园实现跨越式发展的重要引擎。

晓薇园长是目前金山区最年轻的85后园长,之前曾担心这个年龄段的"掌舵者"在顶层设计时会顾此失彼,缺乏对全局的把握,现在看来我的顾虑是多余的。在幼儿园"竹趣"课程带动下,晓薇园长顺势而为,充分挖掘竹的内涵与外延,在幼儿园"十四五"发展规划中提出了"自然天成,活力生长"的办园理念。"自然"是这所地处沪郊农村幼儿园的最大特点,幼儿园根植地方生态文化,契合自然发展教育理念,利用家门口丰富的竹资

源,为幼儿打造健康丰富的成长环境;"活力"则以"竹"为载体,以"趣"为核心,尊重幼儿发展规律,为幼儿亲近自然、乐享生态、发展自我提供条件和机会,让幼儿充满活力,向着阳光节节生长。

"绿竹猗猗",这是出自《诗经》中的话,意为风景迤逦、竹林茂密的样子。而"绿竹猗猗,节节向上"是晓薇园长提出的校园文化。即"团队"中的竹文化,乐在"竹"中,不断滋养自身的专业素养和人文素养,朝着梦想拔节而长,教师队伍凝心聚力、春竹成林;"环境"中的竹文化,让"竹"元素体现在幼儿园的每个角落、每个空间,用心打造"自然清雅,自主开放"的"竹趣"环境;"制度"中的竹文化,竹柔韧却不失刚强,将刚性的制度管理和柔性的文化管理有机融合,构建"刚柔并济"的校园制度文化。由"自然天成,活力生长"办园理念到"绿竹猗猗,节节向上"的校园文化,体现了晓薇园长对办好"家门口好幼儿园"的责任与信心,更体现了晓薇园长具有全局性的眼光和统筹谋划的定力。

"家门口的好幼儿园",是践行"让每一个孩子享受公平而有质量的教育"的有效行动,也是体现"办让人民满意的高质量金山教育"的重要举措。而幼儿园"竹趣"微型课程成就了一所家门口的好幼儿园,幼儿园通过了市一级园的验收评估。这其中离不开幼儿园全体教职工的智慧与耕耘。祝愿钱圩幼儿园竹品立德、竹蕴树人,为教师与幼儿拔节成长助力,在可期的将来培育一片葱郁茂盛、生生不息的翠竹林,呵护一颗期望稚子拔节生长的拳拳心,打造一所具有竹趣特色的品质幼儿园。

上海市金山区教育局局长　郑瑛

2023 年 3 月

目　　录

导论　城郊幼儿园"竹趣"微型课程的实践研究 …………………… 1
一、研究缘起 ………………………………………………………… 3
　　（一）从园所现状剖析中破解研究新思路 ……………………… 3
　　（二）从培养"完整儿童"中探索研究新视角 ………………… 3
　　（三）从教师课程领导力解析中开拓研究新途径 ……………… 4
二、研究视野 ………………………………………………………… 4
　　（一）理论基础 …………………………………………………… 4
　　（二）研究走向 …………………………………………………… 6
三、研究概述 ………………………………………………………… 9
　　（一）研究目标 …………………………………………………… 9
　　（二）研究内容 …………………………………………………… 9
　　（三）研究对象、方法与过程 …………………………………… 9
四、研究结果 ………………………………………………………… 10
　　（一）构建了城郊幼儿园"竹趣"微型课程整体框架 ………… 11
　　（二）探索了城郊幼儿园"竹趣"微型课程具体实施 ………… 32
五、研究效果 ………………………………………………………… 37
　　（一）幼儿园"竹趣"微型课程促进了"完整儿童"的培养 …… 37
　　（二）幼儿园"竹趣"微型课程提升了教师课程领导力 ……… 39
　　（三）城郊幼儿园"竹趣"微型课程的研究突显了办园特色
　　　　　………………………………………………………………… 45
六、研究后续思考 …………………………………………………… 46
　　（一）优化相关评价指标 ………………………………………… 46
　　（二）深耕"竹趣"课程内涵 …………………………………… 47

（三）完善园本课程体系 …………………………………………… 47

第一章　城郊幼儿园"竹趣"微型课程下的行动研究……………………… 51
　　沪郊幼儿园"宅基课堂"的开发与实施 …………………… 刘晓薇　53
　　基于"竹趣"微型课程助力教师专业成长的探索与
　　　实践 ………………………………………………………… 戚丹花　63
　　幼儿园"竹趣"户外活动的开发与实施 …………………… 沈乐怡　74
　　竹趣室活动：内涵、价值及实践 …………………………… 杨雯晔　78

第二章　城郊幼儿园"竹趣"微型课程项目式学习案例………………… 83
　　"SHI"笋记 …………………………………………………… 陶　叶　85
　　护林小分队的思与行 ……………………………………… 金　玲　89
　　"竹具大探秘"项目化学习活动 …………………………… 沈乐怡　96
　　竹屋环游记 ………………………………………………… 杨雯晔　104
　　竹子的品格
　　　——"竹子生长的秘密"项目化学习活动 ……………… 韩春磊　110

第三章　"竹趣"特色活动案例…………………………………………… 115
　　护竹行动记 ………………………………………………… 金　玲　117
　　识笋记 ……………………………………………………… 苏周莉　122
　　以竹为媒　以趣为"芯" …………………………………… 陆君伟　126
　　竹筏的秘密
　　　——竹趣课程背景下项目化学习之旅 ………………… 韩春磊　131
　　竹林游戏升级记 …………………………………………… 沈乐怡　137
　　我自主、我创新
　　　——对中班美术活动"竹圈变变变"的研讨 …………… 沈浩梅　144
　　走进乡野宅基，乐享趣味课堂 …………………………… 金　玲　149

第四章　城郊幼儿园"竹趣"微型课程下的特色方案…………………… 155
　　品竹活动方案集 …………………………………………… 157
　　玩竹活动方案集 …………………………………………… 168

乐竹活动方案集 …………………………………………………… 207
　　探竹活动方案集 …………………………………………………… 228
　　寻竹活动方案集 …………………………………………………… 281

第五章　城郊幼儿园"竹趣"微型课程的管理策略……………… 289
　　金山区钱圩幼儿园校本研修方案 ………………………………… 291

第六章　城郊幼儿园"竹趣"微型课程的环境资源……………… 311

导 论
城郊幼儿园"竹趣"微型课程的实践研究

钱圩幼儿园地处沪郊，幼儿园周边有广袤的竹林，多数幼儿家中亦有竹园，"竹"元素以其内容丰富形式多样存在于幼儿生活之中。其具有内隐的教育价值与张力，适合幼儿的学习。竹趣是以"竹"为载体、以"趣"为核心，利用竹资源开展有关竹的精神、竹的知识、竹的艺术、竹的实践等方面的活动，把城郊的"竹"资源与健康、语言、社会、科学、艺术五大领域活动有效融合，形成品竹、玩竹、乐竹、探竹、寻竹等系列特色活动。幼儿园"竹趣"微型课程是指以"竹"为主线，以幼儿年龄特点为平台，以运动、艺术领域教育目标为核心，整合语言、科学、社会其他领域教育目标，具有一定课程逻辑关系和价值关系的课程内容体系，具有容量小、学习目标和内容集中、学习时间较短的特点。为此，在幼儿生活环境与课程中融入竹资源，使幼儿在潜移默化中了解、认同并喜爱家乡文化，发展幼儿多元能力，从而凝聚成具有本园特色的"竹趣微型课程"。之所以开展此项研究，是基于以下缘由。

一、研究缘起

（一）从园所现状剖析中破解研究新思路

"十三五"期间，我园以"基于'审美'的生活化美术材料开发和实践研究"为契机，尝试建构生活化美术活动方案，开发竹系列、布系列、稻草系列等五大生活化美术活动材料。其中，"知竹常乐"项目成功申报为区民族技艺重点项目，逐步形成了"竹趣"系列活动。同时在竹材料的开发和实践研究过程中，发现"竹"元素完全契合地区特点，"竹"元素通过三年的孕育，逐步升华为生活化美术的核心材料。但是以"竹"资源为载体开展生活化美术活动，缺失了"竹趣"课程的核心价值及"竹文化"对幼儿品格养成的价值研究。因此，进一步扩展"竹"的内涵和外延，通过"竹"这一载体更好地让办园理念贯穿于课程结构、课程内容、课程实施的设计，深入每一位教师的教育教学中，渗透一日活动各个环节，使办园理念真正落地。

（二）从培养"完整儿童"中探索研究新视角

"完整儿童"，即儿童在身体、表达、认知、情感和道德等方面的整合性

发展。"玩"是幼儿探索、体验世界的独特方式,幼儿园"竹趣"微型课程以"竹"为载体,巧妙地将五大领域渗透在幼儿的一日活动中:健康领域活动中"玩竹",艺术领域活动中"品竹",语言领域活动中"话竹",科学领域活动中"探竹",社会领域活动中"寻竹"。将自然资源和地域文化以微型课程方式呈现出来,为幼儿搭建与竹资源充分互动体验的机会与空间,提升幼儿多元能力的发展。

(三)从教师课程领导力解析中开拓研究新途径

幼儿园"竹趣"微型课程的实施,能够有效激发教师专业研究的自主性,通过为教师搭建专业探究平台,切实提升教师个体在思维、设计、实施、反思等环节的能力。在设计微型课程目标时以幼儿的发展需求为出发点,设置相关的教学内容,并在此基础上适时地予以拓展,在设计活动内容时,多维度选择教学课程,整合不同领域的学习内容,在课程内容开发过程中,注重关联性、开放性、可拓展性及生成性等方面,以满足幼儿学习多样性的需求。在课程实施的过程中,寻找和发现满足幼儿需要的竹趣微型课程"生长点",如线上线下相结合的灵活形式,园内、外开展的灵活性等,创造出富有特色、适应幼儿需求的竹趣微型课程,从而提升教师的课程领导力。

为此,我们立足于幼儿园办园特色、课程历史背景和课程理念,以幼儿个体发展为根本,通过"为何做——怎么做——做得怎样——后续思考"的循环模式构建幼儿园"竹趣"微型课程,不断深化幼儿园"竹趣"微型课程的研究,以反映钱圩幼儿园与众不同的品质和个性。

二、研究视野

(一)理论基础

1. 后现代课程理论及启示:关注城郊幼儿园"竹趣"微型课程的动态开放

美国课程论专家多尔(Doll)认为后现代课程是"一种形成性的而不是预先界定的,不确定的但却有界限的课程",其关键点在于开放、互动和共同的会话,其标准包含"丰富性""回归性""关联性""严密性"四个方面。[1]

---

[1] [美]小威廉姆·E.多尔著,王红宇译.后现代课程观[M].钟启泉,张华主编.世界课程与教学新理论文库,北京:教育科学出版社,2000:250.

后现代课程理论启示我们,在构建城郊幼儿园"竹趣"微型课程的过程中,要保持开放的心态,强调以开放、生成和创新为基本价值取向。构建"竹趣"课程需以幼儿已有的生活经验为起点,从此基础上扩展其新的经验生长点。因此,教师要能够实时把握好幼儿已有经验和未来经验之间的差距,结合个体的发展水平为幼儿的发展搭桥铺路。

2. "活教育"理论及启示:关注城郊幼儿园"竹趣"微型课程的生活属性

陈鹤琴认为,自然和社会是教育的"活教材",幼儿能够通过直接接触和观察体会获取相关经验和知识,教师应该以生活为出发点寻找素材,要把幼儿从课堂向生活引导,通过自然和社会,逐步提升幼儿对社会、自然、自我三者关系的整体认知,有效发展幼儿个性品质,以及创新和实践能力。

"活教育"理论引导我们,幼儿园"竹趣"微型课程应以提供促进幼儿生长的经验为课程目标。遵循幼儿身心发展规律和教育本身固有规律,提供有益于幼儿发展的、适宜的经验作为课程目标。同时既定的课程目标应是富有弹性的、可以调整的。以幼儿的生活经验为课程内容,与幼儿生活紧密联系是判断幼儿园"竹趣"微型课程内容是否适合幼儿发展需要的标准之一。遵循"生活里找教育,为生活而教育"的理念,"竹趣"微型课程注重创设真实的生活场景,通过亲身体验的形式,让幼儿在"做中学""玩中学"过程中进行自主探索、合作分享,从而促进每一名幼儿的身心全面发展。

3. 建构主义理论及启示:关注城郊幼儿园"竹趣"微型课程的过程属性

建构主义学习理论是行为主义发展到认知主义以后的进一步发展,该理论认为学习环境包含四大要素,即"情境""协作""会话""意义建构"。[①]

建构主义理论告诫我们,运用建构主义理论构建城郊幼儿园"竹趣"微型课程,要将"竹趣"课程与幼儿生活融为一体,努力促使幼儿自发地与

---

① 张素平.建构主义学习范式下体验式教学模式实现路径研究[J].科教文汇(上旬刊),2021,(10).

周边环境相融合,主动形成个体认知,不断完善、更新幼儿已有的经验,在已有和未来中构建全新的认知体系。

4. 经验之塔理论及启示:关注城郊幼儿园"竹趣"微型课程的经验属性

美国教育家埃德加·戴尔认为人类学习主要通过直接和间接两个渠道获取知识,并根据抽象程度分成三大类十个层次。①

"经验之塔"理论告诉我们,在幼儿园"竹趣"微型课程实施过程中,引导幼儿通过观察、比较、体验等方式参与"竹趣"课程获得直接经验;借助视频、图片等视觉符号、言语符号使幼儿获得关于"竹的文化""竹的精神"等间接经验。幼儿在"竹趣"微型课程活动中,直接经验和间接经验都不可或缺,要根据幼儿的年龄特点或个体差异选择优先满足哪一种经验。此外随着幼儿年龄的增长,经验的积累,"竹趣"微型课程教学要逐渐从关注直接经验向抽象经验发展。

(二) 研究走向

1. 他山之石:幼儿园"竹趣"微型课程的相关研究

(1) 寻觅研究轨迹:微型课程的相关研究

① 微型课程的内涵

微型课程的概念界定主要有三种视角:一是从学科视角看,微型课程特点是以教师能力、学生兴趣与需求为出发点和立足点来组织、设计短期的小规模课程。二是从信息技术视角看,微型课程强调计算机技术在微型课程中的应用。三是从校本课程开发的视角看,被界定为"由教师针对任教班级学生具体学习需要,所进行的短时班级性校本课程开发活动"。这种视角主要被国内研究者采用,认为目前我国校本课程开发虽然取得了一定成果,但仍需要在开发维度上有所深化,在开发范围、层面上要有新的突破,它的开发主体是教师;开发依据是特定班级学生的兴趣、学习需要或是班级管理中出现的实际问题;课程的应用范围和层面是特定班级,而非全校。②

② 微型课程的实践

微型课程的教学更注重活动性,分为"课室内"和"课室内外相结合"

---

① 焦丽珍. 神奇的"经验之塔"——《视听教学法之理论》[J]. 现代教育技术,2012,(06).
② 胡铁生,詹春青. 中小学优质"微课"资源开发的区域实践与启示[J]. 中国教育信息化,2012,(22).

两类教学方式。首先,通过创设特定的学习情境,激活学习者的问题意识,形成学习任务,促进学习活动的开展,促使学习者新旧经验的相互作用,从而导致认知结构的改组或重建;其次,激励自发性实践,探寻解决问题的思路和方式,并完成学习任务;再次,通过指引开展协作学习,发表自己的看法、想法和方法,将个体的智慧向群体分享。教师作为微型课程的实施主体,应探索多种科学合理的教学方法和手段,有助于调动学习者在微型课程实施过程中的积极性和主体性,促进他们对课程单元或专题的深入思考,从而达到对当前所学知识的意义建构的目的。"微课"以视频为主要呈现方式,使一些虚拟抽象的概念具体化,通过建构认知图式模型,有利于降低学习者的学习难度。

③ 幼儿园微型课程的相关理论研究

幼儿园微型课程是立足于幼儿园实际,体现幼儿园特色,以促进幼儿发展为目标,全面贯穿幼儿一日生活中活动内容(生活活动、运动、游戏活动、学习活动),主题鲜明、形式多样、组织灵活的小型主题活动,具有某些共同的特性:依据幼儿的兴趣、需要、经验,在与环境资源的交互作用中,展现出师幼共同生发的动态过程。微型课程的"微小"并不意味着它是可以任意设置与随意处置的、无关紧要的"小部件""小摆设"。微型课程同其他课程一样应具有一定的计划水准、实施水准和结果水准,必须依据学校的培养目标和教育目的,使之成为对受教育者的健全发展施加影响的教育教学活动的一部分。根据微型课程的内涵、特点及实施要求,微型课程主要包括主题、目标、计划、实施与评价五个要素。

(2) 寻求实践支持:幼儿园"竹趣"课程的相关研究

① 幼儿园"竹趣"资源的开发与利用

丁国钦[①](2018)指出,竹子的课程资源相当丰富,笋皮、竹叶可以制作贴画,竹笋、笋干可以做菜,竹篾可编篮子、簸箕等,用竹片可以做书签、竹蜻蜓等。叶小艳[②](2012)认为,融入"竹趣"资源的游戏可以促进幼儿综合能力的提升,竹资源游戏集趣味性、合作性、竞争性、娱乐性、运动性于一体。许雅清[③](2016)认为,竹材料在户外游戏中的运用主要有三种

---

① 丁国钦.寻竹趣·玩竹乐·学竹魂——"竹艺"课程开发与实践的反思[J].教学月刊小学版(综合).2018,(04).
② 叶小艳.乡镇中心幼儿园民间游戏"竹趣"方案开发的行动研究[D].浙江师范大学,2012.
③ 许雅清.乐在"竹"中——竹材料在户外游戏活动中的有效运用[J].家教世界,2016.

呈现的形式,分别为原生态竹子、半成品材料及成品的材料。陆家燕[①](2016)提出,趣用"竹"资源,将它们投放到游戏区角,开展形式多样的"竹韵游戏",能激发幼儿兴趣并产生创作的欲望。融入"竹趣"资源的运动可发展幼儿的动作,锻炼幼儿间的组织能力、合作能力,从而使运动充满"竹"趣与生机。

② 幼儿园"竹趣"课程的开发与实施

程文艳[②](2019)指出开展幼儿竹文化教育活动,继承和发扬中国优秀的竹文化艺术,培养幼儿热爱家乡的情感和像竹子一样坚韧不拔、虚心、有节气的品质。文铭婕[③](2019)认为,教师在进行竹文化活动时需选用更加丰富、多样化的材料,充分利用竹子的各部分元素丰富竹文化美术活动。吴晓峰[④](2015)指出挖掘和利用合乎"竹韵怡园"文化精神的课程资源。园外可利用的课程资源主要包括蕴藏在幼儿家庭、大社会及大自然的和"竹韵怡园"文化精神相融的人、事、物素材。王建英[⑤](2019)指出竹文化与课程的整合,在"竹"的启蒙和熏陶下,培养幼儿多方面的素质和能力。

2. 研究述评:在评析中明晰幼儿园"竹趣"微型课程的生长点

(1) 幼儿园"竹趣"课程资源开发由来已久,但需与时俱进

"竹趣"资源开发已有很多研究,主要从价值、目标、内容、实施等方面涉及游戏、运动、区域活动、环境创设等研究,幼儿园"竹趣"活动巧妙地渗透在幼儿的一日活动中,与健康、语言、科学、社会、艺术等领域相结合,构建丰富的幼儿园课程内容,需要我们与时俱进,深入研究。

(2) 幼儿园"竹趣"特色活动有待深化

目前已有的"竹趣"活动研究大部分侧重某个领域,农村幼儿园运用竹资源开展活动;将竹利用到了户外游戏活动中;还有较多研究挖掘竹文化内涵,加大竹文化课程在课程实施中的渗透,深入开发竹文化课程:利

---

① 陆家燕.竹韵润无声:一种幼儿园班级"竹"环境创设的实践[J].江苏幼儿教育,2016,(4).
② 程文艳.汉中市泾洋镇幼儿园竹资源开发运用问题与对策研究——基于农村区域自然资源开发运用的视角[D].渤海大学,2019.
③ 文铭婕.竹文化资源在幼儿园美术活动中的应用研究——以益阳市桃江县A幼儿园大班为例[D].湖南师范大学,2019.
④ 吴晓峰.浅谈"竹韵怡园"理念下幼儿园的文化建设[J].华夏教师,2015,(3).
⑤ 王建英.以儿童为本,做最合适的课程[J].好家长.2018,(62).

用音乐活动探究与竹有关的民族乐器,感受民族音乐的魅力;开展讲述有关竹子的诗词、竹子与文人的故事等;指导幼儿发现竹子的生长秘密,举行竹蜻蜓升空,将竹文化融入科技探究活动中……但多数研究都偏向于某一个领域,从微观的层面进行分析,缺乏跳出局部对幼儿园"竹趣"课程进行较为系统的研究,幼儿园"竹趣"活动有待深化。因此,本课题基于前人的研究基础上传承并注入新的视角。

(3) 幼儿园"竹趣"微型课程研究是当下之义

立足微型课程"短、小、精、活"的特点,本研究依据因地制宜的环境优势,具备条件开展室内外相结合的"竹趣"微型课程;四大板块的"竹趣"活动单元切入点小而精确,能够以简短时间快速呈现,以"线上+线下"方法相融合的形式做技术支撑;组织方式呈现灵活布局,将活动准备、场景布置、教师提问、幼儿活动、集体指导、个别点拨等多元化手段融入课程,有利于幼儿与自然环境的交互,为开展丰富的"竹趣"活动提供保障。通过"竹趣"微型课程实践活动为补充,引导幼儿从小养成具有竹的品质的积极正向的人格,为幼儿发展奠定扎实的基础,对于钱圩幼儿园是新的挑战和新一轮的研究方向。因此幼儿"竹趣"微型课程研究是当下之义。

三、研 究 概 述

(一)研究目标

通过研究,探索城郊幼儿园"竹趣"微型课程的课程理念、课程目标、课程内容、课程实施、课程评价,并在不同年龄阶段的幼儿中予以实施,以验证"竹趣"微型课程的适宜性与有效性。

(二)研究内容

1. 城郊幼儿园"竹趣"微型课程的价值研究
2. 城郊幼儿园"竹趣"微型课程的设计研究
3. 城郊幼儿园"竹趣"微型课程的实践验证
4. 城郊幼儿园"竹趣"微型课程的成效研究

(三)研究对象、方法与过程

1. 研究对象

(1) 幼儿

以整群取样的方法抽取本园小、中、大班各30名共计90名幼儿为研究对象,开展前测与后测。

(2)教师

以整群取样的方法抽取本园教师共24名为研究对象,开展幼儿园"竹趣"微型课程的问卷调查。

表1 研究方法与过程

研究过程	研 究 方 法
准备阶段	1. 采用文献法搜集、鉴别、整理有关"竹趣""微型课程""幼儿园微型课程"等文献,了解研究动态,为课题提供理性的思考和价值判断;对"幼儿园竹趣微型课程"等关键概念作界定。 2. 采用调查问卷和访谈法了解教师对"竹趣"微型课程的价值、目标、内容实施等方面的认识。
实施阶段	1. 采用观察法观察教师"竹趣"微型课程的课程资源开发能力及"竹趣"微型课程活动设计能力;观察幼儿在"竹趣"活动中的认知与经验、情感与态度等方面的发展情况。 2. 采用行动研究法 (1)制订课题实施阶段计划,落实研究内容,分步推进研究:对城郊幼儿园"竹趣"微型课程的课程理念、课程目标、课程内容、课程实施途径及方法、课程评价等,不断通过实践、研究和反思,在实践与行动中予以改进、完善。 (2)创设、提供课程实施所需的资源与条件;在3—6岁不同年龄的幼儿中开展"竹趣"微型课程的实施。 (3)组织课题中期论证,明晰下一轮研究的思路与方向;总结、提炼课程实践经验并撰写成案例;开展相关评价。 3. 采用文本分析法分析教师的"竹趣"微型课程高低结构活动方案,从而分析教师的设计能力和教学轨迹,为后续的行为改进积累资料。
总结阶段	采用经验总结法收集、整理、分析、归纳相关资料;撰写课题研究报告;编写《城郊幼儿园"竹趣"微型课程的实践研究》活动方案集、幼儿作品集、教师案例集。将采集的数据用SPSS20.0统计,对获得的数据进行统计分析。

四、研 究 结 果

幼儿园在专家的引领下,按照课题实施计划稳步推进,包括情报资料的查询与分析;完成了"城郊幼儿园'竹趣'微型课程调查报告";架构了城郊幼儿园"竹趣"微型课程框架;形成了城郊幼儿园"竹趣"微型课程系列单元方案集、活动案例集、学习故事集;建立了城郊幼儿园"竹趣"微型课程资源库;完成了"城郊幼儿园'竹趣'微型课程中期研究报告"。

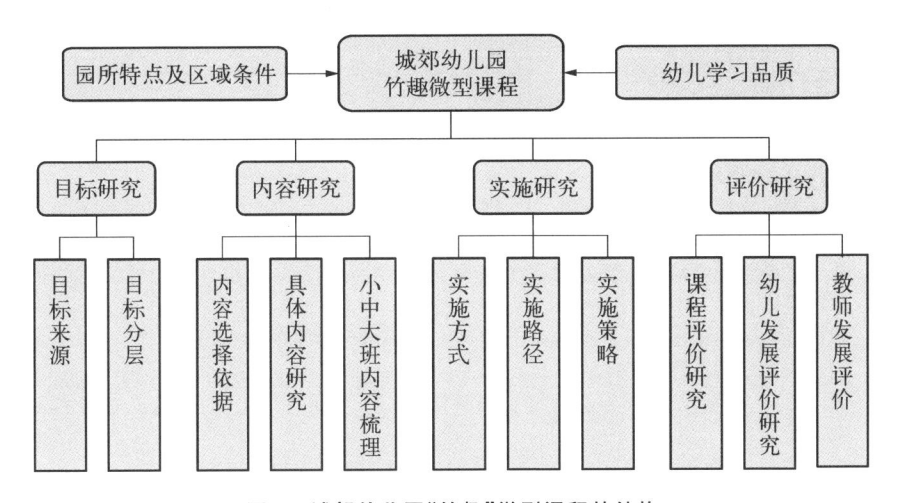

(一)构建了城郊幼儿园"竹趣"微型课程整体框架

图1　城郊幼儿园"竹趣"微型课程的结构

1. 确立了城郊幼儿园"竹趣"微型课程理念

玩是幼儿的天性,玩中蕴含了幼儿成长需要的源动力。幼儿在玩中探索发现,将"玩"和"学"结合起来,在"玩"的过程中体验快乐、习得认知,真正释放童真,让幼儿度过快乐又有意义的童年。依据《上海市学前教育课程指南》,结合园所特点,确立了"竹趣横生,乐玩童年"的课程理念。培养幼儿成为"健康自信有活力、好奇探究会思考、文明乐群愿合作、亲近自然享生活"的新农村完整儿童。

2. 制定了城郊幼儿园"竹趣"微型课程目标

(1) 目标制定依据

依据《3—6岁儿童学习与发展指南》的要求和幼儿的年龄特点、围绕课程理念,将课程目标具体化,在"竹趣"微型课程目标设计时,根据小中大三个年龄班幼儿特点,制定总目标、具体目标及各年龄段幼儿发展目标。

（2）目标分类与分层

表 2　幼儿园"竹趣"微型课程目标

总 目 标
通过"竹趣"微型课程的实施，促进幼儿健康与体能，以及情感、态度、认知方面的发展，使幼儿成为健康自信有活力、好奇探究会思考、文明乐群愿合作、亲近自然享生活的完整儿童。

具 体 目 标
1. 积极参加"竹趣"活动，增强体质，提高运动能力和行动的安全性。 2. 初步形成文明卫生的生活态度和习惯，独立自信地做力所能及的事，积极向上并有初步的责任感。 3. 初步了解并遵守共同生活所必须的规则，体验并认识人与人相互关爱与协作的重要和快乐。 4. 积极地尝试运用语言及其他非语言方式表达和表现竹子的特征、精神等，具有一定的想象力和创造性。 5. 亲近自然，接触社会，初步了解竹子的特性、形态，以及竹衍生的物品，有认识和探索的兴趣。 6. 初步接触"竹趣"多元文化，能发现和感受"竹趣"中的美，萌发审美情趣。

各年龄段分目标			
领域＼年龄段	小班(3—4岁)	中班(4—5岁)	大班(5—6岁)
健康与体能	1. 在成人的提醒下，端正幼儿的坐姿。 2. 在较热或较冷的"竹趣"户外环境中活动，促进幼儿的适应能力。 3. 提供竹器材，激发幼儿的运动兴趣，能迅速投入活动。	1. 在成人或同伴的提醒下，端正幼儿的坐姿。 2. 能在较热或较冷的"竹趣"户外环境中连续活动半小时，促进幼儿的适应能力。 3. 提供各种竹器材，满足运动需求，能自主选择竹器材锻炼身体，发展运动基本动作。	1. 能经常保持良好的站姿、坐姿和走路姿势。 2. 能在较热或较冷的"竹趣"户外环境活动不少于半小时，促进幼儿的适应能力。 3. 提供各种竹器材，满足运动需求，愿意尝试各种竹器材锻炼身体各个部位，发展运动基本动作。

续 表

各年龄段分目标			
年龄段 领域	小班(3—4岁)	中班(4—5岁)	大班(5—6岁)
习惯与自理	1. 对竹趣活动感兴趣,激发提问欲望。 2. 竹趣游戏中,增强自我保护意识。 3. 竹趣活动多元化,满足需求,提高幼儿的专注力。 4. 竹趣活动中,鼓励幼儿使用礼貌用语。	1. 喜欢竹趣活动,满足好奇心,激发提问的欲望。 2. 竹趣游戏中,提升幼儿自我保护的能力。 3. 竹趣活动遇到困难时,鼓励幼儿坚持继续活动。 4. 竹趣活动中,鼓励幼儿主动使用礼貌用语。	1. 喜欢探索竹趣活动,激发幼儿主动追问的欲望。 2. 竹趣活动中,增加自我保护的方法。 3. 竹趣活动遇到困难时,鼓励幼儿不怕困难,多次尝试完成任务。 4. 竹趣活动中,鼓励幼儿能按顺序轮流说话,不随意插嘴、打断别人。
自我与社会性	1. 竹趣活动中,鼓励幼儿表达自己的需求、感受。 2. 提供多样化竹趣活动,引导幼儿爱上竹趣活动,满足幼儿的不同需求。 3. 鼓励幼儿友好地提出请求,与同伴共同参与竹趣活动。 4. 引导幼儿认识不同的竹子。	1. 竹趣活动中,鼓励幼儿谦虚听取和接纳同伴的建议和意见。 2. 提供多样化竹趣活动,引导幼儿按自己的想法进行活动,鼓励承担一些小任务,尝试做简单的计划。 3. 鼓励幼儿运用简单的交往技巧加入同伴的竹趣活动。 4. 引导幼儿认识不同地区竹子的明显特征。	1. 竹趣活动中,鼓励幼儿控制自己的情绪,倾听和接纳同伴与自己不一样的意见,引导幼儿不同意时会表达自己的想法。 2. 提供多样化竹趣活动,引导幼儿主动发起活动,敢于挑战,做出简单的分析,完成自己接受的任务。 3. 鼓励幼儿想办法结伴共同游戏,游戏中引导幼儿与同伴共同协商制定规则。 4. 引导幼儿感知中国不同区域有很多不同种类的竹子。

续 表

各年龄段分目标			
领域 \ 年龄段	小班(3—4岁)	中班(4—5岁)	大班(5—6岁)
语言与交流	1. 引导幼儿大方地与熟悉的人说说竹子、介绍竹子。 2. 支持幼儿愿意用语言表达有关竹子的想法,必要时辅以简单的动作和表情。 3. 通过观察有关竹子的画面,鼓励幼儿说出画面所表达的内容和事件。 4. 鼓励幼儿了解绘本中的文字是和画面一起表达意义的。 5. 引导幼儿愿意用简单的图画或符号表达一定的意思。	1. 引导幼儿愿意与他人交流自己感兴趣的竹子相关话题。 2. 支持幼儿能较完整地讲述自己对竹子的认识和理解。 3. 能通过观察有关竹子绘本的连续画面,鼓励幼儿大致说出故事的主要情节。 4. 鼓励幼儿能跟随文学作品情节展开进程,体会作品所表达的各种情绪、情感。 5. 引导幼儿愿意用图画和符号表达自己的愿望和想法。	1. 引导幼儿乐于参与有关竹子话题的讨论,能在众人面前表达自己的想法。 2. 支持幼儿讲述竹子时能使用常用的形容词、同义词等,能使用表示因果、假设等相对较复杂关系的句子,语言较生动。 3. 能根据竹子相关故事的部分情节或绘本画面的线索,鼓励幼儿续编或创编故事。 4. 鼓励幼儿对阅读过的图书及故事能发表看法,初步感受文学作品中的语言美。 5. 引导幼儿愿意用图画和符号表现事物或故事。
探究与认知	1. 在摆弄各种竹制物品中发展幼儿的好奇、好问。	1. 在动手、动脑探索时,满足幼儿对未知竹制品的兴趣。	1. 在动手、动脑寻找竹子相关问题的答案中,满足幼儿对探索的发现欲。

续 表

年龄段 领域	各年龄段分目标		
	小班(3—4岁)	中班(4—5岁)	大班(5—6岁)
	2. 鼓励幼儿仔细观察自己感兴趣的竹子的方方面面，发现其明显特征。 3. 引导幼儿用多种感官或动作探索竹子，并对结果感兴趣。 4. 支持幼儿认识多种多样的竹子，发现和了解不同特征和特性。 5. 引导幼儿感知和发现竹子的大小、多少、高矮、长短等方面的差别，并用相应的词语描述。 6. 帮助幼儿运用一一对应的方法比较竹子与其他物体的多少。 7. 引导幼儿感知和发现竹子较明显的形状特征，并用词语来描述。	2. 鼓励幼儿观察、比较不同的竹子，发现其异同，并进行简单描述。引导幼儿根据对竹子的观察结果提出疑问，并运用已有经验大胆猜测。 3. 引导幼儿通过简单的调查，收集自己需要的有关竹子的信息，提升幼儿用图画或其他符号进行记录的能力。 4. 支持幼儿感知和发现竹子的生长变化过程及所需基本条件。 5. 引导幼儿感知和发现竹的粗细、轻重等方面的差别，并用相应的词语描述。 6. 帮助幼儿运用数数的方法比较竹子与其他物体的多少。 7. 引导幼儿感知和发现竹子的形体结构特征，并用绘画、拼搭等方式表现物体的造型。	2. 鼓励幼儿在观察、比较与分析竹子的基础上，发现并描述事物的特征或变化，以及事物之间的关系。 3. 引导幼儿用一些简单的方法来验证自己对竹子方面的有关猜测，并根据结果进行调整。在帮助下，提升幼儿制订简单调查计划，收集信息的能力。 4. 支持幼儿运用数字、图画、图表或其他符号等记录探究竹子的过程和结果，探究中能与他人合作与交流。 5. 引导幼儿发现和了解竹子的外形特征、习性与其生存环境之间的适应关系。 6. 帮助幼儿初步感知和理解量的相对性。 7. 引导幼儿组合运用常见的集合形体拼搭、制作和画出竹子的造型，富有一定的创意。

续　表

各年龄段分目标			
领域＼年龄段	小班(3—4岁)	中班(4—5岁)	大班(5—6岁)
美感与表现	1. 鼓励幼儿观赏大自然中的竹子、竹的环境、竹的器具等。 2. 支持幼儿观看不同形式的"竹艺"作品。 3. 在进行有关"竹趣"艺术活动时，启发幼儿经常哼哼唱唱、或模仿有趣的声调、动作和表情。 4. 在"竹"情景中，指导幼儿涂涂画画、粘粘贴贴并乐在其中，能运用简单线条和色彩大致画出自己喜欢的竹。 5. 引导幼儿模仿并唱出有关竹子短小的歌曲，能伴随音乐做动作。	1. 在观赏竹子、竹具等的过程中，使幼儿关注其色彩、形态等特征。 2. 在参加"竹艺"欣赏活动时，激发幼儿产生相应的联想和情绪反应。 3. 在参加有关"竹趣"艺术活动时，启发幼儿经常唱唱跳跳，参加歌唱、律动、舞蹈等形式的活动。 4. 在"竹"情景中，指导幼儿运用绘画、捏泥、折纸等方式表现竹子的外形特征、形态等。 5. 引导幼儿用自然的、音量适中的声音基本准确地唱唱竹子相关的歌曲，能运用即兴哼唱、即兴表演、改编歌词等方式表达对竹子歌曲的理解。	1. 鼓励幼儿向他人介绍自己所发现的竹之美。 2. 在和他人分享、交流自己喜欢的"竹艺"作品和对作品的体验时，支持幼儿用自己制作的作品布置环境、美化生活。 3. 在积极参加各类"竹趣"艺术活动时，启发幼儿寻找自己比较喜欢的活动形式。 4. 在"竹"情景中，指导幼儿乐于使用多种工具、材料或不同的表现手法来表达竹子的外形特征、形态和自己的感受与想象。 5. 引导幼儿用基本准确的音调和节奏唱竹子相关的歌曲。能通过旋律或简单的舞蹈动作表达自己的情绪或表现竹子歌曲中的情景。

3. 梳理了城郊幼儿园"竹趣"微型课程内容

(1) 幼儿园"竹趣"微型课程内容的来源

一是结合学习教材开发幼儿园"竹趣"微型课程。从主题活动中寻找开发的链接点。着眼于幼儿园主题活动，注重各活动之间的横向联系与拓展，注重各活动之间的整合和渗透，视资源为幼儿主题活动的"实践地"

和"经验场",通过主题聚焦开发构建幼儿园"竹趣"微型课程。

在开展中班主题活动"常见的用具"过程中,幼儿以寻找家中的老物件为线索,寻觅到许多竹制用具,有农具锄头、扁担、竹篓等;有工具类的炱糕模具、竹筛、竹蒸架、竹刷等;有用具类的竹椅、竹筷、竹席、竹扫把等,从而发现原来竹制品在我们的生活中别有一番用处。

二是利用民俗资源开发幼儿园"竹趣"微型课程内容。依托地域文化资源及独特的园所条件,不断吸纳地域文化资源中有价值可利用的"竹"资源,为"竹趣"微型课程内容的开发与建设提供新的渠道。

春节前炱糕是农村的一种传统民俗。《沪谚》曰:"实米于甑而熏蒸之曰炱,音'壮'。"《嘉定县续志》记载:"俗谓炊粉餈曰炱糕。"在农村逢年过节少不了吃炱糕,这不仅寓意着年年"糕"升,更是代代传承的年味记忆。到了炱糕那天,孩子们的主要工作是帮奶奶搓糕粉,搓出糕粉用竹筛子筛,再把竹尺插入糕粉,挑起来,尺上堆的糕粉不散落,就算合格了,最后用竹尺沿桶口刮平即可搬到锅中蒸煮。让孩子亲自动手学一学、做一做、尝一尝,也可以成为"竹趣"微型课程的来源。

三是巧用家庭资源开发幼儿园"竹趣"微型课程。幼儿园具有先天优势的地理位置,幼儿从小就习惯了在田埂、竹林中奔跑嬉戏,他们就地取材、自主探索、缘情表达、率性表现,他们有兴趣也有能力去探索和体验周围的事物和现象,并有所发现有所创造。新课改注重对幼儿的情感态度、创新精神、实践能力的培养,并充分利用幼儿已有经验学习新知识,建构新经验。

在户外实践活动"知'竹'常乐"中,大班的教师充分利用本地自然乡土环境,将课堂设置在竹林与老屋的怀抱中。宽阔的竹林成功地激发出幼儿探索新鲜事物的好奇和活动的兴趣。孩子看到几天前还没有笋的地方一夜间冒出了"小脑袋",不禁提出了疑问:"竹笋是怎么萌芽的?这片林子里到底有多少竹笋呢?"这一提问引发了孩子们的共鸣。大家纷纷举手表示想到竹林中深入探索,寻找更多"竹笋宝宝"。于是,教师便顺势借助竹林广阔的活动空间,组织孩子们开展了活动"竹林寻宝"。幼儿不仅掌握了查阅地图的方法,学会了观察周围环境并正确使用指南针辨别方向,同时也发展了自身与同伴合作交流的能力。教师多途径组织实施"竹趣"微型课程,充分利用自然资源定期组织户外实践活动,给幼儿以充分的时间、空间和环境的支持,引导幼儿探索自然,满足幼儿的好奇心和求

知欲,鼓励他们在实践中不断发现蕴藏在自然中的科学规律。

(2) 幼儿园"竹趣"微型课程内容的编排

根据课程目标,将幼儿园"竹趣"微型课程梳理成五大单元:品竹、玩竹、乐竹、探竹、寻竹。

① 幼儿园"竹趣"微型课程内容之"品竹"单元

表3 "品竹"单元课程内容

		"品竹"单元
专门性活动	小班	①"竹趣"植物角管理员;② 筛豆子;③ 我们的竹制玩具;④"竹趣"户外器械;⑤ 竹制品安全日记;⑥ 竹趣亲子游戏
	中班	① 学用竹筷;②"竹趣"植物角管理员;③ 竹制玩具大整理;④"竹趣"户外器械;⑤ 竹制品安全日记;⑥ 竹趣亲子游戏
	大班	①"竹趣"植物角管理员;② 我会用扫帚;③ 竹制玩具归归类;④ 玩"竹趣"户外器械;⑤ 使用竹制工具;⑥ 竹趣亲子游戏
渗透性活动	小班	① 挑扁担;② 筛竹筛;③ 躺竹椅;④ 逛逛小竹林;⑤ 小竹林合影;⑥ 剥竹笋
	中班	① 摆果盘;② 用竹筷;③ 使用竹碗垫;④ 探索竹用具;⑤ 找竹物件;⑥ 玩竹玩具;⑦ 识竹活动
	大班	① 竹编;② 踩水车;③ 制作竹纤维衣物;④ 使用竹炭包;⑤ 欣赏竹楼建筑;⑥ 做竹玩具;⑦ 晒晒竹制品;⑧ 尝竹筒饭;⑨ 搭竹楼;⑩ 护竹小行动
拓展性活动		① 制作笋肉塌饼;② 打年糕;③ 烧竹筒饭;④ 包笋壳粽;⑤ 酿米酒;⑥ 春节炱糕;⑦ 特色灶头饭;⑧ 竹器雅乐

② 幼儿园"竹趣"微型课程内容之"乐竹"单元

表4 "乐竹"单元课程内容

		"乐竹"单元
专门性活动	运动游戏	① 野战基地;② 竹林小屋;③ 游乐园地
	沙水游戏	① 沙水城堡;② 水到渠成;③ 大渡河

续 表

	"乐竹"单元		
专门性活动	自主性游戏	角色游戏	① 我爱我家;② 开心农场;③ 美食一条街
		结构游戏	建筑工地
		美工游戏	畅想天地
		益智游戏	竹林迷宫阵
		表演游戏	① 我型我秀;② 大剧院
渗透性活动	竹趣嘉年华		① 竹空隧道;② 竹子垒垒高;③ 竹子影院;④ 竹谚竹语;⑤ 沙地寻宝;⑥ 空中竹屋;⑦ 闯关小勇士;⑧ 竹枝大变身;⑨ 趣味吹画;⑩ 不一样的笔
	社团活动		① 打竹板;② 竹竿舞;③ 竹子乐器响叮当;④ 竹韵坊
拓展性活动	民间游戏		① 敲竹马;② 投壶;③ 蹴鞠;④ 滚竹圈;⑤ 抬花轿;⑥ 套圈;⑦ 跳房子;⑧ 赶小猪;⑨ 竹蜻蜓;⑩ 陀螺;⑪ 抖空竹;⑫ 踩高跷;⑬ 踢竹片;⑭ 跳竹竿;⑮ 赛龙舟
	田野游戏		① 扁担乐;② 农忙时节;③ 竹林寻宝;④ 春播秋种;⑤ 田野炊事班;⑥ 村里的那些事

③ 幼儿园"竹趣"微型课程内容之"玩竹"单元

表 5 "玩竹"单元课程内容

	"玩竹"单元		
小班	专门性活动	集体运动	① 赶小猪;② 采竹叶
		区域运动 户外运动	① 竹制滑滑梯;② 竹梯爬爬乐;③ 摇摇乐;④ 钻钻乐;⑤ 过竹桥
		区域运动 室内运动	① 跳跳篓;② 打怪兽;③ 送小动物回家;④ 兔子跳跳跳;⑤ 小猎人
	渗透性活动	亲子运动	① 抬竹轿;② 套圈;③ 竹子运水;④ 斗笠向前冲
		竹趣运动会	① 跳房子;② 小羊运菜;③ 竹蜻蜓;④ 跳竹圈

续 表

	"玩竹"单元
小班	拓展性活动	田野运动	寻笋
中班	专门性活动	集体运动	①竹竿乐;②勇敢的小蚂蚁;③好玩的竹梯
		区域运动 户外运动	①小竹屋;②小挑夫;③竹推车;④竹竿;⑤骑竹马
		区域运动 室内运动	①神投手;②踩高跷;③打果子;④蚂蚁运粮;⑤打雪仗
	渗透性活动	亲子活动	①推球赛;②竹球开火车;③竹椅过河;④抢竹椅
		竹趣运动会	①快乐运竹球;②花样竹梯;③花式过竹竿;④勇闯竹架山
	拓展性活动	田野运动	穿越火线
大班	专门性活动	集体运动	①春播乐;②好玩的竹条和竹筒
		区域运动 户外运动	①竹林迷阵;②翻越山岭;③花式越竿;④挑扁担;⑤爬竹竿
		区域运动 室内运动	①打老鹰;②控球小能手;③快乐钻圈;④打陀螺;⑤翻画片
	渗透性活动	亲子运动	①竹竿舞;②共传大竹圈;③竹竿旋风跑;④铁人三项赛
		竹趣运动会	①竹棒接力赛;②跨竹栏;③玩转竹竿;④竹竿不倒翁
	拓展性活动	田野运动	竹林寻宝

④ 幼儿园"竹趣"微型课程内容之"探竹"单元

表6 "探竹"单元课程内容

			"探竹"单元
小班	专门性活动	集体活动	语言：竹子谣 社会：① 小竹子；② 剥竹笋 科学：竹筒宝宝去旅行 艺术：① 采竹叶(音乐)；② 竹子竹子在哪里(音乐)
		个别化学习活动	① 竹叶拓印；② 竹筒画；③ 竹叶在跳舞
	渗透性活动	小竹苑	① 萌熊乐园；② 绿野仙踪
		青青雅竹园	亲亲小竹林
		竹趣环境	草间弥生(软木板墙面布置)
	拓展性活动	竹趣项目化活动	竹笋的小秘密
中班	专门性活动	集体活动	语言：空中小屋 社会：① 参观竹林；② 小竹笋 科学：① 认识竹子；② 有用的筷子 艺术：① 竹圈变变变(美术)；② 竹叶创想(美术)
		个别化学习活动	① 装饰竹枝；② 竹片迷宫；③ 趣味吹画；④ 竹筒创意画；⑤ 竹子垒高
	渗透性活动	小竹苑	① 小竹苑；② 丛林秘境
		青青雅竹园	① 认识笋宝宝(每年3月至4月期间)；② 竹子长高啦
		竹趣环境	波洛克大师(软木板墙面布置)
	拓展性活动	项目化活动	竹子的秘密
大班	专门性活动	集体活动	语言：① 和竹子在一起；② 青青竹子；③ 诗中竹；④ 声林其境 科学：① 传声筒的秘密；② 水到渠成；③ 竹筏的秘密 艺术：① 竹石图(美术)；② 青青竹(音乐)；③ 竹子大变身(美术)；④ 水墨竹(美术)；⑤ 特别的脸(美术)；⑥ 疯狂的头发(美术)；⑦ 小小竹排江中游(美术)

续　表

			"探竹"单元
大班	专门性活动	个别化学习活动	① 装饰竹枝；② 竹片迷宫 DIY；③ 竹筒创意变；④ 竹空隧道
	渗透性活动	小竹苑	① 御花园；② 蓝色物语
		青青雅竹园	护林行动
		竹趣环境	康定斯基(软木板墙面布置)
	拓展性活动	项目化活动	竹筏的秘密

⑤ 幼儿园"竹趣"微型课程内容之"寻竹"单元

表7　"寻竹"单元课程内容

		"寻竹"单元
自然资源	小班	① 晒稻谷；② 竹子的秘密；③ 挖竹笋
	中班	① 扎稻草；② 品竹叶；③ 赏花圃；④ 挑野菜
	大班	① 垒稻草；② 竹风铃；③ 油菜花写生
宅基资源	小班	① 拔萝卜；② 腌咸菜；③ 整理小菜园；④ 参观羊棚；⑤ 快乐竹竿舞
	中班	① 灶头饭；② 笋肉塌饼；③ 竹篮编织；④ 小鸡养成记；⑤ 农忙工具趣体验
	大班	① 享年糕；② 粽香飘飘；③ 寻橘园；④ 庭院游戏；⑤ 蔬菜搭棚
人文资源	小班	① 竹林探险；② 认识垄沟
	中班	① 乐玩百草园；② 绘桃林
	大班	① 趣谈家乡的桥；② 乐徒登山

续 表

		"寻竹"单元
历史资源	小班	① 小小卖货郎；② 张桥羊肉美食
	中班	① 特色老茶馆；② 旧时光杂货铺
	大班	① 祭奠顾观光；② 钟表店的由来

4. 探寻了城郊幼儿园"竹趣"微型课程实施

"竹趣"微型课程组织实施的形式包括专门性活动、渗透性活动和拓展性活动。专门性活动是围绕主题展开的深入探索的活动，是幼儿园进行课程实施的主要活动形式。渗透性活动利用自然资源和人文资源，根据幼儿兴趣和需要选取开发适合幼儿的项目，开展有关竹的精神、竹的知识、竹的艺术、竹的实践等方面的活动，把家乡的"竹"文化与健康、语言、社会、科学、艺术五大领域活动有效融合，培养幼儿的兴趣、情趣和野趣。拓展性活动是以"宅基地"为主要活动基地，以宅基地周边的各类资源为素材，以挖掘家长智慧为策略，以自然民俗活动为内容、以促进亲子关系为目标的"宅基小课堂"。

幼儿园"竹趣"微型课程中的"品竹"单元以竹味馆为载体，开展"了解竹与生活的关系""学习竹的精神""品味竹的食物"等生活活动；"玩竹"单元以竹材料为主要运动器械，开展户外区域运动、室内运动、集体运动、亲子运动会等运动活动；"乐竹"单元立足大游戏观，以户外自主性游戏、民间游戏、宅基游戏、竹趣嘉年华等活动形式，探索多元化的"竹趣"游戏；"探竹"单元以学习活动为主，通过语言、科学、艺术、社会相关领域设计"竹趣"集体教学活动，以及班本化的个别化学习活动、"竹趣室"的项目开展等，让幼儿认识、了解、探索、喜爱"竹"；"寻竹"单元基于"宅基课堂"，利用周边竹林、竹园等自然环境及资源，开展具有乡野趣味的户外实践活动；同时，结合幼儿园自身的历史积淀、地域文化、教师特长和教育资源等，多渠道开发适宜的"竹趣"活动，如春季的"寻竹"踏青游、夏季的"竹韵"艺术节、秋季的"竹趣"嘉年华、冬季的"玩竹"运动会等，活动中幼儿的社会性交往、合作协商、艺术表现能力得到进一步发展。

5. 制定了城郊幼儿园"竹趣"微型课程评价

(1) 指标与内容

① 城郊幼儿园"竹趣"微型课程评价

鉴于同构的理念,课题组对课程方案、课程内容、课程实施过程和实施效果四部分评价内容进行分析,解构出主要的构成内容。并以《3—6岁儿童学习与发展指南》及《评价指南》为指导,依据发展性评价理念,制定了"竹趣"微型课程评价的指标体系。

表8 城郊幼儿园"竹趣"微型课程中的课程评价指标

项目	内 容 细 目	评价标准			
		好	较好	一般	加油
		4	3	2	1
课程理念	1. 与国家(地方)文件精神相符,体现正确的儿童观、教育观和质量观;尊重幼儿的学习方式和特点。				
	2. 课程理念正确,吻合二期课改幼儿园课程指南。				
	3. 课程理念内涵清晰。				
	4. 体现办园个性(反映学校发展需要)。				
课程目标	1. 课程目标能反映课程的基本要求。				
	2. 课程目标适合幼儿的发展水平和特点。				
	3. 课程计划合理可行、具体、可操作。				
	4. 课程目标体现微课程特点。				
课程方案	1. 效用性:实现幼儿、家长的需求,得到社会、教育部门的支撑,并在后续能够拓展。				
	2. 可行性:提供课程可实施的程序,把与课程不相关的因素控制在最小范围内,并能够得到多方合作,证明课程在资源运用方面可行。				
	3. 适切性:考虑不同年龄、性别、性格的幼儿需求,为教师及教育部门提供不同的服务。				

续 表

项目	内 容 细 目	评 价 标 准			
		好	较好	一般	加油
		4	3	2	1
课程方案	4. 精确性:符合课程改革的背景及所依赖的理念,描述准确、简介,信息可靠、有效,定性、定量相结合,多维度形成性评价。				
课程结构	1. 设置符合国家(地方)规定,有具体架构,体现园本特点。				
	2. 课程结构与理念目标呼应。				
	3. 各类活动安排合理平衡。				
	4. 在课程开发、一日活动组织、园本教研、教师专业发展,以及幼儿全面发展等方面有突出特色。				
课程内容	1. 让周围环境和生活中的人、事、物成为课程内容的有效组成部分。				
	2. 根据幼儿的年龄和发展水平,提供适合幼儿个性发展的"竹趣"活动。				
	3. 创设丰富的教育环境,合理安排一日生活,最大限度地支持和满足幼儿通过直接感知、实际操作和亲身体验获取经验的需要。				
	4. 领域目标明确,体现各领域核心经验,内容贴近幼儿生活,手段综合体现游戏性,幼儿学习的主动性和探索性水平高。				
实施过程	1. 教师解读课程目标,根据目标开发、选择课程资源;家长、社区的资源支持。				
	2. 根据课程目标和课程资源设计符合幼儿发展水平与兴趣、幼儿园客观条件的具体的教育活动。				
	3. 以体验、游戏为主要方式,灵活采用分区、分组、个体、集体等多种形式,结合一日生活不同环节开展美术活动。				
	4. 观察幼儿的活动,根据幼儿的身心特点因材施教。				

续 表

项目	内 容 细 目	评 价 标 准			
		好	较好	一般	加油
		4	3	2	1
实施效果	1. 幼儿亲近自然、接触社会，初步了解竹子的特性、形态，以及竹衍生的物品，有认识和探索的兴趣。				
	2. 幼儿积极地尝试运用语言及其他非语言方式表达和表现竹子的特征、精神等，具有一定的想象力和创造性。				
	3. 初步接触"竹趣"多元文化，能发现和感受"竹趣"中的美，萌发审美情趣。				
	4. 促进健康与体能以及情感、态度、认知方面的发展，培养健康活泼、文明乐群、坚韧不拔、乐学善思的幼儿。				

评价指标是评价幼儿园"竹趣"微型课程构成要素的依据，以评价指标为依据衡量"竹趣"课程构建与实施的方方面面，可发现其在建构与实施过程中出现的问题，寻求解决的策略与方法，使"竹趣"课程的方案趋于完善，不断提高课程实施的质量。

② 对幼儿发展的评价

幼儿作为评价主体主要指评价工作围绕幼儿开展，包括教师评幼儿、幼儿自评与互评、家长评幼儿等。评价策略包括动态评价与静态评价相结合、定量评价与定性评价相结合、他人评价与自我评价相结合。同时借助构建电子版幼儿成长档案袋，让幼儿成为自我评价的主体之一。通过幼儿评价，活动才能真正体现以幼儿为本。

表9 城郊幼儿园"竹趣"微型课程中的幼儿发展评价指标

领域 \ 表现行为	表 现 行 为 描 述		
	表现行为1	表现行为3	表现行为5
健康与体能	1. 在提醒下，能自然挺直、坐直身体。	1. 在提醒下，能保持良好的站姿、坐姿和走路姿势。	1. 能经常保持良好的站姿、坐姿和走路姿势。

续　表

领域 \ 表现行为	表现行为描述		
	表现行为1	表现行为3	表现行为5
	2. 能在较热或较冷的天气进行竹趣户外活动。 3. 对提供的竹运动材料感兴趣，喜欢摆弄竹运动材料。	2. 能在较热或较冷的天气坚持竹趣户外活动半小时左右。 3. 对新投入的竹运动材料感兴趣，乐意探索竹运动材料新玩法。	2. 能在较热或较冷的天气坚持竹趣户外活动半小时以上。 3. 乐于尝试不同的竹运动器械和材料，发展不同的身体动作，锻炼身体各部位。
习惯与自理	1. 对竹趣活动感兴趣，并能提出问题。 2. 在竹趣活动的开展中有自我保护的意识。 3. 对感兴趣的竹趣活动能持续集中注意一段时间。 4. 竹趣活动中，在提醒下能使用礼貌用语。	1. 喜欢接触竹趣活动，对"竹趣"活动充满好奇，喜欢提问。 2. 在竹趣活动的开展中有自我保护的能力。 3. 竹趣活动遇到困难时，在鼓励下能继续进行活动。 4. 竹趣活动中，能主动使用礼貌用语。	1. 对自己感兴趣的竹趣活动会主动追问和探索。 2. 在竹趣活动的开展中有规避潜在危险的意识与能力。 3. 竹趣活动遇到困难时能多次尝试，不轻易放弃，直到任务完成。 4. 竹趣活动中，能按顺序轮流说话，不随意插嘴、打断别人。
自我与社会性	1. 竹趣活动中，能向成人或同伴表达自己的需求、感受。 2. 能按自己的兴趣选择竹趣活动。 3. 愿意与同伴共同进行竹趣游戏，参与同伴游戏时能友好地提出请求。 4. 经引导，能感受不同种类竹子的明显特征。	1. 竹趣活动中愿意倾听和接纳同伴的意见和建议。 2. 能按自己的想法进行竹趣活动。 3. 能运用简单的交往技巧，加入同伴的竹趣游戏。 4. 经比较，能感受不同种类竹子的特征差异。	1. 竹趣活动中能倾听和接纳同伴与自己不一样的意见，不同意时会表达自己的想法。 2. 能主动发起竹趣活动，活动中积极表达自己的想法并坚持。 3. 能想办法结伴共同进行竹趣游戏，且能与同伴分工、合作、协商，一起克服困难、解决矛盾。 4. 愿意认识和查找更多不同种类竹子。

续 表

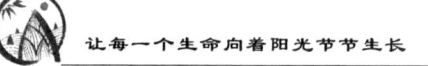

领域 \ 表现行为	表现行为描述		
	表现行为1	表现行为3	表现行为5
语言与交流	1. 能大方地与熟悉的人介绍竹子,谈论竹子。 2. 能较清楚地念竹子儿歌、童谣或讲述短小的竹故事。 3. 喜欢倾听并跟读韵律感较强的竹子儿歌和童谣。 4. 能通过观察竹子相关的绘本画面,说出画面所表达的内容和事件。 5. 喜欢用简单的图画或符号表达竹子的形态。	1. 愿意与他人交流自己感兴趣的竹子相关话题。 2. 能用较连贯的语言讲述竹故事。 3. 喜欢向别人讲述自己听过的竹子故事或看过的竹子图书。 4. 能通过观察竹子绘本的连续画面,大致说出故事的主要情节。 5. 能用图画和符号表达自己设想的竹子的形态。	1. 乐于参与有关竹子话题的讨论,能在众人面前表达自己的想法。 2. 讲述竹故事时能使用常用的形容词、同义词等,能使用表示因果、假设等相对复杂关系的句子,语言较生动。 3. 乐意与他人交流讨论竹子图书和故事中的有关内容。 4. 能根据竹子故事的部分情节或图书画面的线索,续编或创编竹子故事。 5. 能用图画和符号表现竹林景象或竹子故事。
探究与认知	1. 喜欢摆弄各种竹制品,好奇、好问。 2. 能仔细观察自己感兴趣的竹子的方方面面,发现其明显特征。 3. 能用多种感官或动作探索竹子,并对结果感兴趣。 4. 认识常见的竹子,能发现和了解常见竹子的主要特征和多样性。 5. 能感知和发现竹子的大小、多少、高矮、长短等方面的差别,并用相应的词语描述。	1. 经常乐于动手、动脑探索未知的竹制品。 2. 能观察、比较不同的竹子,发现其异同,进行简单描述。并能根据观察结果提出疑问,且运用已有经验大胆猜测。 3. 通过简单的调查,收集自己需要的有关竹子的信息,提升幼儿能用图画或其他符号进行记录的能力。 4. 能感知和发现竹子生长变化的过	1. 乐于在动手、动脑中寻找竹子相关问题的答案,对探索中的发现感到高兴和满足。 2. 能在观察、比较与分析竹子的基础上,发现并描述事物的特征或变化,以及事物之间的关系。 3. 能用一些简单的方法来验证自己有关竹子方面的猜测,并根据结果进行调整。在帮助下,制订简单调查计划,并按计划收集信息。

续　表

领域 \ 表现行为	表现行为描述		
	表现行为1	表现行为3	表现行为5
	6. 能运用一一对应的方法比较竹子物品的多少。 7. 能感知和发现竹子较明显的形状特征,并用词语来描述。	程及所需的基本条件。 5. 能感知和发现竹的粗细、轻重等方面的差别,并用相应的词语描述。 6. 能运用数数的方法比较竹子物品的多少。 7. 能感知和发现竹子的形体结构特征,并用绘画、拼搭等方式表现物体的造型。	4. 能发现和了解多种竹子的外形特征、习性与其生存环境之间的适应关系。 5. 能初步感知和理解量的相对性。 6. 能借助摆弄竹子物品,理解"加"和"减"所表达的实际意义。 7. 能组合运用常见的集合形体拼搭、制作和画出竹子的造型,富有一定的创意。
美感与表现	1. 喜欢观赏大自然中的竹子、竹的环境、竹的器具等。 2. 喜欢观看不同形式的"竹艺"作品。 3. 在进行有关竹趣艺术活动时,能经常哼哼唱唱,或模仿有趣的声调、动作和表情。 4. 能用简单的线条和色彩大致画出自己喜欢的竹子形态。 5. 能模仿并唱出有关竹子短小的歌曲,也能伴随音乐做动作。	1. 在观赏竹子、竹具等过程中,能关注其色彩、形态等的特征。 2. 能专心观看自己喜欢的"竹艺"作品,并有模仿创造的愿望。 3. 在参加有关竹趣艺术活动时,能经常唱唱跳跳,喜欢参加歌唱、律动、舞蹈等形式的竹趣活动。 4. 能运用绘画、捏泥、折纸等方式表现观察到的竹子形态或竹制品。 5. 能用自然的、音量适中的声音基本准确地唱唱竹子相关的歌曲,也能运用即兴哼唱、即兴表演、改编歌词等方式表达对竹子的理解。	1. 喜欢收集美的竹子制品或向他人介绍自己所发现的竹之美。 2. 喜欢参加"竹艺"欣赏活动,能通过表情、动作、语言等表达自己对作品的理解。 3. 能积极参加各类竹趣艺术活动,对某类活动形式表现出偏爱。 4. 能运用较丰富的色彩、线条、形状以及材质等表现自己观察到或想象到的竹环境或竹制品。 5. 能用基本准确的音调和节奏唱竹子相关的歌曲,能通过旋律或简单的舞蹈动作表达自己的情绪或表现竹子歌曲中的情景。

③ 对教师发展的评价

表10 城郊幼儿园"竹趣"微型课程中的教师发展评价指标

课程思想力	儿童观	树立以"幼儿为本",培养"完整儿童"的正确儿童观
	教育观	具有科学的教育观,充分体现"五育共长,融合育人"
课程设计力	幼儿发展知识	掌握不同年龄段幼儿身心的发展特点与规律
		了解班内幼儿的发展水平
		知道有特殊需求幼儿的身心发展特点及教育策略与方法
	微型课程知识	理解课程理念,并学会解读
		课程理念融入一日活动,凸显班本化特色
		了解微型课程的特点及内容,掌握微型课程组织与实施策略
		微型课程结构体现平衡性
	活动设计	目标制定清晰定位准确突出,重点面向全体幼儿
		活动内容有意义,有趣味性,且具有挑战性
		师幼互动良好,提问精练有效
课程实施力	资源开发与利用	教师将竹具、农具、玩具融入幼儿一日生活
		凸显不同年龄段幼儿一日活动与竹的关系
		通过环境创设、问卷调查、幼儿作品体现竹品质、竹精神、竹故事
	环境创设与利用	活动内容兼顾多种经验,适合幼儿发展并体现平衡性
		环境材料安全卫生,具有挑战性
		环境材料满足不同幼儿的发展需要
	活动支持与引导	提供多元丰富的机会,体现幼儿自主学习
		顾及个体差异选择适合的方法沟通,能推动幼儿思考与交流

续 表

课程反思力	反思与评价	对幼儿的回答能及时做出回应,并进行总结与提炼
		接纳个体差异,支持个性化表现,不强拉回教师的预期
		有幼儿成长手册,凸显个性化和个别差异性
	调试与改进	活动后有及时的书面反思及针对性措施
		活动后有主动寻求听取他人评价与建议的意愿
		活动后能挖掘活动中的亮点,形成学习故事
		积极主动参加各类案例论文评比及课题研究

(2) 评价的方式与方法

① 诊断性评价

借助《幼儿园"竹趣"微型课程操作细则》,开展基于诊断的"竹趣"课程评价,不断完善课程理念、目标与内容,增强"竹趣"课程从理念到目标、内容之间的逻辑性,使《幼儿园"竹趣"微型课程》日趋完善与丰富。

如"赶小猪"是一个充分利用竹资源以及有趣的竹玩具——竹竿竹球而设计的集体教学活动。活动的目标制定符合小班幼儿运动特点以及动作的发展水平。实施过程以体验游戏为主要方式,灵活采用分区、分组、个体、集体等多种形式,通过一系列的情景创设完成了教学环节,在整个活动中幼儿兴趣高涨,积极探索,尝试用各种方法去"赶小猪",锻炼了幼儿的手眼协调能力,促进了幼儿的健康和体能的发展,整个教学设计合理可行,有操作性。

② 过程性评价

幼儿个体发展档案是对幼儿成长的过程性记录,目的在于动态性地观察幼儿在活动中的具体表现,在教师和幼儿之间形成交互关系,通过对每一个幼儿进行全面评估,能够做到客观、公正、全面地评价,从而更有针对性地帮助幼儿健康成长。

幼儿成长手册呈现班本化形式,打破原有的手册框架,结合幼儿学习主题轨迹,以较灵活的方式来完整记录幼儿成长点滴,记录内容融入"竹"文化的传承及"竹趣"特色的表现形式。教师为幼儿的作品设计独特的版

面,使幼儿对自己的成长足迹更感兴趣,成长手册中教师的评语图文并茂,使幼儿能自己尝试理解老师对自己的评价,记录的内容偏向连续地记录一个活动。在完成成长手册中邀请家长参与设计,通过成长手册展示,和家长面对面交流等方法,将成长手册这一过程性评价落到实处。

③ 发展性评价

基于幼儿不同年龄段的个性特征,为幼儿进行发展性评价,保障幼儿能够自主性、和谐化地发展。发展中形成评价,评价后促进发展,全过程关注幼儿学习历程,全方位解析幼儿个体发展进程,记录各方面进程状态,多维度展开研判,因人而异,实施个性化教育,关注幼儿个体的差异。

在户外运动活动中,教师为不同年龄段幼儿准备不同的、灵活的、开放的竹器械,提供开放式的运动体验机会,让幼儿自主选择感兴趣的竹材料、玩伴和活动方式,激发幼儿参与运动的积极性,提升个体动作的协调性和灵敏度,提升幼儿社会化的交际和表述,无拘无束地展示运动自我。在竹梯、竹架的运动区域中,小班幼儿能迅速投入活动,在教师的帮助下,将竹梯自由摆放,或与轮胎自由组合,促进其平衡、走、跑等能力发展;中班幼儿能自主选择各种竹材料,注重空间合理规划,并有一定的安全意识,锻炼身体,促进其身体协调发展、钻、爬等动作技能发展;大班幼儿则会和同伴相互协商,将竹梯、竹架及其他辅助材料相结合,合理规划上下空间,多层次叠放,锻炼身体各个部位,促进其综合素质提高,发展追逐、躲闪等技能。

(二)探索了城郊幼儿园"竹趣"微型课程具体实施

1. 实施原则

(1) 体验性与情境性相结合

城郊幼儿园"竹趣"微型课程实施的体验性原则是指幼儿在具体的情景中,调动自己的五官,以参加、欣赏、体会、感受等方式完成初步的积累,获得真实的感受;情境性原则是指在"竹趣"大环境中创设具体的情景,在具体的情景中进行体验,使其身临其境。幼儿园"竹趣"微型课程的内容是在具体情境中,从发现问题到解决问题,再到发现新的问题、解决新的问题的过程中构建而成的,具有意义建构性。因此,微型课程实施应该与幼儿需求和问题紧密结合,注重幼儿原有的经验和兴趣,充分调动幼儿的积极性和主动性,增强幼儿在真实情境中的问题解决能力,有效地变更幼儿的学习方式。鉴于"竹趣"微型课程短、小、精、活的特点,课程实施与组织要在课程目标的基础上,明确课程的主题或单元,内容的选择务必"少而精",具体且集中,并与幼儿园、教师、幼儿生活经验紧密相连。如可以选择日常生活中师幼均感兴趣的话题或生活场景作为单元内容,然后根据幼儿的年龄特点、认知水平,以及教师自身的专业素质进行相应的课程设计、开发"竹趣"微型课程。

(2) 生活化与游戏化相结合

城郊幼儿园"竹趣"微型课程实施的生活化原则,就是将幼儿与现实生活相联系,使其在生活中学习,在学习中生活;游戏化原则是指通过幼儿喜爱的、充满乐趣的游戏形式来实现教学、活动的有序开展,实现幼儿的和谐发展。生活是教育的源泉,源源不断地滋养着教育的萌动与发展;教育是生活意义的展现,生生不息地传递和建构着人的生命价值。生活之于教育,教育之于生活如同鱼儿与水一样,无法分离。因此,"竹趣"课程组织与实施应遵循生活化的原则:教育生活化、生活教育化。教育生活化,即以教育为基础,在教育中结合生活内容,出发点在于将幼儿生活中接触到的经验、知识和内容纳入课程实施的结构,通过生活化的教育,使课程与生活相联系,构建学校、社会、家庭相融合的教育体系,消解三重疏离,使教育重新回到感性的、具体的、现实的、流动的幼儿生活中来;生活教育化展现了教育、生活对于幼儿的辩证关系,即生活是教育的归宿,所有的教育终将回归生活;生活也是教育的起点,所有的教育都来自生活。因此,教育与生活相辅相成,教育因为生活而拓展了内涵,生活因为教育实现了提升。另外,对于幼儿来说,"游戏的真正价值在于:游戏是儿童理解他人、自己以及他所处的生活世界的手段"。在游戏中,幼儿或假装、或虚构、或模仿、或创造,一切看似非平常、非真实的虚化在这里却给人以天然去雕饰之感,幼儿的愿望与要求得到满足,自然、社会和生活中的"他人"得到联络,自我得到认识与升华。所以,游戏是幼儿生活的本身,生活化与游戏化是"竹趣"课程实施的基本准则。

(3) 统整性与弹性化相结合

城郊幼儿园"竹趣"微型课程实施的统整化原则,就是将两种或两种以上的学习内容或经验组合在一起,使之成为有意义的整体;弹性化原则就是不存在既定的模式,在宽松、开放的环境中根据实际体验与需求进行调整。幼儿是身心发展的统一体,它对外界的反应是以"整个的"形式呈现的。所以,"竹趣"课程实施强调其统整性,强调课程内容与幼儿学习经

验的横向整合,寻求幼儿知、情、意、行的相互协调,相互融合,以利于幼儿全面、和谐的发展。课程实施的弹性化,意味着在组织课程内容时强调灵活性、开放性并且具有一定的自由度。这种灵活性一方面是针对"竹趣"微型课程开发本身而言的,课程取材的多元化需要因地制宜,灵活多变的内容组织形式与之相适应;另一方面幼儿园"竹趣"微型课程的组织是一个动态的、开放的过程,需要随时、随地、随人、随物、灵活机动地提供相应的教育,要善于发现幼儿感兴趣的事物,把握时机、适时引导,并通过多种活动,多种途径对幼儿进行教育。即所谓敏于体察、精于测析、审时度势、因势随教。

2. 实施路径

(1) 专门性路径

专门性路径主要包括"竹趣"集体教学活动、个别化学习活动中的班本化特色区、"竹趣室"的项目学习开展。集体教学活动中关注幼儿的兴趣、需要及好奇心等特点,以及年龄特点,选择合适的教学方式,充分挖掘"竹趣"的内涵,包括了健康、语言、艺术、科学、社会领域,使幼儿的情绪情感、知识技能获得发展。个别化区域中的"竹趣"特色有音乐区的打竹板、竹乐器;科探区的竹管接水、竹筒听音等;益智区的数竹片、竹叶排列等。在大班益智区,教师设计了"竹片迷宫阵",幼儿自主在木板上调整竹片的位置搭建一条迷宫路径并成功将竹球从起点移动至终点。在活动初期,幼儿需要和同伴进行商讨和设计,锻炼了空间思维能力以及同伴之间的合作协商能力。在活动进行中,幼儿需要对竹片位置进行适时的调整,促进了幼儿的动手能力和反思能力。

"竹趣室"项目开展基于主题活动及传统节日,以幼儿的生成问题和兴趣点为导向,设计项目,幼儿在自主、合作、探究的学习氛围中,养成主动探索的学习态度和习惯,发展相关的知识和技能。竹趣室的"竹筏"项目,来源于幼儿兴趣和经验的问题作为驱动,引发幼儿参与项目的积极性。活动中,幼儿以小组合作的方式共同应对比较复杂的问题,在探讨竹筏沉与浮的秘密中主动习得一系列沟通、互动、讨论、合作的规则。在成果展示阶段,幼儿通过"创意竹筏""竹筏计划""竹筏揭秘微视频"等多种个性化的表达方式展示他们在项目化学习中所获得的经验和掌握的能力。

(2) 渗透性路径

渗透性路径包括参观、远足及亲子活动。教师有效利用周边的人文自然、自然资源及教育资源,为幼儿创设丰富的利于发现、感知、体验的教育环境,组织幼儿开展多形式、多途径的社会实践活动,参观传统民间艺术和地域特色文化等,幼儿更好地接触周围环境,学会与周边的人共同生活、融入群体,促进幼儿在活动中获得有价值的学习经验,培养幼儿的观察能力、探索能力、合作能力等。植树节活动中,与金山区绿化市容局结对,受邀前往绿容基地进行社会实践,幼儿实地探访,边参观边听专业人员的讲解,图文并茂、动静结合,在游戏和互动中辨别各类竹的种类,了解竹子的养护知识;在交流和探索中了解竹子的生长规律,竹子的外形特征;在说说、摸摸、画画、玩玩中亲近竹子、喜爱竹子。

(3) 拓展性路径

拓展性路径特指"宅基课堂",将"竹趣"微型课程实施从园内拓展到园外,转移到自然的田野、农村家庭等场所,教师及家长利用周边农村宅基地特有的自然资源、历史人文、传统文化、民俗风情等,让幼儿在现实场景、生活情境中开展具有乡野特色的"竹趣"活动。同时,通过家园互动云平台进行课程直播、微视频转播、特色活动点播,为幼儿园家园合作拓展路径,为幼儿及家长提供更多元的体验式学习。在中班《好吃的食物》主题活动背景下,发现幼儿对当季食物有浓厚的兴趣,利用春季踏青时节,中班幼儿开展了宅基课堂"竹之味"。实地参观与探索了宅基周边的竹林,尝试了挖笋、剥笋,并制作笋肉塌饼这一传统美食。满足了幼儿竹林探险的好奇心和趣味性,感知并发现竹笋、竹子与竹林间的生长关系,培养了合作能力和精细动作发展,促进了幼儿亲近自然、勇于探究的品质。

3. 实施策略

(1) 环境创设策略

通过环境的创设和利用,有效地促进幼儿的发展,对幼儿起着润物细无声的作用。在课程环境中融入竹文化,在班级环境中巧妙加入竹元素;在美工活动室中表现竹子各种形态的美,利用竹资源进行美术创作;在建构活动室中可以用竹片、竹筒、竹篾等进行建构。幼儿在参与环境创设的过程中探索、发现、获取有关"竹"的经验。营造自然生态的校园可视环境、积极和谐的文化环境,为幼儿的成长提供一个健康的心理环境,有助于幼儿身心全面发展。在布置楼道环境的过程中,幼儿参与了"二十四节气墙"的创设,利用竹枝、稻草、豆子、黏土等自然材料进行创作,丰富环境创设的同时又有利于幼儿对中华传统文化的认识及对自然材料的利用;在户外

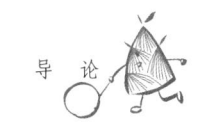

"青青竹园"打造过程中,幼儿使用丙烯、水粉等颜料在竹竿上进行涂鸦创作,感知艺术作品与环境相互作用的美感,提升美术技能和审美情趣。

(2) 主题融合策略

结合主题内容,基于幼儿生活经验开展相关的"竹趣"活动,在《学习》教材中结合《我是中国人》《春夏秋冬》《有用的植物》等主题活动,开展"家乡的竹林""春季寻竹""竹的作用"等集体学习活动。在大班《有用的植物》学习主题背景下,基于"关心周围与我们一起生活的花草树木"的核心经验,开展了《竹林风景画》集体教学活动,让幼儿辨别画面上竹子的粗细和排列方法,观察竹子的生长方式,活动后幼儿对竹子话题的讨论滔滔不绝,借此契机,为让幼儿能更进一步了解竹子及其生长方式,我们带幼儿实地参观竹林,开展了《走进竹林》的户外实践活动。

(3) 自然渗透策略

开展"竹趣"微型课程户外实践活动,带幼儿到附近竹园接触大自然,让幼儿在无拘无束的活动中,观察周围的动态环境,观察竹子的变化和生长;让幼儿在说说、看看、摸摸、闻闻、尝尝等过程中,感知竹子的外部形态和内在结构,提供给幼儿多感知的机会、多材料的接触及多表达的平台,推动幼儿以"趣味性"的方式体验和感受竹的世界,表现自己的所思所想。充分利用园内小竹林,创设成融运动、数、语言发展为一体的多功能区域;开发周边竹林资源,将课堂延伸至户外,结合季节特点开展"找竹笋""挖竹笋""赏竹林""竹子写生""数竹子"等系列活动,从健康、语言、社会、科学、艺术五大领域出发,通过身临其境式的体验活动推动幼儿"品竹""玩竹""乐竹""探竹""寻竹"等活动的开展。

(4) 因材施教策略

把握和了解每位幼儿的认知水平、兴趣特长、接受能力、语言表达能力等,根据幼儿不同的表现,选择适合每位幼儿特点的方法进行针对性设计"竹趣"微型课程教学内容,实现差异化,促进所有幼儿在原有水平上得到发展。为满足幼儿不同的兴趣也可组织兴趣相同的幼儿开展小组探究学习。在区域活动中,教师提供各种形态的竹材料:竹片、竹筒、竹篾、竹帘等,这些简单而富有趣味性的操作材料,为不同幼儿创作和探索提供了施展的天地,他们独立思考,自由创造;小组式探究活动中,教师提供长短粗细不一的竹篾,精细动作发展较好的幼儿会利用竹篾进行编织创作竹篮、竹灯笼,能力较弱的幼儿会用竹篾进行拼搭,或是在编织好的作品上进行绘画、装饰……教师根据不同幼儿的发展水平,因材施教,增强了幼儿对活动的兴趣。

(5) 家园合作策略

利用家长、社区资源组织"竹趣"活动有两种方式:引进来和走出去。"引进来"是邀请家长参与幼儿园"竹趣"微型课程建设,如家长开放日、日常教学等;"走出去"是有效利用周围竹资源开展家长助教活动,将"竹趣"活动延伸到园外,鼓励家长成为课程的组织者、实施者,给予幼儿全方位的与竹有关的"竹趣"体验。动员家长与幼儿一起体验竹文化,带领幼儿走进家附近的竹林去参观,挖一挖竹笋;组织串门子活动,走进农家,挖竹笋,做笋肉塌饼,品竹笋之美味;向爷爷奶奶学习编藤球,编竹席,制竹弓,充分利用老一辈的手艺,开发祖辈家长资源,开展竹特色的亲子活动。

五、研 究 效 果

(一) 幼儿园"竹趣"微型课程促进了"完整儿童"的培养

幼儿发展评价是基于"竹趣"微型课程实施之后对幼儿"玩竹""乐竹""品竹""探竹""寻竹"等五大板块,从"健康与体能""习惯与自理""自我与社会性""语言与交流""探究与认知""美感与表现"等六方面指标对幼儿发展进行总体性的比较评价,目的在于评价"竹趣"微型课程促进幼儿发展的总体效果。

1. 幼儿发展的总体比较

表11 幼儿发展的总体比较

	人 数	极小值	极大值	均 值	标准差
健康与体能	90	1	5	3.30	1.231
习惯与自理	90	1	5	3.24	1.174
自我与社会性	90	1	5	3.27	1.140
语言与交流	90	1	5	3.16	1.141
探究与认知	90	1	5	2.97	1.136
美感与表现	90	1	5	3.22	1.109

从表 11 可知,幼儿各维度的得分均在 1—5 分之间,理论中值为 3 分。本次评价中,五个维度的得分均值都高于 3 分,总体而言幼儿的发展较好。各维度的得分从高到低依次排序为:健康与体能＞自我与社会性＞习惯与自理＞美感与表现＞语言与交流＞探究与认知。由此可见,开展"竹趣"微型课程有利于促进幼儿的发展。其中最为凸显的是健康与体能,均值为 3.30,标准差为 1.231。在开展"竹趣"微型课程过程中,提供了大量的竹运动器械,这些竹器械不仅发展了幼儿的基本动作(钻、爬、跨、跳、平衡、投掷等),也促进幼儿身心的健康发展。如竹架与竹梯组合在一起,有的在上面行走(平衡)、有的用手臂吊着走(力量发展)、有的钻进钻出(灵活性)等。又如,竹梯侧放,幼儿玩起了跨栏,奔跑——跳跃——跨过,一气呵成。

2. 不同年龄段幼儿发展评价

表 12 不同年龄段幼儿发展评价

	3—4 岁	4—5 岁	5—6 岁	F	P
健康与习惯	2.20±0.805	3.37±0.999	4.33±0.802	44.823	0.000
习惯与自理	2.20±0.887	3.43±0.817	4.10±0.923	36.272	0.000
自我与社会性	2.17±0.791	3.37±0.669	4.27±0.785	59.124	0.000
语言与交流	2.03±0.809	3.43±0.728	4.00±0.830	49.229	0.000
探究与认知	1.83±0.699	3.20±0.805	3.87±0.776	55.604	0.000
美感与表现	2.13±0.860	3.57±0.728	3.97±0.765	45.081	0.000

由表 12 发现,不同年龄阶段幼儿,其 6 项指标的发展,均为 $P<0.001$,有极为显著差异。由此可见,在"竹趣"微型课程推进与实施过程中,随着幼儿年龄的递增,其发展是明显的。幼儿阶段有着明显的年龄差异,不同年龄段幼儿的心理、生理和动作特点都不同。针对幼儿身心发展需求,设计并投放多种趣味性强、易操作的竹材料。在竹迷宫的活动中,小班幼儿能在教师的督促和指导下,有始有终地完成一些简单迷宫。大班幼儿在同类活动中,能掌握一定的技巧,会动脑筋完成有一定难度的关

卡,喜欢玩一些变化性大、挑战性大的竹迷宫,他们也会分组对弈,而且坚持性也比小中班幼儿更长。教师根据幼儿不同的年龄特点及发展水平,充分利用竹资源,开发并选择适宜的"竹"活动,促使每个年龄段的幼儿都能在原有水平上有所提高。

3. **不同性别幼儿发展评价**

表13　不同性别幼儿发展评价

	男	女	T	P
健康与体能	3.07±1.176	3.53±1.254	−1.821	0.072
习惯与自理	3.22±1.259	3.27±1.095	−0.179	0.859
自我与社会性	3.24±1.069	3.29±1.218	−0.184	0.854
语言与交流	3.02±1.177	3.29±1.100	−1.110	0.270
探究与认知	2.76±1.026	3.18±1.211	−1.784	0.078
美感与表现	3.11±1.191	3.33±1.022	−0.950	0.345

由表13可见,不同性别幼儿在各方面的发展P>0.05,差异性不显著。在开展"竹趣"微型课程研究过程中,幼儿性别与其发展之间无相关性。语言与交流、探究与认知、美感与表现这几项指标,在"竹趣"微型课程实施过程中,多以"探竹"系列活动促进其发展。如在美工区域中,竹材料的投放,吸引了幼儿,无论是男孩还是女孩在这里玩得不亦乐乎,女孩用竹筒和橡皮泥做着竹筒娃娃,男孩则用竹根玩起了拓印、添画,认真地印着、用记号笔添画,不一会儿,一棵棵大树跃然纸上。在益智区中,长短不一、颜色不同的竹片、小竹棒,成了男孩女孩们的心头挚爱,他们用这些竹材料进行排序、分类、按数取物、点卡与竹片一一对应等数学游戏,在摆一摆、数一数、比一比的操作过程中,轻松、愉快地掌握相关的数学知识。

(二)幼儿园"竹趣"微型课程提升了教师课程领导力

在教师评价方面,我们对评分有效项进行了百分比统计,并主要通过各分数所占百分比来说明评价情况。通过四方面十项指标的统计,我们发现,幼儿园"竹趣"微型课程实施后教师各方面的能力发展程度明显高于课程实施前。主要体现在以下几个方面：

1. 提升了教师课程思想力

表14 教师课程思想力前测和后测数据对比分析

	前 测	后 测	T	P
儿童观	2.57±0.852	3.86±1.027	－3.606	0.001
教育观	2.14±1.027	3.86±1.027	－4.416	0.000

由上表可见，教师课程思想力P≤0.001差异极其显著。随着研究的开展，教师的课程思想力较研究前有明显进步，教师的儿童观和教育观发生了明显的改变，树立以幼儿发展为本，培养"完整儿童"的儿童观，"五育共长，融合育人"的科学教育观也正逐步提升。

中班"竹特色活动"——《空中小屋》的第一研时，当幼儿对于老师的提问，"小狐狸的房子本来是盖在竹笋下面的，过几天会有什么变化呢？""可以利用竹园里的竹子怎么帮助小狐狸呢？"……流露出迷茫的眼神时，老师立马捕捉，并思考：如何从中筛选出既符合幼儿探究需求，又能与当前的"竹趣"微型课程经验相联结的问题呢？基于思考，教师开始调整：首先根据幼儿的学习兴趣和实际需要调整活动内容，发现开展"竹趣"活动前的探究活动很适合作为"竹趣"微型课程的前期经验准备开展。其次调整幼儿学习的过程和学习活动场景，将学习的主动权还给幼儿，关注过程，在信任和欣赏中追随幼儿、支持幼儿，让每一位幼儿都能在"竹趣"微型课程中经历自己的学习过程。

幼儿园"竹趣"微型课程能有效弥补教师课程领导力的结构性缺失。在"竹趣"微型课程的开发与实施过程中，教师的教育观念、对课程内容的把握，都发生了变化，教师不再是"传道授业者"，而是活动的设计者、过程的跟踪者、行为的支持者、能力的推动者。教师们教育观、儿童观、课程观甚至自然生态观等都发生了变化，形成具有开放性特点的大教育观，在理解如何尊重儿童天性的基础上设计符合课程理念的活动并努力实践。微型课程能够很好地赋予教师更完整的课程权利，包括课程设计、课程实施、课程开发、课程评价及课程研究等权利。每一位教师作为课程开发主体，根据班级幼儿的实际、自身的专业水平开发"竹趣"微型课程，参与从课程决策到课程评价的整个开发过程。

在一课三研活动《竹圈变变变》中,教师从第一研中的不够放手、急于求成,到第三研教师转变教育理念,不再是形象地示范、精彩地说教,而是给予幼儿足够的自主和想象空间;不再过多地限制,而是让幼儿自由想象,尽情发挥。因此,在创造环节,幼儿没有胆怯,他们摆脱桎梏,不拘一格,尽情创造,呈现出的作品富于童趣,十分大胆。教师真正为幼儿提供各种探究机会,以平等的态度尊重、信任每一位幼儿,引导他们在各自不同的基础上获得最大的发展。

让教育回归真实的生活,让幼儿回归自然的环境,这是《幼儿园教育指导纲要》(以下简称《纲要》)中所蕴含的理念。陈鹤琴先生也说过:"所有的课程都要从人生实际生活和经验中选出来,切合人生的课程内容是儿童的一饮一食,一草一木……"开发"竹趣"微型课程,能让教师认识到本土资源其实蕴含着丰富而浓厚的教育价值,让教师建立起朴素的资源观和科学的价值观,树立课程的整体观、乡土观、综合观,为幼儿的成长创造富裕的求知资源,真正满足其生成发展的需要,促使幼儿健康茁壮地成长。

2. 提升了教师课程设计力

表15 教师课程设计力前测和后测数据对比分析

	前 测	后 测	T	P
幼儿发展知识	1.57±0.938	2.86±1.231	−3.108	0.005
微型课程知识	2.43±1.651	3.43±1.399	−1.729	0.096
课程活动设计	1.57±0.938	2.86±0.949	−3.606	0.001

由上表可见,在微型课程知识方面 $P>0.05$ 差异不显著,在幼儿发展知识及课程活动设计两方面,均为 $P<0.01$,差异性显著。由此可见,教师对于所教年龄段幼儿身心发展规律有了深入了解,能够关注到特殊幼儿的需求,并采取相应的策略与方法,在一日活动中,教师能够将课程理念融入其中并逐步凸显班本化特色,竹趣活动内容有意义,体现趣味性的同时又具有挑战性,目标制定有清晰的定位,并兼顾全体幼儿的发展。

H老师在项目化学习"竹筏的秘密"最初实施阶段,"调查表"的设计经历了一波三折。在项目化学习开始之初,为了解幼儿对竹筏的了解程度,设计了一份调查表,问题是:"你见过或体验过竹筏吗?""你知道哪些关于竹筏的秘密?"在收到幼儿的调查表反馈后,发现针对第一个问题,幼儿的回答都是肯定的。第二个问题的回答多是"竹筏是竹子做成的""竹筏是水上的交通工具"相类似的答案。原因是什么呢?组织了与幼儿的谈话后,答案呼之欲出。于是,H老师开展反思调查表中问题的设计,发现这两个问题的答案或者是全封闭的,或者是全开放的,也就是说问题的指向性根本不明确,幼儿怎么回答都是对的。(调查表的应用不仅是为了了解幼儿的已有经验,而且也是要为接下来的学习探究服务。所以,指向明确的问题设计能助推项目化学习的顺利开展。全封闭或全开放的问题设计显然不适合出现在调查表中。)于是,调整了相关问题,问题数量也由最初的2个增至4个,即:"你在哪里见过竹筏?""你见到的竹筏是怎么样的?""竹筏可以用来做什么?""制作竹筏需要哪些东西?"这些问题多属于半封闭半开放式,在记录表征的时候也适合幼儿用绘画的形式表现,无形中推进了幼儿信息查阅的能力和记录表征的能力。

　　在城郊幼儿园"竹趣"微型课程中,教师根据幼儿的兴趣特点、生活经验、个体差异,将城郊的教育资源有效提炼,正确定位整体设计并转化成幼儿乐意参与的"竹趣"微型课程。在设计"竹趣"微型课程时,关注幼儿的兴趣、需要及好奇心等特点,以及年龄特点,选择合适的教育方法和形式,充分挖掘"趣"的内涵,使幼儿玩起来、动起来、乐起来,使幼儿的情绪情感、知识技能在自己探索的过程中获得发展,真正做到积极操作、主动体验、快乐创造、分享成果。

　　教师因材施教,按照幼儿的不同年龄选择"竹趣"微型课程单元内容。利用历史文化资源,让大班幼儿体验到"竹"文化的韵味,强化幼儿对"竹"文化的认识。使用图片的方式、讲解的方式以及探究和参观的方式使幼儿能够充分感受到文化的趣味性。另外,在节日生活中,和幼儿做一些与"竹"相关的食物,如竹筒饭、竹叶茶、笋叶粽等,感受饮食文化。中班幼儿在教师的引导下选择"竹"材料开展多种游戏,如竹筒搭建、竹篾编织、竹梯挑战、水到渠成等,幼儿创新玩法,游戏层次在开发创造中不断递进。小班幼儿选择竹叶拼画、竹根拓印、竹管吹画等,材料的独特性使游戏极大地增加了幼儿兴趣,实践"做中玩""玩中学"的教学理念。

在区域中投放丰富多元的"竹"材料,如科学区中的竹叶分类、竹管吹泡泡;音乐区的"竹乐器表演";语言区的创编童谣;美工区的竹条编织、竹制风筝、竹帘作画……个个争当"民间小艺人"。幼儿在自由的活动空间中自主选择参与自己感兴趣的活动,以自己适合的方式和步调进行设计、探究、决策、交往、玩耍、游戏等,乐在其中。教师有目的、有计划地创设活动环境和投放乡土材料,让"竹趣"微型课程灵活地融入区域活动中,为培养幼儿良好的学习品质和行为品质创造了条件。

通过研究,促使教师充分关心和挖掘周边地区的竹教育资源,并把这些竹资源转变成幼儿乐意接受的"竹趣"微型课程的能力;增强教师对教育资源的敏感性,提高教师对课程的设计、实施和创新能力;优化教师尊重儿童、关注儿童的教育行为,完善教学设计和教学活动,使"竹趣"微型课程成为孩子快乐学习和生活的天地。

3. 提升了教师课程实施力

表16 教师课程实施力前测和后测数据对比分析

	前 测	后 测	T	P
竹资源开发与利用	1.17±0.994	3.43±0.852	−4.899	0.000
环境创设与利用	1.86±1.292	4.71±0.726	−7.211	0.000
活动支持与引导	2.14±1.292	3.00±0.784	−2.121	0.046

由上表可见,教师课程实施力中,竹资源开发与利用、环境创设与利用两方面,$P<0.001$ 差异极其显著。活动支持与引导,$P<0.05$ 差异性显著。这与幼儿园多途径开展的"竹趣"微型课程园本培训息息相关,竹之种类、竹之特性、竹与人们之间的关系(竹农具、竹乐器、竹玩具)、竹之精神、竹之文化等,教师们对于竹有了更深入的了解。

园内种植的竹林,在养护竹子的过程中,借助项目化学习,教师与幼儿一起认识了各种不同种类、不同习性的竹子,了解竹子的生长特性及生长要素,通过竹环境创设激发幼儿对竹的兴趣。在美工区,投放一些关于竹的美术作品,供幼儿欣赏,使幼儿大胆表现自己,增强幼儿的自信心;在益智区,放置竹节串珠,在活动中可以让幼儿数数,增加幼儿的益智能力;

在语言角,放置关于竹的绘本故事,以及关于竹的古诗。这样可以让幼儿从多方面了解到竹子。户外运动中,把竹子截成很多段变成竹棍,幼儿接力赛跑,竹片做成竹圈,玩套圈、滚圈、跳圈、钻圈等游戏;竹条做成竹梯,练习钻爬;竹桶做成高跷,锻炼身体平衡、手脚协调的能力;竹棍搭成小河做跨过小河的游戏;竹丝、竹筛子组合制作"竹龙",舞龙游戏玩起来。

  幼儿园"竹趣"微型课程的实践,使教师从思考特色活动中环境的创设、资源的开发到反思活动过程中提问的有效性,从调整活动中教师的讲述到研究幼儿表达表现过程中教师的指导,从改变幼儿分享交流的方式到关注幼儿在活动中的情感体验,活动的各个环节都留下了教师研究、实践的痕迹,一个个设计巧妙、基于体验、成效显著的优质的"竹趣"特色活动也在这个过程中形成,从而使教师的教育教学行为不断改进与优化。将"竹趣"活动渗透到幼儿一日生活活动中,这是一种随机的、潜移默化的、在真实的现场展开的活动形式。通过挖掘幼儿一日生活中蕴含的丰富教育资源,引导幼儿体验、感知、发现"竹趣"活动带来的快乐。如来园时,播放朗朗上口的"竹趣"童谣和婉转流利的竹乐器音乐;在早操时间,跳跳"竹圈"韵律操;在自由活动时,玩转"竹陀螺"、画画"竹韵"艺术作品;餐后带幼儿到小竹林散步,观察竹子的生长变化;午睡前给幼儿讲述关于"竹"的历史故事等,将"竹趣"微型课程灵活地渗透到幼儿一日生活活动中,真正做到情景化、生活化。

  4. 提升了教师课程反思力

表 17 教师课程反思力前测和后测数据对比分析

	前 测	后 测	T	P
反思与评价	1.43±0.852	2.86±1.231	−3.570	0.002
调整与改进	1.71±0.994	3.57±0.938	−5.084	0.000

  由上表得出,教师课程反思力中"反思与评价""调整与改进"$P<0.01$,差异性极显著。体现了教师眼中有幼儿,能够接纳个体差异,支持个性化表现,对于幼儿的回答能够及时予以回应。在调整与改进方面,体现在活动后能主动寻求听取他人评价与建议的教师比率逐步提高。有的教师通过反思与评价,尝试挖掘活动中的亮点与不足,撰写学习故事,促

进其专业发展。

（三）城郊幼儿园"竹趣"微型课程的研究突显了办园特色

1. 形成具有园所特质的幼儿园"竹趣"课程方案

幼儿园"竹趣"微型课程是一个动态的、开放的、师幼互动共同建构的课程。以竹之特点、竹之形态、竹之秘密等为媒介，开发以竹为"媒"的"竹趣"微型课程内容，创新了以竹为"核心"的"竹趣"五大区域，形成了以竹为"材"的"竹趣"户外游戏，从走近竹资源到走进竹趣，教师和幼儿深深体会到了"竹趣"微型课程的丰富多彩。通过幼儿园"竹趣"微型课程的研究，已初步形成了具有园所特质的幼儿"竹趣"课程方案，方案涵盖了生活、游戏、运动、学习、亲子活动等方面，涉及小中大班三个年龄阶段，包括了高低结构系列活动方案。在组织形式上也较为多元，正规性实施途径有集体性学习活动、个别化学习活动中的区域活动、竹趣室；非正规性实施途径有"竹趣"运动区域、小竹林、环境创设中的渗透、特色建构区等；补充性实施途径包括每月一次"竹趣"月活动、每学期一次"竹趣嘉年华"亲子开放日、每学年一次"竹趣艺术节"活动、宅基课堂等。

因此，幼儿园"竹趣"微型课程是对共同性课程的补充、拓展与完善，两者在不断磨合中形成辩证统一、相辅相成的关系。深入探索"竹趣"微型课程与基础性课程、课程与环境的有效融合，满足幼儿个性化发展需要，达到和谐全面发展。将"竹趣"微型课程融于幼儿生活、游戏、运动、学习等多种活动中，强调活动性和体验性，注重活动的过程体验，体现了园所特色。

2. 将城郊幼儿园"竹趣"微型课程纳入幼儿园课程实施方案

根据上海市"二期"课改中新教材的建构思路和我园的实际情况，围绕"以幼儿发展为本"理念，将"竹趣"微型课程纳入幼儿园课程实施方案中，统整了课程结构：基础性课程与"竹趣"课程，旨在做实共同性课程，做精"竹趣"微型课程。在幼儿的一日生活各环节中，课程方案实施园本化，建立了共同性课程与"竹趣"课程有机融合互为补充的课程体系，所占比例共同性课程约88%，选择性课程约12%。如下图所示。

我园的课程实施方案以儿童的生活经验和儿童的身心发展顺序为依据组织课程内容，编排结构和表现形式是整合、开放，且强调课程内容与生活的联系，通过不同领域多种活动形式，发挥课程的整体效应，关注班级课程的动态生成。

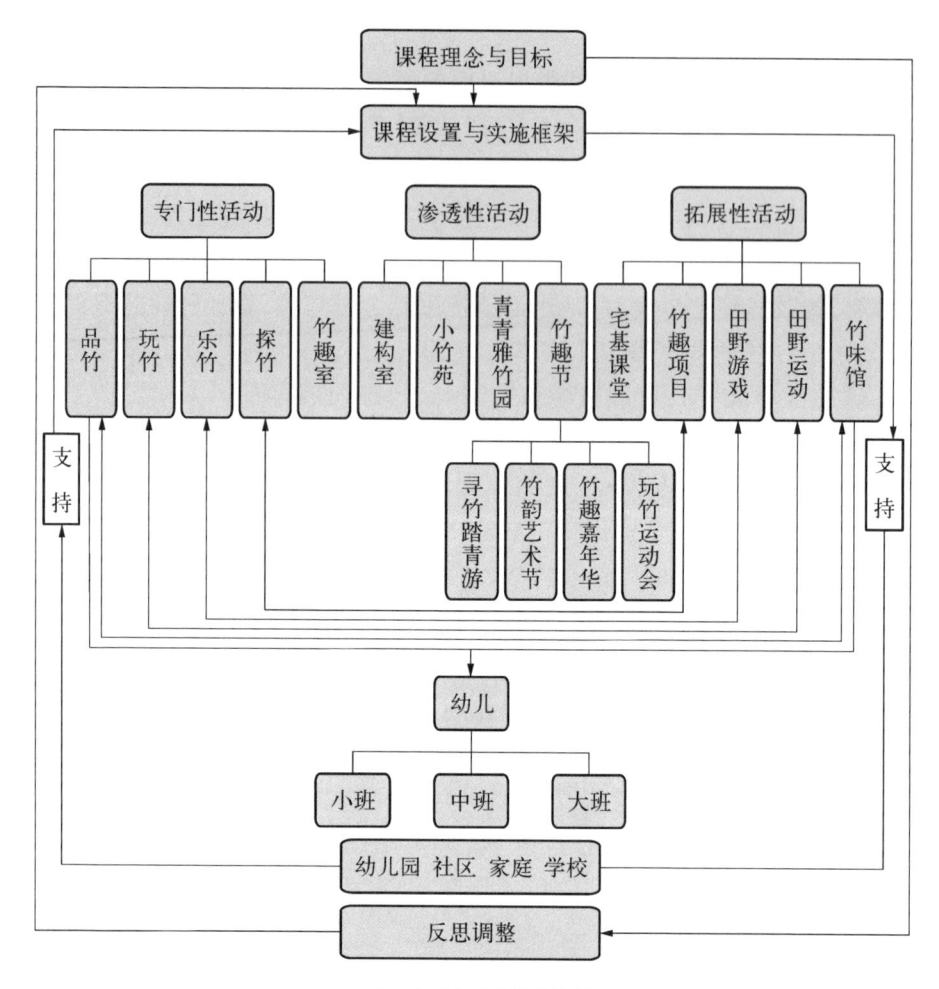

图 2　幼儿园课程结构图

六、研究后续思考

（一）优化相关评价指标

鉴于目前对"竹趣"微型课程的评价指标研究较为粗浅，以《上海市幼儿园办园质量评价指南（试行稿）》为导向的课程监控和评价机制尚不完善，缺乏为幼儿园和教师提供自我检测、自我反思和自主发展的评价指引，以及家长参与质量监控的过程性评价。在"竹趣"微型课程实施过程中，教师能够积极学习相关评价指标，但在运用的实效性上缺少对于指标的理解与补充。科学系统的课程监控和评价体系可以诊断办园质量的全过程,提高园长和教师的课程领导力、执行力、反思力,赋能家园共育,为幼儿终身可持续发展奠基。因此,"竹趣"课程监控和评价制度化,构建科学、完善、操作性强的园本课程评价指标体系迫在眉睫。随着研究的不断深入,后续我们将依据《评价指南》及幼儿学习品质相关目标建议,结合"竹趣"微型课程的课程目标、课程内容、幼儿发展规律,关注幼儿在活动实施过程中的发展,进一步优化相关评价指标,使评价指标与幼儿发展、"竹趣"课程实施更契合,通过评价结果助推幼儿园课程设置与实施的优化,提高教师课程实施能力。

(二)深耕"竹趣"课程内涵

随着研究的深入开展,逐步形成了有关"竹趣"微型课程中"品竹""玩竹""乐竹""探竹""寻竹"五大单元方案集。在设计与实施的过程中,教师更多基于幼儿需求,基于园所特点的"竹趣"微型课程还不够凸显,能力尚有提升空间,尤其在课程实施、环境创设和幼儿行为观察与指导等方面。幼儿园"竹趣"微型课程的理论体系需进一步完善,尚需深入研究该课程在城郊幼儿园可通用的资源和内容,对周边的"竹"资源进一步系统地分析与梳理,充分挖掘适合开展教学活动的"竹"资源(自然资源、历史资源、农业资源、民俗资源……)整理出更为系统、更具可操作性的实施方案。我们将进一步扩展"竹"的内涵和外延"竹"之文化,通过"竹"这一载体更好地让"自然天成,活力生长"的办园理念贯穿于课程结构、课程内容、课程实施的设计,深入每一位教师的"竹趣"微型课程教学行动中,渗透一日活动的各个环节,把"竹趣"微型课程做亮做深,使办园理念真正落地。

(三)完善园本课程体系

鉴于我园课程结构是共同性课程与"竹趣"微型课程融合实施的,共同性课程与"竹趣"特色课程互补与整合,而不是以孤立割裂的方式和简单叠加的方式处理共同性课程和"竹趣"课程的建设,使共同性课程和选择性课程在办园理念基础上呈现出动态、整合的关系,两者在不断磨合中形成辩证统一、相辅相成。通过幼儿园共同性课程与特色主题活动相融合,将"竹趣"活动融于幼儿生活、运动、学习、游戏等领域,在实施过程中强调活动性和体验性,注重活动的过程体验。我们将规范实施共同性课程,研究创新"竹趣"微型课程,深化构建与实施幼儿园课程体系,完善课程架构,优化课程环境,整合特色资源,凸显"竹趣"园本特色。

参考文献：

[1] 梁乐明,曹悄悄.微课程设计模式研究——基于国内外微课程的对比分析[J].开放教育研究,2013,(1)：65－73.

[2] 冯晓霞.幼儿园课程[M].北京：北京师范大学出版社,2010.

[3] 丁国钦.寻竹趣·玩竹乐·学竹魂——"竹艺"课程开发与实践的反思[J].教学月刊小学版(综合).2018,(04).

[4] 朱芬兰,钱双琴.幼儿园民间竹玩具游戏教学的实践与研究[J].青少年体育.

[5] 叶小艳.乡镇中心幼儿园民间游戏"竹趣"方案开发的行动研究[D].浙江师范大学.

[6] 文铭婕.竹文化资源在幼儿园美术活动中的应用研究——以益阳市桃江县A幼儿园大班为例[D].湖南师范大学.

[7] 程文艳.汉中市泾洋镇幼儿园竹资源开发运用问题与对策研究——基于农村区域自然资源开发运用的视角[D].渤海大学.

[8] 许雅清.乐在"竹"中——竹材料在户外游戏活动中的有效运用[J].家教世界.

[9] 陆家燕.竹韵润无声：一种幼儿园班级"竹"环境创设的实践[J].江苏幼儿教育.

[10] 吴晓峰.浅谈"竹韵怡园"理念下幼儿园的文化建设[J].华夏教师,2015.

[11] 吕晓蕊.基于学生核心素养的校本课程建设——从上海市F学校为个案[D].华东师范大学,2016.

[12] 窦桂梅,胡兰.基于学生核心素养发展的"1＋X课程"建构与实施[J].课程·教材·教法,2015,(1).

[13] 张静然.微课之综述[J].中国信息技术教育,2012,(11)：20—21.

[14] 石香云.幼儿家长教育资源开发中存在的问题及对策建议[J].教育教学论坛,2017,(04).

[15] 刘名卓,祝智庭.微课程的设计分析与模型构建[J].中国电化教育,2013,(12)：127－131.

[16] 陈丹.幼儿园运用家庭资源进行主题教育的研究[D].华东师范大学,2012.

[17] 胡铁生."微课"：区域教育信息资源发展的新趋势[J].电化教育

研究,2011,(10):61-65.

[18] 胡铁生,詹春青.中小学优质"微课"资源开发的区域实践与启示[J].中国教育信息化,2012,(22):65-69.

[19] 张一春.微课建设研究与思考[J].中国教育网络,2013,(10):28-31.

[20] 张小平,禅锦玉.浅谈微课的制作[J].课程教育研究(新教师教育),2015,(10):139-140.

[21] 王妍妍.让"活教育"焕发时代之光[J].教育家,2012,(12).

[22] 张素平.建构主义学习范式下体验式教学模式实现路径研究[J].科教文汇(上旬刊),2021,(10).

[23] 焦丽珍.神奇的"经验之塔"——《视听教学法之理论》[J].现代教育技术,2012,(06).

第一章
城郊幼儿园"竹趣"微型课程下的行动研究

沪郊幼儿园"宅基课堂"的开发与实施

刘晓薇

钱圩幼儿园地处沪郊,幼儿园周边有丰富的自然资源,多数幼儿家中亦有宅基地,"宅基"元素以其内容丰富、形式多样存在于幼儿生活之中,以及其具有内隐的教育价值与张力,适合幼儿的学习。沪郊幼儿园"宅基课堂"是以"宅基地"为主要活动阵地,以宅基地周边的各类资源为素材,以挖掘家长智慧为策略,以自然田野、历史人文、民俗文化、村规民约为内容,让幼儿在现实场景、生活情境中开展的具有乡野特色的活动课程。同时,通过家园互动云平台进行课程直播、微视频转播、特色活动点播等,为幼儿园家园合作拓展路径,为幼儿及家长提供更多元的体验式活动。

"宅基课堂"根植地方生态文化环境,契合自然发展教育理念,利用丰富的自然资源,为幼儿打造健康、丰富的成长环境,尊重幼儿自身发展规律和特点,为幼儿亲近自然、乐享生态、发展自我提供条件和机会,活化课程环境、活用课程资源,让幼儿充满活力,让教师充满活力,让幼儿园充满活力,使其向着阳光持续生长。

一、沪郊幼儿园"宅基课堂"的开发构想

(一)开发原则

1. 体验性与情境性相结合

沪郊幼儿园"宅基课堂"实施的体验性原则是指幼儿在具体的情景中,调动五官,以参加、欣赏、体会、感受等方式完成初步的积累,获得真实的感受;情境性原则是指在"宅基地"环境中创设具体的情景,在具体的情景中进行体验,使其身临其境。"宅基课堂"的内容是在具体情境中,从发现问题到解决问题,再到发现新的问题、解决新的问题的过程中构建而成的,具有意义建构性。因此,"宅基课堂"开发应该与幼儿需求和问题紧密结合,注重幼儿原有的经验和兴趣,充分调动幼儿的积极性和主动性,增强幼儿在真实情境中的问题解决能力,有效地变更幼儿的学习方式。如

可以选择日常生活中师幼均感兴趣的话题或生活场景作为活动内容,然后根据幼儿的年龄特点、认知水平及教师自身的专业素质进行相应的课程设计、开发"宅基课堂"活动。

2. 生活化与游戏化相结合

沪郊幼儿园"宅基课堂"实施的生活化原则,就是将幼儿与现实生活相联系,使其在生活中学习,在学习中生活;游戏化原则是指通过幼儿喜爱的,充满乐趣的游戏形式来实现教学、活动的有序开展,实现幼儿的和谐发展。生活是教育的源泉,源源不断地滋养着教育的萌动与发展;教育是生活意义的展现,生生不息地传递和建构着人的生命价值。生活之于教育,教育之于生活如同鱼儿与水一样,无法分离。因此,"宅基课堂"开发应遵循生活化的原则:教育生活化、生活教育化。教育生活化,即以教育为基础,在教育中结合生活内容,出发点在于将幼儿生活中接触到的经验、知识和内容纳入课程实施的结构,通过生活化的教育,使课程与生活相联系,构建幼儿园、社会、家庭相融合的教育体系,消解三重疏离,使教育重新回到感性、具体、现实、流动的幼儿生活中来;生活教育化展现了教育、生活对于幼儿的辩证关系,即生活是教育的归宿,所有的教育终将回归于生活;生活也是教育的起点,所有的教育都来自生活。因此,教育与生活相辅相成,教育因为生活而拓展了内涵,生活因为教育实现了提升。另外,对于幼儿来说,"游戏的真正价值在于:游戏是儿童理解他人、自己及他所处的生活世界的手段"。在游戏中,幼儿或假装、或虚构、或模仿、或创造,一切看似非平常、非真实的虚化在这里却给人以天然去雕饰之感,幼儿的愿望与要求得到满足,自然、社会和生活中的"他人"得到联络,自我得到认识与升华。所以,游戏是幼儿生活的本身,生活化与游戏化是"宅基课堂"开发的基本准则。

(二)开发内容

1. 内容来源

(1)结合学习教材开发沪郊幼儿园"宅基课堂"

从主题活动中寻找开发的链接点。着眼于幼儿园主题活动,注重各活动之间的横向联系与拓展,注重各活动之间的整合和渗透,视资源为幼儿主题活动的"实践地"和"经验场",通过主题聚焦开发构建幼儿园"宅基课堂"。

在开展中班主题活动"常见的用具"过程中,幼儿们以寻找家中的老物件为线索,寻觅到许多竹制传统用具,有农具锄头、扁担、竹篓等;有工具类的炱糕模具、竹筛、竹蒸架、竹刷等;有用具类的竹椅、竹筷、竹席、竹扫把等,从而发现原来竹制品在我们的生活中别有一番用处。

(2) 利用民俗文化开发沪郊幼儿园"宅基课堂"

依托地域文化资源及独特的园所条件,不断吸纳地域文化资源中有价值可利用的"宅基"资源,为"宅基课堂"内容的开发与建设提供新的渠道。

春节前炱糕是农村的一种传统民俗。《沪谚》曰:"实米于甑而熏蒸之曰炱,音'壮'。"《嘉定县续志》记载:"俗谓炊粉瓷曰炱糕。"在农村逢年过节少不了吃炱糕,这不仅寓意着年年"糕"升,更是代代传承的年味记忆。到了炱糕那天,孩子们的主要工作是帮奶奶搓糕粉,搓出糕粉用竹筛子筛,再把竹尺插入糕粉,挑起来,尺上堆的糕粉不散落,就算合格了,最后用竹尺沿桶口刮平即可搬到锅中蒸煮。让孩子亲自动手学一学、做一做、尝一尝,也可以成为"宅基课堂"内容的来源。

宅基课堂内容丰富、形式多样、主题各异,祖辈家长的传统手艺也是宅基课堂的特色项目:端午节摘粽叶包粽子、清明节采艾草做青团、重阳节打重阳糕;腌咸菜、腌萝卜、灶头饭等充满了人情味儿的宅基课堂不仅锻炼了幼儿动手能力,丰富了幼儿对民俗文化的认识,也拉近了亲子间的互动。

(3) 巧用家庭资源开发沪郊幼儿园"宅基课堂"

幼儿园具有先天优势的地理位置,幼儿从小就习惯了在田埂、竹林中奔跑嬉戏,他们就地取材、自主探索、缘情表达、率性表现,他们有兴趣也有能力去探索和体验周围的事物和现象,并有所发现有所创造。新课改注重对幼儿的情感态度、创新精神、实践能力的培养,并充分利用幼儿已有经验学习新知识,建构新经验。

在乡野课堂的实践活动中,我们的课堂搬到了幼儿家的自留地,草木青青,野菜茂盛,你带上我,我带上铲,走进自留地就开始挖荠菜。可是,"荠菜到底长什么样子呢?什么样的菜才是荠菜呢?""你看,叶子长长的,有齿轮状的就是啦!"于是,幼儿们仔细地观察地上的荠菜,学习辨认荠菜的特征。将铲子轻轻地插进泥里,再往里挖一挖、松一松,用力往上一挑,一棵完整的荠菜就挑出来了。在广阔的自留地上,幼儿们不仅认识了荠菜,还学会了挑荠菜的方法,我们充分给予幼儿自己实践的机会,引导幼儿去观察大自然中的馈赠,体验自己的劳动成果。

(4)善用村规民约开发沪郊幼儿园"宅基课堂"

村规民约是村民群众在村民自治的起始阶段,依据党的方针政策和国家法律法规,结合本村实际,为维护本村的社会秩序、社会公共道德、村风民俗、精神文明建设等方面制定的约束规范村民行为的一种规章制度,内容涵盖尊老爱幼、邻里和睦、文明乡风、村容村貌等。"村里为什么需要村规民约?""我们村的《村规民约》有哪些内容?"幼儿对我园附近村居的村规民约充满好奇,于是把村规民约编成快板、说唱、儿歌等形式,利用农闲时节到宅基地进行表演,使《村规民约》真正家喻户晓;开展"村规民约进课堂"活动,将《村规民约》制作成幼儿的绘画作品和宣传手册进行分发,以孩子带动家长,用自己的小手拉动亲人们的大手,和父母长辈共同遵守村规民约,形成良好的家风家教。通过"宅基课堂",让孩子们自觉养成遵纪守法、讲安全、爱劳动、勤学习的好习惯,培养幼儿爱家乡爱祖国的情感。

2. 沪郊幼儿园"宅基课堂"具体内容

"宅基课堂"的开发离不开资源的挖掘利用,其中关键在于宅基资源是否丰富、适宜,能否在与幼儿的互动中转化为有益的关键经验。因此,教师和家长需要为幼儿提供丰富的支持性环境,以引发和保障幼儿的主动学习。围绕宅基资源类别设计适宜活动,让幼儿主动学习。在架构"宅基课堂"活动框架中,我们以幼儿园为中心点,以"自然资源、民俗文化、村规民约、历史人文"为四条路线,构建一张"宅基课堂"资源图。

表1 沪郊幼儿园"宅基课堂"内容

\multicolumn{3}{c	}{"宅基课堂"具体内容}
自然资源	小班	① 晒稻谷;② 竹子的秘密;③ 挖竹笋
	中班	① 扎稻草;② 品竹叶;③ 赏花圃;④ 挑野菜;⑤ 认识垄沟
	大班	① 垒稻草;② 竹风铃;③ 油菜花写生;④ 竹林探险
民俗文化	小班	① 拔萝卜;② 腌咸菜;③ 整理小菜园;④ 参观羊棚;⑤ 快乐竹竿舞
	中班	① 灶头饭;② 笋肉塌饼;③ 竹篮编织;④ 小鸡养成记;⑤ 农忙工具趣体验
	大班	① 打年糕;② 粽香飘飘;③ 寻橘园;④ 庭院游戏;⑤ 蔬菜搭棚

续 表

		"宅基课堂"具体内容
村规民约	小班	① 童谣传唱;② 观看情景剧
	中班	① 村里那些事儿;② 村规民约连环画
	大班	① 快板说唱;② 夸夸我的家乡;③ 家风的故事
历史人文	小班	① 小小卖货郎;② 张桥羊肉美食;③ 乐徒登山
	中班	① 特色老茶馆;② 旧时光杂货铺;③ 乐玩百草园
	大班	① 祭奠顾观光;② 钟表店的由来;③ 趣谈家乡的桥

二、沪郊幼儿园"宅基课堂"的创意实施

(一)"宅基课堂"实施形式

1. 充分依托宅基特性,优化活动形式

"宅基课堂"具有多样性、童趣性的特点。多样性的宅基环境能够为幼儿营造更多的互动情境,鼓励幼儿在新的情境中不断探索;童趣性的宅基资源能激发幼儿在体验自然的过程中挑战自我。教师根据宅基地的特性,带领幼儿走进自然,开拓幼儿的视野,优化户外实践的活动形式。

(1) 基于宅基资源的创造性,开展艺术活动

《纲要》明确指出,教师应"指导幼儿利用身边的物品和废旧材料制作各种玩具、工艺装饰品,体验创造的乐趣"。丰富的宅基自然资源很好地弥补了以往活动材料较为单一的局面,为幼儿发现并运用多种材料和手段表达自己对周围世界的理解提供了有力的支持。

在创意美术节的活动中,教师和阳光小队的孩子们来到宅基地收集了各种玉米秆、树叶、稻草、棉花等农作物材料,在教师的指导下,孩子们经过认真、细致的构思,把各种材料蘸上颜料制作成自己喜爱的艺术手工。只见小伟将枯树枝插在瓶子里,利用皱纹纸、黑泥和麻绳将一截截枯树枝装饰得五彩斑斓;欢欢用捡来的枯叶和稻草垒成了一个可爱的小鸟窝。一件件富有创意、充满稚气又童趣横溢的艺术作品陆续呈现在教师眼前。随后,教师还和孩子们一起设计了一场别具仪式感的"宅基艺

展"。在教师的指导下,孩子们巧妙地利用开放的宅基地,将艺术展与自然环境融为一体。

(2) 基于宅基资源的童趣性,开展野趣运动

在野趣运动中添加情境性和游戏性是开展幼儿运动活动的常用方法。我们始终坚信,越真实的活动情境,越能够激发幼儿的运动积极性。幼儿园周边的农家都有自家的自留地,田野资源丰富,整齐的稻田不仅构成了一道美丽的风景线,更为我们开展户外野趣运动提供了真实的运动情境和活动素材。

秋天带领幼儿到宅基田中开展一场特别的"秋收运动会"。幼儿也许或多或少地见过家长在稻田里劳作的场景,但却从未亲自动手体验过。教师便根据幼儿的年龄特点和发展水平,策划了小推车运粮比赛、挑扁担大赛、颠簸箩比赛等诸多趣味性较强的农耕游戏项目。这些活动与农村生活息息相关,成功激发了幼儿运动的热情,同时有效锻炼了幼儿的四肢力量与体能。在"秋收运动会"中,孩子们不断尝试新的项目:在小推车比赛中,从起初的歪歪扭扭,慢慢地健步如飞;在挑扁担大赛中,掌握了扁担的使用技能……我们还在幼儿园开辟了微型农具博物馆,发动家长捐赠农具,如钉耙、镰刀、锄头、耥耙、三叉、竹耙、大眼筛、扁担、粪勺等,丰富了幼儿对于农耕文化的认识。

由此可见,巧妙利用宅基资源的童趣性,把极具中国本土特色的传统农耕文化融入日常的运动活动,既能起到锻炼健身的效果,又能让孩子们重温古老农耕生活的乐趣。富有地域文化的场景设置,引发了幼儿对家乡社会生活的理解和表达,极大丰富了幼儿的想象、创造性和社会性交往行为。

2. 合理利用宅基环境,拓展活动空间

陈鹤琴先生曾提出:"怎样的环境就得到怎样的刺激,得到怎样的印象。"因此,教师合理利用宅基地的特殊环境这一得天独厚的教学资源,通过拓展教学活动的空间,不仅能丰富日常的活动形式,还能进一步关注幼儿在生活和发展中遇到的问题,为幼儿创设更加真实且充满挑战的学习情境,激发幼儿的学习兴趣和探索欲望。

(1) 真实场景体验,支持幼儿深度学习

在宅基课堂"知'竹'常乐"活动中,大班的教师充分利用本地幼儿的自然乡土环境,将课堂设置在竹林与宅基老屋的怀抱中。宽阔的竹林成

功地激发出幼儿探索新鲜事物的好奇和活动的兴趣。晨晨看到几天前还没有笋的地方一夜间冒出了"小脑袋",不禁提出疑问:"竹笋是怎么萌芽的?这片林子里到底有多少竹笋呢?"这一提问引发了孩子们的共鸣。大家纷纷举手表示想到竹林中深入探索,寻找更多"竹笋宝宝"。于是,教师便顺势借助竹林广阔的活动空间,组织孩子们开展了活动"竹林寻宝"。孩子们六人一组,借上小竹篓和挖笋工具,根据手中的地图,在竹林里寻找并挖出新鲜的竹笋。为了找到更多的"竹笋宝宝",晨晨铆足了劲儿。身为一号小组组长的他牢牢地将指南针攥在手中,还不时和组员一起查看地图,对整片竹林展开了"地毯式搜索"。一号小组在晨晨的带领下,合理分工,统一行动,最后成功挖出了近10棵竹笋。在这次的宅基课堂中,孩子们通过小组合作寻宝的形式,不仅掌握了查阅地图的方法,学会了观察周围环境并正确使用指南针辨别方向,同时也发展了自身与同伴合作交流的能力。

(2)多元游戏体验,丰富幼儿活动实践

场地的丰富性和材料的多样性带来了幼儿学习的多元化,引发了幼儿多种类型的游戏,幼儿学会了在游戏中学习,在解决问题中积累经验。

在教师、家长的陪伴下,孩子们来到了婷婷家宅基屋。在婷婷妈妈的介绍下,幼儿了解到婷婷家的老宅已经有三十年之久的历史了,是由两家人家围合而成的。宅基屋中有一口农家小水井,还有两块四四方方的水泥板,可以洗衣服,同时也是幼儿父母童年的游戏场所,如"办酒水""砸面包""扔沙包"等。宅基屋的每一个角落都是幼儿的游戏场地,孩子们一同体验了用粉笔画格子的跳房子游戏;感受了天井扔沙包的乐趣;还一一品尝了用清凉的井水浸完后西瓜的冰凉爽口。民间游戏的发源地就是乡野农村,在宅基课堂中家长带领幼儿一同重温与体验他们年轻时的各类民间游戏,充分享受乡野生活的乐趣。

由此可见,广阔的宅基环境对幼儿的健康成长有着十分重要的作用。教师可以充分利用宅基资源定期组织户外实践活动,引导幼儿探索自然,满足幼儿的好奇心和求知欲,鼓励他们在实践中不断发现蕴藏在自然中的科学规律。

(二)"宅基课堂"实施策略

1. 主题融合策略

结合主题内容,基于幼儿生活经验开展相关的"宅基课堂"活动,在

《学习》教材中结合《我是中国人》《春夏秋冬》《有用的植物》等主题活动,开展"家乡的竹林""春季踏青""天井的作用"等集体学习活动。在大班《有用的植物》学习主题背景下,基于"关心周围与我们一起生活的花草树木"的核心经验,开展了《竹林风景画》集体教学活动,让幼儿辨别画面上竹子的粗细和排列方法,观察竹子的生长方式,活动后幼儿对竹子话题的讨论滔滔不绝,借此契机,为让幼儿能更进一步了解竹子及其生长方式,我们带幼儿实地参观竹林,开展了"走进竹林"的户外实践活动。

2. 家园共育策略

教师充分考虑幼儿的年龄特点和发展水平,鼓励幼儿和家长共同参与制定"宅基课堂"的具体内容,思考活动对幼儿发展的价值,融入更多宅基元素,让活动更加贴近生活。

为了让幼儿更好地了解清明节的来历及风俗习惯,组织幼儿开展了宅基课堂之"清明踏青游",旨在让幼儿在真实的自然情境中获得多感官的体验,更深入地了解清明节的风俗。在确定活动内容时,教师把主动权交还给幼儿,开展了"踏青路线我来定""踏青物品我准备"等前期准备工作,引导幼儿以小组的形式与教师共同商议,设计踏青路线并准备各种活动材料。经过讨论,各小组设计出的踏青内容各不相同,各有特色。但可行与否,还需进一步"验证"。于是,教师便邀请班级家委会的家长们"现场踩点"。将孩子们的实际需求和路线安全等因素有机结合,融入了"清明知习俗""清明做青团""清明赏风景"等活动内容,最终确定出一个既安全又美丽的踏青主题活动。孩子们踏青折柳放风筝;跨垄沟、走田埂体验宅基运动的快乐;在宅基地大灶头和爷爷奶奶一起做青团、尝青团,说说清明的习俗习惯。

根据幼儿的兴趣爱好和年龄特点,鼓励幼儿和家长共同参与,不仅能充分挖掘宅基资源背后蕴含的教育价值,还能促进教师与幼儿、家长之间的互动,引导幼儿在确定活动内容时不断观察、构思、操作,在互动交流的过程中表达自己的看法,享受活动的乐趣。

3. 园社合力策略

有效利用周边的社区资源及教育基地,为幼儿创设丰富的利于发现、感知、体验的教育环境,组织幼儿开展多形式、多途径的社会实践活动,参观传统民间艺术和地域特色文化等,幼儿更好地接触周围环境,学会与周边的人共同生活、融入群体,促进幼儿在活动中获得有价值的学习经验,培养幼儿的观察能力、探索能力、合作能力等。植树节活动中,与村居结对,受邀前往"美丽乡村"宅基地进行社会实践,幼儿们实地探访,边参观边听专业人员的讲解,图文并茂、动静结合,在游戏和互动中辨别各类植物、蔬菜的种类,了解养植知识;在交流和探索中了解植物及蔬菜的生长规律、外形特征;在说说、摸摸、画画、玩玩中亲近自然、喜爱美丽家乡。

三、沪郊幼儿园"宅基课堂"的实践成效

"宅基课堂"改变了传统的教学模式,将课堂延伸到户外自然场景中,让不同年龄层的家长同时参与到幼儿的学习和游戏过程,形成教育合力,更好地推动了家园共育。

(一) 拓宽教育途径,焕发家长活力

幼儿园地处城郊,幼儿父母大多外出打工或为外来随迁子女,多数幼儿由祖辈教养。我们深感祖辈们的劳动智慧如果深入挖掘,将是一个很好的教育资源。幼儿园充分挖掘祖辈助教资源,成立"宅基课堂"开发与管理工作小组,小组成员根据问卷调查及访谈祖辈家长的结果,将全园祖辈家长资源进行分类整合,建立祖辈助教资源库,使祖辈家长发挥特长,拓宽教育内容的广度和深度,给予幼儿更丰富、更多元化的体验。同时,"宅基课堂"云平台的开发与应用解决了父母不能参加传统的"家长进课堂"活动的窘境,对于特殊时期(如疫情持续期间)家园互动有着积极帮助。"宅基课堂"弥补了家园互动间的不足,同时也充分开发祖辈家长资源,挖掘祖辈家长的传统手艺,鼓励祖辈家长积极参与到课程建设中来,形成了教育资源整合程度高、教育辐射覆盖面广、教育形式互动性好、教育效果效率显著的优势。

(二) 拓展幼儿园空间,激发教育活力

宅基地是沪郊幼儿园宝贵的自然和人文资源,为幼儿园教育带来了更开放、更广阔的发展空间。幼儿在田埂上奔跑、竹林中嬉戏,他们就地取材、自主探索、缘情表达、率性表现,他们有兴趣也有能力去探索和体验周围的事物和现象,并有所发现有所创造。新课改注重对幼儿的情感态度、创新精神、实践能力的培养,并充分利用幼儿已有经验学习新知识,建构新经验。我们充分利用宅基地这个广阔的课堂,带领幼儿走入自然、走进乡野,寻找鲜活的"教材",如春季的"宅基"踏青游、夏季的"宅基"艺术节、秋季的"宅基"嘉年华、冬季的"宅基"运动会等,活动中幼儿的社会性

交往、合作协商、艺术表现能力得到进一步发展。鼓励家长和教师共同尝试开发野趣十足的特色"宅基课堂",体现了与时俱进、与幼儿观和教育观相呼应的课程观,为幼儿园课程开发提供了更大的空间,激发了教育的活力。

陈鹤琴先生说过:"大自然、大社会都是活教材。""宅基课堂"遵循"在生活里找教育,为生活而教育"的理念,以幼儿亲身体验为课程实施的形式,为幼儿创设真实的生活场景,为幼儿提供直接感知、亲身体验与实际操作的空间,在幼儿心中播下了"万物皆有时""春生、夏长、秋收、冬藏"的种子,为幼儿创造了探究、学习的机会,让幼儿在"做中学""玩中学"过程中自主探索、合作分享,在"玩"的过程中体验快乐、习得认知,真正释放童真,让幼儿度过健康快乐有活力的童年。

基于"竹趣"微型课程助力教师专业成长的探索与实践

戚丹花

随着钱圩幼儿园市级一般课题、区级重点课题《城郊幼儿园"竹趣"微型课程的实践与研究》的深入,我们深感:教师,课程实施力的主体,其专业成长就如同竹的生长一般,都是一节一节生长的。教师从职初——青年——成熟等阶段一步步成长为优秀或骨干教师(名师等)。而竹的生长则经历竹笋、幼竹、新竹、成竹等阶段,其成长过程为根系能量积蓄——竹笋孕育——拔节成长——扩散成林——竹林成海。职初教师就像竹笋一样,初出茅庐,为成为一名合格的教师,"根系"不断蓄积知识与能量,在成长为新竹的过程中,不断学习、积累经验,为后续发展打下扎实的基石,做好充足的准备。青年教师就像幼竹,其成长速度是飞快的,朝着"新竹""成竹"拔节而长。成熟教师不仅是"资深"的"成竹",更是凝心聚力的核心,他们突破自己,向着阳光节节生长,成为优秀、骨干乃至名师,在他们的引领下,师资队伍凝心聚力、春竹成林。

一、助力教师专业成长根植于校园"竹"文化

"绿竹猗猗,节节向上"是幼儿园的校园"竹"文化。在助力教师专业成长的过程中,我们根植于"竹"文化的渗透与融合。将刚性的制度管理和柔性的文化管理有机地融合在一起,构建了"刚柔并济"的制度文化,为教师专业成长及发展提供了健全、完善的保障机制。教研活动中,"每位教师都是教研活动的主人"不再是一句空话,而是需要真正"做"的事。从先前的教研参与者逐步向组织者迈进,从"要我准备……"变成"我要准备……",从"要我说"变成"我来说",这一系列的变化得益于"竹"制度文化。

让"竹"元素体现在幼儿园的每个区域,用心打造如竹般"自然清雅、自主开放"的"竹"环境文化。从一开始的按部就班、无从下手到现在的信

手拈来,"竹艺"美术社团在社长杨雯晔老师的带领下,团员们布置环境能力有了明显的提高,不仅动手能力提高了,审美及创新能力也有了发展。各班的小竹苑各具特色,有江南水乡系列、故宫风系列、荷塘月色系列,等等。"竹味馆"的布局立足幼儿视角,处处诠释着"自然清雅、自主开放"的"竹"环境文化,幼儿在此自主动手包笋壳粽、制作竹筒饭、泡制、品尝竹叶茶等,一幅怡然自得的景象。

浓郁的校园"竹"文化氛围,让幼儿园成为一个巨大的磁场,教师在这里幸福地生活着、成长着、收获着……

二、助力教师专业成长依托于"竹趣"微型课程

"竹趣"微型课程唤起教师的开发热情,赋予教师深入探究、以独特的视角展示自己专业能力的机会,对微型课程进行设计、开发、实施、反思评价等能力得以提升。微型课程的内容切入点小、模块小,实施的时间短,故而目标制定明确而清晰。这对教师的课程设计力提出了挑战,在设计微型课程目标时侧重幼儿对教学内容的关注,以及知识的拓展和能力的提升;在设计活动内容时,横向或纵向选择和主题相关的教学材料,整合不同领域的学习内容;在课程内容开发的过程中,注重关联性、开放性、可拓展性及生成性等方面,以满足幼儿学习多样性的需求。

如大班的竹趣特色活动"水到渠成",内容源于教师的观察,戚老师在竹趣嘉年华中的游戏"竹空隧道"一景中发现并思考:幼儿屡战屡败却仍坚持着,是什么原因让他们乐此不疲呢?该如何调整,便于幼儿体验游戏带来的成功感?带着这些问题,她进行了深度思考,翻阅了《3—6岁儿童学习与发展指南》《上海市学前教育课程指南》中的大班幼儿年龄特点及发展目标、《上海市幼儿园办园质量评价指南(试行稿)》之3—6岁儿童发展行为观察指引,围绕"合作""科学"两个关键词,梳理如下:

探究中有所发现时感到兴奋和满足。

能通过观察、比较与分析,发现并描述不同种类物体的特征或某个事物前后的变化。

能用一定的方法验证自己的猜测。
探究中能与他人合作与交流。
支持和鼓励幼儿在探究的过程中积极动手动脑寻找答案或解决问题。
支持幼儿与同伴合作探究与分享交流,引导他们在交流中尝试整理、概括自己探究的成果,体验合作探究和发现的乐趣。
帮助幼儿回顾自己探究过程,讨论自己做了什么,怎么做的,结果与计划目标是否一致,分析一下原因及下一步要怎样做等。

围绕幼儿已有经验,梳理如下:

幼儿已有经验:
户外沙水游戏中的竹笕引水
竹趣嘉年华中的竹空隧道,引发思考
竹建构游戏中的架空、插接、组合等多种建构能力。

就这样,活动设计初稿便孕育而生。

举例一

【活动名称】球到渠成(第一稿)(竹空隧道游戏中用的就是"球")
【活动目标】
1. 根据任务卡提示,设计路线,探索使球顺利到达终点的方法。
2. 在分享交流中尝试整理、概括自己探究的成果,体验合作探究和发现的乐趣。
【活动准备】
32厘米竹笕、竹桶5个、乒乓球、地垫16块、任务卡若干
【活动过程】
一、出示材料,引出"任务"
看看这里有哪些材料?有什么用?
小结:竹桶作为支撑,竹笕作为水流动的平台,在玩沙水游戏时,我们是这样玩的。

这些竹桶有什么不同？（高低不同）高低不同，在流水的时候是怎么样的？

小结：因为高低不同，水在流动的时候会有高低的斜面。

二、游戏：球到渠成

1. 过渡语：今天，我们也来玩玩这些材料。看看，在哪里玩？（出示图片）

这是什么意思？（幼儿解读图示）

重点解读：必经之路

小结：球从起点顺利到达终点，必须要经过必经之路。

2. 规则：4人1组；3分钟完成任务。

3. 小组探索，师指导

4. 分享

（1）成功了吗？你们的小球都成功通过了吗？

（2）分组演示

你们是怎么成功的？分享成功秘诀。

成功：分工合作，有人负责竹桶有人负责放竹篦。

未成功，没关系，听听别人有什么好方法，我们可以去借鉴。

小结：要想成功，倾听很重要，别人的想法和经验可能会帮到你。

探索方法：

1. 先找高低

2. 找到顶点

3. 分两段分别找高矮

难点在哪？（必经之路？高高低低不知如何放置？连接点？）

成功的人，走的路都一样吗？哪里不一样？

小结：原来，从起点到终点，经过必经之路可以有不同的线路，只要竹桶从高到低放置。

三、观看视频，感受人们的智慧

（在工作坊研讨过程中，教师们对目标产生异议并提出修改建议）

目标初定	教师研讨	修改建议	目标修改
活动目标 1. 根据任务卡提示,设计路线,探索使球顺利到达终点的方法。 2. 在分享交流中尝试整理、概括自己探究的成果,体验合作探究和发现的乐趣。	教师A:目标1,内容较多,又要设计路线,又要探索方法,很难完成。需要考虑,你到底要让幼儿获得什么？使球顺利到达终点的方法说白了,一则是从高到低放竹筒,二则是竹笕连接点不能断,断了就会失败。我觉得这些都是与渠道的建构有关。 教师B:目标2太笼统,任何一个科学活动都可以用,缺少聚焦于本次活动中需要达到的点。 教师C:作为一个微型活动,时间紧,两条目标会不会多了点,可否就一条呢？ 教师D:目标表述上可以更为精简些。 教师E:我赞同A老师的观点,我觉得我们要考虑幼儿需要的是什么,这才是关键。	1. 目标1调整,理清幼儿需要什么。 2. 建构渠道是关键。(高低、连接点等都包含在内) 3. 目标2太宽泛,针对微型活动实施时间短的特性,建议舍去,制定一条目标即可。 4. 目标表述一定要通俗易懂。	建构渠道,探索引水入渠的方法,体验合作探究的乐趣。

（通过这次研讨,戚老师围绕修改后目标,重新设计方案,试教后的研讨,她认真听取他人的建议,经过了第二次、第三次……的修改、试教、反思、调整,再试教、再反思、再调整等循环往复的过程。）

举例二

【活动名称】大班竹趣活动：水到渠成（活动展示稿）

【活动目标】

建构渠道,探索引水入渠的方法,体验合作探究的乐趣。

【活动准备】

经验：幼儿在沙水游戏中玩过引水的游戏。

材料：宅基地（家门口有井有田地）；竹笕、竹筒若干；记录纸2份、笔

【活动过程】

一、经验回顾，梳理方法

经验回顾：上次，我们看了引水入渠的视频，了解了人类的聪明和智慧。

1. 关键提问：要想把水从山上引到山下有哪些关键的方法？要注意什么？

2. 方法梳理，根据幼儿回答作小结。

二、运用方法，挑战任务

1.（出示任务单）关键提问：这个表格能看懂吗？有看不懂的吗？"√"是什么意思？

小结："√"是一定要经过这个地方，必经之路的意思。

2. 游戏规则：

(1) 4个人一组。

(2) 表格是一样的，上面同样有起点、终点和必经之路。

(3) 8分钟完成任务，听到提示音马上回归。

3. 幼儿建构，师观察指导（重点观察有无必经之路；建构方法；合作情况）

三、验证结果、分享交流

1. 验证结果。

2. 成功则分享成功秘诀。

3. 失败则共同寻找原因，解决问题。

延伸活动：出示任务单二……

（在活动展示之后，戚老师又进行了反思，她把整个执教过程中自己的思与行进行了梳理和归整，进一步完善活动方案，梳理成详细的教案，便于其他教师看得懂、看得明白，并在工作坊活动中，进行了分享与交流。）

举例三

【活动名称】大班竹趣活动：水到渠成（展示后梳理详案稿）

【活动目标】

建构渠道，探索引水入渠的方法，体验合作探究的乐趣。

【活动准备】

经验：

● 幼儿在沙水游戏中玩过引水的游戏（重点了解水从高往低流；支架高低排）

● 幼儿了解9宫格、16宫格是一格一格走的，不能对角线走。

● 幼儿对这些竹筒、竹笕相当熟悉，玩得很溜。

材料：宅基地（家门口有井有田地）；

竹笕（6个，其中一个通向田地）、竹筒（从高到低10个，每个间距3—5厘米）——放在地上表格的一侧；

任务单（如下左图）；地上绘制表格（和任务单相同）；笔、画架、画板（张贴幼儿的记录）、幼儿观看"视频水到渠成"之后，记录引水关键的方法（支架高低排列、竹笕连接处有高低），如图（下右图）；大竹凳（2个，幼儿坐）；小竹凳（1个，教师坐）、粉笔（绘制地上表格用）；

以上准备放置如下图：

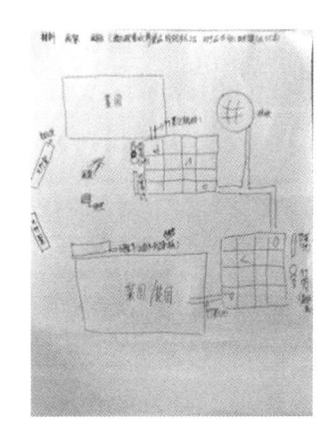

【活动过程】

一、经验回顾,梳理方法

1. (幼儿先观看视频,并积累相关引水的经验)

关键提问:要想把水成功地从山上引到山下有哪些关键的方法?要注意些什么?(幼儿讲述自己的记录)

2. 方法梳理并小结

师小结:是啊,不仅支架要从高到低排列,而且竹笕连接的地方也要有高、低。

二、运用方法,挑战任务

过渡语:今天,我们就用这些方法帮助爷爷浇灌花园和菜园。仔细看,这是爷爷给的任务单。

1. (出示任务单)关键提问:这个表格看得懂吗?有不明白的吗?"√"是什么意思?

小结:从起点到终点,一定要经过这个地方(手指"√"处),这是必经之路。

2. 任务要求:

(1) 4个人一组合作完成。

(2) 表格是一样的,上面同样有起点、终点和必经之路。

(3) 8分钟完成任务,听到提示就停下。

听明白了吗?(听明白了)好,开始。

3. 幼儿建构,师观察指导(重点观察有无必经之路;建构方法;合作情况)

(1) 根据需要,你们可以先做一些计划

计划可以是:
- 分工上的计划 —— 商量、分工、合作
- 路线上的规划 —— 设计线路
- 先思后行
- 边思边行

(2) 通过必经之路了吗?

(3) 碰到了什么问题?该怎么办?如何解决(调整)?

问题:
- 合作 —— 分工、沟通
- 位置 —— 移动

建构:
- 放竹笕时,移动支架易倒 —— 合作 —— 同时拿两端或一人拿竹笕一人放 轻拿轻放
- 找不到合适的支架 —— 寻找四周有否替代物(随机应变)

（4）提示时间：2分钟……1分钟

三、验证结果、分享交流

分享从以下维度思考

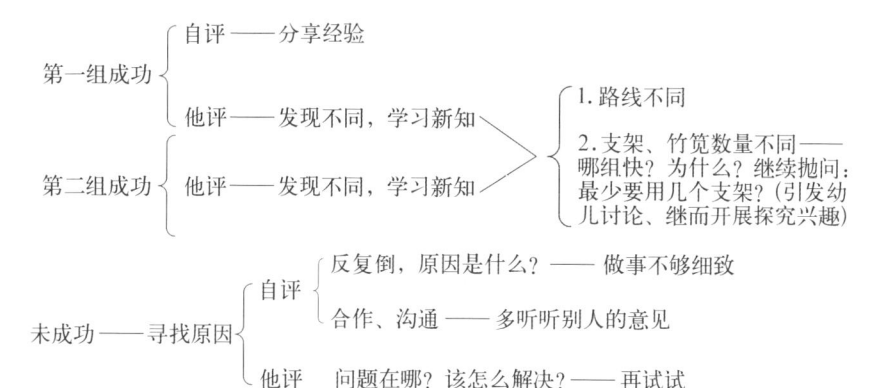

```
第一组成功 ┬ 自评——分享经验
          └ 他评——发现不同，学习新知  ┐  1.路线不同
                                      ├  2.支架、竹筏数量不同——
第二组成功 ── 他评——发现不同，学习新知 ┘     哪组快？为什么？继续抛问：
                                            最少要用几个支架？（引发幼
                                            儿讨论、继而开展探究兴趣）

未成功——寻找原因 ┬ 自评 ┬ 反复倒，原因是什么？——做事不够细致
                        └ 合作、沟通——多听听别人的意见
                  └ 他评   问题在哪？该怎么解决？——再试试
```

1. 验证结果。

2. 成功则分享成功秘诀。

（自评中的N种回应）

——团队合作很重要

——失败乃成功之母，不放弃一定会成功

——先想后做，做事有计划，非常好

——方法很重要

——只要动脑筋，一切困难都会解决

他评中的提问与回应：

提问：

● 他们搭的和你们有什么不同？（路线不同、支架多少不同——最少可以用几个支架？哪个快？为什么？）

● 你们觉得他们有哪些地方或好方法值得你们学习？

——仔细看，认真听，从别人那也能学到许多知识。

——真像个小学生，能够愿意倾听、接纳别人的意见和建议，非常好！

3. 失败则共同寻找原因，解决问题。

过渡：失败也没关系，一起看看问题在哪。

问另一组：你们觉得没有成功，可能是什么原因？该怎么调整？

问该组：听懂了吗？听明白了吗？他们的意见是什么？（幼儿复述）

找到原因,根据刚才的意见再去试试,相信你们肯定成功,(面向另一组)你们也可以去帮帮他们。或者挑战一下用最少的支架完成任务……

四、延伸活动:出示任务单二……

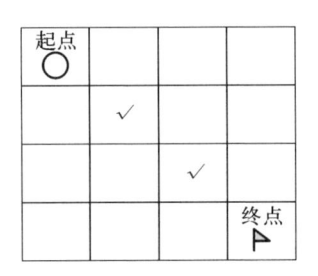

起点○			
		✓	
			✓
			终点▲

在课程实施的过程中,寻找和发现满足幼儿需要的竹趣微型课程"生长点",如线上线下相结合的灵活形式;园内、外开展的灵活性等,创造出富有特色、适应幼儿需求的"竹趣"微型课程,这也助力了我们教师的专业成长。"水到渠成"这个活动就是在园外的宅基地开展的。为了充分利用宅基地上的资源,戚老师3次走进"现场",勘察地形,根据水源位置,设计两个起点、终点各不相同的16宫格(这也是培养幼儿观察力的策略之一),并且用直播的方式开展线上线下互动链接,体现了"竹趣"微型课程的特色之处。

三、助力教师专业成长关键是培养新时代"竹蕴"教师

助力教师专业成长的关键是加强教师的师德师风建设。学高为师,德高为范,师德是为人师之根本。作为新时代的教师,我们不仅要与时俱进,更要有虚怀担当、正直奋进、精业笃行、团结创新的"竹蕴"之德。虚怀担当:虚心谦逊,踏实担当,遇事有主见,有高度的责任感和事业心。正直奋进:胸怀磊落、刚直坦率,全心全意为幼儿服务,尽心尽力为事业拼搏。精业笃行:勤学习、好反思、多钻研,成为一名学习型教师、反思型教师、研究型教师。团结创新:有敏锐的思维,睿智的教育策略;凝心聚力,抱团生长。发挥创造力、凝心聚力、春竹成林,引领教师向着共同的目标奋进,打造和衷共济的团队精神,努力实现个人与团队的双赢。通过师德教育系列活动,将教师团队精神与内涵特长相结合,增强教师团队凝聚力,让"竹蕴之德"真正与幼儿教师高尚师德相融。如激励成长篇:开展

"竹蕴工作坊"青蓝结对活动,促进教师梯队成长,多元发展。如阳光心理篇:开展"书香满园购书、读书活动",倡导教师与书为友,丰富自身文化底蕴。开展"野外拓展运动",让每个参与的成员感受团结的力量、团队的精神,并在日后工作中发挥应有的效用。

竹品立德、竹韵树人,立根亮节、质朴坚劲,为教师的专业成长的每一节助力。

幼儿园"竹趣"户外活动的开发与实施

沈乐怡

幼儿园依托丰富的"竹趣"环境开展户外活动的实践与研究。幼儿园"竹趣"户外活动是将幼儿的课堂搬向大自然,以竹资源、竹材料、竹文化为切入点,在各年龄段予以实践。丰富的"竹资源"对于幼儿来说是重要的教育资源,亲自然的户外活动更是幼儿最喜欢的活动形式之一,因此幼儿园将"竹趣"融入户外活动中,在幼儿的心间播种大自然的种子,在户外富有野趣、童趣、情趣的"竹"天"竹"地中充分释放幼儿对户外活动的自主探索,助推幼儿身心机能的健康成长,满足幼儿对大自然的情感体验,协同幼儿养成像竹子一样虚心向上、坚忍不拔的品质。

一、幼儿园"竹趣"户外活动开发

(一)开发原则

1. 游戏性与趣味性相结合

游戏是幼儿必不可少的活动。因此来到户外的"竹趣"环境,以游戏展开户外活动是幼儿最喜欢的形式,在游戏中调动多种感官去参与,在愉快的游戏中获得发展;"竹趣"户外活动是在体验和实践中进行,幼儿是具有个体差异的,教师需要不断挖掘户外活动的"趣",在设计活动时对内容进行一定的筛选,满足不同幼儿的不同需求。

2. 安全性与多样性相结合

在户外开展"竹趣"活动要遵循安全的原则,在保障安全的前提下,提供的环境、材料才能发挥更大的教育价值与幼儿交互;幼儿园开展"竹趣"户外活动旨在让幼儿亲近自然,锻炼幼儿的身体素质、心理素质,因此在设计"竹趣"户外活动时应该遵循多样化原则,通过多形式的"竹趣"户外活动提升幼儿对环境的适应能力。

3. 自然性与开放性相结合

自然性是指让幼儿充分接触户外"竹趣"环境,亲近自然生态,把最真实的自然体验带入幼儿的户外活动中,打开他们的五官,去体验和创造;"开放性"的意思是给幼儿更多的可能性、更多的空间去思考、拓展,户外本身就是一个开放的场地,无拘无束地游戏才是幼儿最真实的状态。

(二) 开发价值

1. "竹趣"户外活动促进幼儿身心机能的健康成长

在"竹趣"的自然环境中蕴含着丰富的教育资源,通过户外运动、户外游戏、户外散步等一系列活动的实施,幼儿在身体机能上有所提高;同时欣赏着幼儿园中小竹林、空中竹屋等原生态的自然美景,一边陶冶幼儿的情操,一边获得情感的体验,在心理上得以缓冲。

2. "竹趣"户外活动满足幼儿对自然环境的自主探索

竹资源浑然天成,"竹趣"户外活动可以从不同年龄段的特点出发,分多个领域开设出不同的活动,幼儿可以通过观察、探索、记录等方式发挥自身的自主性、能动性、创造性,从而去发现问题、解决问题。到了户外,幼儿可以寻竹、识竹、探竹、玩竹,在大自然中接受教育,自由实践、自主学习、实践体验,探索大自然蕴含的奥秘,在探索体验的过程中建构自己的认知。

3. "竹趣"户外活动丰富幼儿对自然的感性认识

在"竹趣"环境中,有各种各样的竹子、泥土、树叶、水等自然物,这些都是幼儿亲近自然的资源,教师注重幼儿的体验,尊重幼儿的发展规律,幼儿能在与环境的互动中,生成自己的认知,自主地选择材料、玩伴、玩法,充分发挥自己的想象力,创造出不同的游戏,获得充沛的情感体验。

(三) 开发内容

围绕幼儿园内开展的"竹趣"户外活动,教师依据一日活动作息安排表中梳理出运动活动、游戏活动、自由活动板块中可以寻找到的连接点;在幼儿园外,宅基课堂、远足活动也是幼儿园的资源点。

	"竹趣"户外活动内容	
运动活动	小班	① 韵律操:竹圈操;② 竹制滑滑梯;③ 竹梯爬爬乐;④ 摇摇乐;⑤ 钻钻乐
	中班	① 韵律操:竹圈操;② 小挑夫;③ 竹推车;④ 竹竿;⑤ 小竹马;⑥ 小竹屋
	大班	① 韵律操:竹圈操;② 竹风铃;③ 挑战竹梯;④ 春播乐;⑤ 竹林探险;⑥ 竹林迷阵

续 表

		"竹趣"户外活动内容
游戏活动	民间游戏	① 敲竹马;② 投壶;③ 蹴鞠;④ 滚竹圈;⑤ 抬花轿;⑥ 套圈;⑦ 跳房子;⑧ 赶小猪;⑨ 竹蜻蜓;⑩ 陀螺;⑪ 抖空竹;⑫ 踩高跷;⑬ 踢竹片;⑭ 跳竹竿;⑮ 赛龙舟
	户外自主性游戏	① 我爱我家;② 开心农场;③ 美食一条街;④ 建筑工地;⑤ 畅想天地;⑥ 我型我秀;⑦ 空军练兵场
自由活动	小中大班	① 逛逛小竹林;② 和竹林合影;③ 夸夸小竹林;④ 说唱小竹林;⑤ 护竹行动;⑥ 夸夸空中小屋;⑦ 观赏竹具
宅基课堂	小班	① 挖竹笋;② 竹园里的美味;③ 竹风铃
	中班	① 搭丝瓜棚;② 乐玩竹林;③ 我和竹子比身高
	大班	① 跳竹竿舞;② 找找家中竹物件;③ 竹篮编织
远足活动	小班中班大班	① 寻竹踏青游;② 乐徒竹园

二、幼儿园"竹趣"户外活动实施

(一) 实施路径

1. 渗透性路径

将户外活动与五大领域活动相结合。如在户外设置科学探索区、美术涂鸦区等,根据五大领域的教育内容就地取材,利用"竹趣"环境,幼儿探索竹子的生长、涂鸦、写生小竹笋等,使幼儿获得直接经验;利用散步、自由活动在小竹林说说竹林的故事、编编小竹林的儿歌,语言得到发展;利用户外竹趣器械,幼儿的动作能力得以发展,使幼儿在户外真正感受到大自然的活教材。

2. 拓展性路径

我们将户外活动搬到幼儿的宅基地、幼儿家的小竹园,教师及家长利用周边农村宅基地特有的自然资源、历史人文、传统文化、民俗风情等,让幼儿通过在现实场景、生活情境中开展具有乡野特色的活动课程,为幼儿及家长提供更多元的体验式学习。

(二)实施策略

1. 整合性策略

在开展"竹趣"户外活动时,结合幼儿的年龄特点和活动能力,整合民间游戏、快乐"小竹坊"、空中练兵场等,精选一些适合幼儿的传统游戏,如跳房子、竹蜻蜓、打陀螺等。在游戏过程中,幼儿可以自主选择游戏内容和游戏伙伴,也可以自己确定游戏规则和创新玩法,推动幼儿在快乐游戏中身心和谐发展。此外,教师也可以借助现代科技来整合和改造传统游戏,设计更有新意的趣味游戏,充分满足幼儿的学习需求。

2. 变换活动模式策略

户外场地开阔、自然,因地制宜,教师充分利用园所的地域性质,在户外开辟不同的区域,每个区域都有教师进行引导,从不同区域创设中满足幼儿不同的发展需求。首先采用定点的方式,幼儿在指定区域中进行活动,经过班级的轮换,幼儿能体验不同区域带来的内容;其次,幼儿园实行中大班混龄的活动模式,打破年龄的界限,幼儿间互相建构社交、探索、挑战等经验,实现生生互动的情形。

3. 家园合作策略

幼儿园的户外活动"宅基课堂"是围绕宅基地开展的具有乡野特色的活动课程,通过开发家庭及周边环境资源,为幼儿提供更多的体验式学习。家长和孩子们一起到宅基地等地方参与乡野手工活动,体验乡野乐趣,既促进孩子的手工能力,又能增加亲子感情。宅基课堂立足于乡野资源,幼儿和家长一起感受家门口的小竹林、挖竹笋、体验制作竹筒饭,以及竹子绘画的乡野乐趣。

三、幼儿园"竹趣"户外活动实践成效

"竹趣"户外活动,调动了幼儿的感官,促进身心机能发展。幼儿乐意参与"竹趣"户外活动,乐在其中,在自然天成的环境中,对于亲自然的社会性也得以提升,幼儿的心理调适、社交和情感上达到共鸣,幼儿园的"竹趣"变得活力、悦动起来,幼儿们展现出健康自信、好奇探究、亲近自然的态度。其次,教师们也逐渐转变了教育教学观念。秉承"观察在前、目标在后"的原则,尝试设计、实践、反思、再设计、再优化、再实践的过程,严格要求,力求呈现符合幼儿身心发展特点的户外活动方案,对教师在活动中的组织情况和幼儿在活动中的自主表现情况进行认真观察、分析、解读,不断改进和优化。

竹趣室活动：内涵、价值及实践

杨雯晔

趣，最早见于《说文》："趣，疾也。"名词意义：强烈吸引人的兴味，意向，意旨，爱好。引申指意趣、志趣、兴趣等义。梁启超先生在《美术与生活》一文中提到，"趣是生命能量的富有，是生活的朝气与灵机"。幼儿感官选择接收信息的第一条便是"有趣、有用"，为了更好地贴近幼儿，教师看见了幼儿的兴趣和需要，创立竹趣室，它是幼儿进行各项竹特色活动的场所，是独立于班级活动室之外的专用活动室。幼儿园地处农村，周边宅基自然资源丰富，幼儿生活的环境中到处是花草树木、田野河流、竹林成荫，随处可见自然之物，这些都是他们感兴趣的。于是，幼儿园扎根园所实际，充分利用幼儿身边的自然资源，从幼儿的需要出发，和幼儿共同规划，从"趣"出发，将本土竹资源融入园本课程。在此过程中，看到幼儿真正生活的当下，引发幼儿对周围世界的探索欲望。教师试图从各方面激发幼儿的兴趣，展现"趣"，立足于"趣"。幼儿需要怎样不同于班级的学习场所？教师又需要提供怎样的支持？为了幼儿的整体发展，教师努力思索如何提供专属于本园特色的实施路径。

一、别有风趣：立体呈现竹时空区域，激发幼儿多角度探索创造

竹趣室创设了科探与美工区，将墙面、柜面、地面等区域进行了多功能划分，感知欣赏区、表现创作区、地面操作区、问题展示解决区、作品展示区等，满足了不同幼儿的表现需要。竹趣室的区域划分趋于灵活性、可操作性与互动性，实现多维时空，从而拓展幼儿个别化空间。并且，在有效的功能划分下，促进了幼儿多角度探索性思维和行为实践的发展。比如，在竹趣室美工区域，教师将幼儿立体美术作品展示在各个竹柜上，将幼儿的平面或立体美术作品展示在各个围栏处进行悬挂装饰，将幼儿的发现、疑惑、思考过程、创造想法等在竹编展示框上进行呈现。在这块区

域,教师试图深入培养幼儿的审美,不仅将活动空间限定在竹趣室,而且还突破空间区域,走出学校,比如,春天教师带着幼儿走进自然、走进田野,他们拿着画板,提着小竹凳,坐在田埂上写生,来到竹林观察竹笋的生长过程,受邀到附近小伙伴家中吃土灶头烧出来的竹筒饭,喜悦之感不言而喻。而竹趣室的科探区域,是培养幼儿科探能力的一方天地,教师们提供最大限度的支持,供幼儿通过调查、观察、比较、绘画、实验、测量等方式全方位进行探索。竹趣室将科探、美工区域内容与生活场景紧密结合,个别化学习主题由幼儿引发,由幼儿确定,这种情况下,幼儿能促进更多探索创作兴趣,从而保证个别化学习的有效进行,从时空环境激发幼儿主动学习的兴趣。

二、个中妙趣:深度挖掘幼儿身边竹材料,满足幼儿内在需要

教师的观念在不断改变,不再以传统的"模式化、工业化"物品为主要材料,转而关注幼儿真正的生活环境,从与幼儿生活有更深联结的材料出发。教师避免只见材料,不见儿童,收集材料的过程是幼儿全程参与的过程。教师与幼儿共同收集自然材料放进竹趣室,比如,借助宅基课堂的契机,以田野为媒介,教师带幼儿去户外捡拾,幼儿一边捡拾一边思考这些材料的大小外形、色彩、质地,甚至是气味。幼儿捡拾松树底下的松果、小树林里的落叶、沙坑边的贝壳、田埂上的小树干。同时还收集竹材料,除了竹竿、竹叶、竹枝、笋壳之外,竹根也作为幼儿探索的对象,幼儿观察竹根的形状、讨论其作用,与树根做对比,如此深度利用竹趣资源来促进幼儿全面探索。教师从幼儿真正感兴趣且需要的材料出发,同时鼓励幼儿与家长共同收集,在这样的过程中幼儿与家长能更直接地建立积极的亲子关系。教师努力给予幼儿和竹进行深入互动的机会,满足幼儿游戏、操作、探索、学习和艺术创作等不同需要,由此开发出来的低结构竹材料更能满足幼儿的操作,也更加适合幼儿。

三、奇趣横生:创设直观可感知竹环境,促进幼儿全探索认知

(一)创设具有纵向内涵的竹趣环境

竹趣室的一个角落里设置了记录幼儿过程性资料的环境创设,依靠

着竹围栏，底下是各种大小不一的纸箱，展示幼儿立体系列作品，往上看就会发现那些高高低低悬挂着的幼儿自制故事书。这些自制故事书，里面不仅有不同时期幼儿创作的照片，更有幼儿创作的各种平面艺术作品，以及项目化学习的内容。幼儿与家长共同完成调查问卷、进行话语解读、用五颜六色的马克笔来装饰花纹，幼儿用他们自己喜欢的方式进行记录，为不同层次的幼儿提供了更直观与感知的竹环境创设，他们可以时不时去欣赏自己或者他人以往的作品，进而获得一份成就感。

（二）选择具有横向经验联结的竹趣环境

在竹趣室，教师努力提升幼儿的审美素养，重视幼儿横向经验的联结，构建可感知的竹环境，开阔幼儿的人文视野。在这里，幼儿不是单纯地在画画或者探索，他们是在用不同的方式表达自己。教师提供机会，引导幼儿与大师对话，比如郑板桥、张大千、徐悲鸿、齐白石、吴冠中等，从大师作品中幼儿读懂色彩、明暗、形状、肌理等艺术元素，而这些都是幼儿感知与表达创作的基础。蕾切尔·卡森曾说："我真的相信，对于孩童和教导他们的父母来说，远为重要的不是知道，而是感受。"幼儿的成果展示不仅在校内展示，还寻找到了一片合适的竹林环境，在那儿，幼儿第一次在自然环境中展示自己的画作，在对外展示的过程中，幼儿更直观地获得感受，深化了对事物美感关系的认识。

四、相映成趣：组织竹趣内涵活动，深层次体现儿童视角

（一）教师指导尊重幼儿天然发展

教师应该向幼儿提供怎样的支持？幼儿从活动中会获得怎样的经验？在竹趣室，教师努力引导幼儿通过自主探究去积累事物特征、结构功能等相关经验。教师在组织过程中帮助幼儿有更深层次的思维与情感层次的参与，同时激发他们对科学探究、艺术创作的动力。比如，端午节习俗引发了幼儿对龙舟的兴趣，他们抛出问题，教师抓住了"龙舟都是木头做的吗？""有没有竹子做的龙舟？"这些幼儿的思考点，进一步激励幼儿挖掘出另一个问题"竹龙舟一定要是长长的吗？有没有方方的、圆圆的竹龙舟？"从而鼓励幼儿进行小组实验。提供材料支持、推动问题发展，看到幼儿在活动中的生发，教师在此过程中牢牢把握自己是旁观者、支持者的角色。不仅如此，教师还要记录幼儿经验变化的过程，思考他们获得经验的

方式,了解因此获得经验的程度。教师需要尊重幼儿的天性,回归儿童立场,以退为进,全方位支持幼儿的学习与发展,多角度促使幼儿与竹材料的互动,多渠道提供一些支架。

(二) 项目式学习促进幼儿全面发展

要以项目驱动促使幼儿深度学习、推动幼儿的发展,问题首先要源于幼儿的问题与兴趣并且以小组探究的方式进行。这样的过程有助于幼儿发展猜测、假设、实验、验证等科学探究能力的同时,提高他们合作、协商等社会交往能力的发展。在竹趣室,教师鼓励幼儿分组,满足具有不同生活经验幼儿的需求,幼儿能够与同伴分享问题、共享经验,快速促进幼儿之间经验的互动。一个自发的话题,一个引发幼儿兴趣的驱动型问题,犹如蝴蝶效应,引起幼儿一系列的学习。比如,教师带领幼儿在学校小竹林进行午睡前散步时,幼儿在看到高脚竹屋之后抛出问题:"我们平常生活中为什么见不到竹屋?""竹屋一般在哪里会出现?""竹屋一定是高脚的吗?有没有不一样的竹屋?它们的作用有什么不同?"幼儿分组调查获得"竹屋"的前期经验,进而深入探究,在过程中获得全面发展。

总之,在幼儿园竹趣室中,无论是环境创设、材料提供或时间安排都以幼儿兴趣和发展需要为趋向,教师在进行竹趣室环境创设的过程中,思考更多的是如何读懂幼儿,在环境中体现更多元更丰富元素。作为学龄前儿童的教育者,我们理应提供他们真正所需的环境,是基于幼儿发展需要的、是充满野趣且有无限可能的环境。今后将在竹趣室开展更多基于幼儿需要,基于幼儿兴趣的探索项目。相信在这样一个自然生态、开放自由的竹趣室环境中,幼儿将更主动地成长,更自主地探究,更自然地生长,更自信地成长。

第二章
城郊幼儿园"竹趣"微型课程项目式学习案例

"SHI"笋记

陶 叶

钱圩幼儿园是一所农村幼儿园,本地乡土资源随处可挖,随处可见的竹园、竹林,竹资源相对丰富,教师遵循小班幼儿年龄特点和认知特点,充分挖掘竹资源,让幼儿感知竹文化,体验竹魅力,爱护自然是小班幼儿的特点,在日常活动中,教师时常带孩子们来到竹林,一起来看看孩子们与竹子之间的故事吧!

【项目名称】"SHI(识、食)"笋记

【项目时长】半个月

【年龄段】小班第二学期

【项目组成员】小一班部分幼儿

【组员共性】喜爱到竹林里去玩

【项目的来源】

在一次社会实践中,教师带着孩子们来到了一片竹林里,竹林里的竹子让孩子们产生了浓厚的兴趣,他们有的在竹林里捉迷藏,有的在竹林中挖宝。他们也对竹子有一定的探究欲望,如竹子的颜色、粗细、高度,只见一旁昊昊若有所思地问道:竹子小时候是怎样的?"竹子小时候就是小竹子?"一个问题浮出水面,其他幼儿七嘴八舌地说着:"竹子小时候就是小竹子、竹子小时候是小小的……"他们还时不时地用手比画着!

【驱动型问题的确定】

驱动型问题的确立:竹子小时候长什么样子呢?

他们似乎对竹子的小时候比较感兴趣。对于实践中的这个问题,教师制作了一份亲子调查表,引导幼儿回家后和爸爸妈妈共同调查,爸爸妈妈们与孩子们通过观看科普小视频、基于爸爸妈妈的生活经验等方式,从调查的结果中得到了统一的答案"竹子小时候是竹笋"。有的孩子为自己的正确猜测感到自豪,有的孩子为自己学到了一点本领而感到满足,于是他们在自由活动中为竹笋宝宝"穿"上了衣裳。

"这个黄黄的壳要剥掉。"

阳春三月,春雨过后,正是竹笋破土而出的季节,想带着孩子们去验证下竹子的小时候,于是"竹林探笋"油然而生,孩子们通过到竹林中去寻找竹笋,发现了竹笋是尖尖的、小小的!

"老师老师,我吃过竹笋!""我也吃过,我也吃过。""这个笋要挖的,要等它长大了"……看着小小的竹笋,让孩子们回顾起了自己的已有经验,孩子们对小竹笋的探究也未停止。这几天都阴雨绵绵,竹笋的生长速度是很快的,过了几天天气晴朗,教师继续带着孩子们前往竹林,看看小竹笋的长大情况,只见孩子们兴奋地说道:"竹笋宝宝长大啦。"孩子们接二连三地各自寻找着长大了的竹笋,在老师的帮助下一起挖笋!

在老师的帮助下,拿起挖笋器一起去挖笋,"老师老师这里有笋,快来挖呀!""这里也有,它长高了!"孩子们你一言我一语地说着,与老师一同挖笋,在挖出笋的那一刻孩子们兴奋不已,"我的比你高""我的比你矮"……他们已经通过比较的方法主动地分辨实物的高矮了。挖好了笋,孩子们迫不及待地来到了班级开始剥笋啦!

"老师,他弄断了!"琪琪说道,"妈妈说头不要!"凯凯回答着。

"老师,笋里面白白的!""这个绿绿的不能吃吧!"　　只见萱萱用指甲将绿色的外层抠掉。

【第二个问题的产生】

竹笋的外皮到底能不能吃呢?我们在家里做过哪些美食呢?于是在

孩子们的好奇声中，教师建议孩子们回家跟爸爸妈妈一起来做调查。

　　通过调查孩子们发现竹笋的根部小孩子是不能食用的，因为我们还小，嚼不动，要吃竹笋比较嫩的地方，上面的头是可以吃的，绿绿的皮也是可以吃的。所以孩子们通过调查后发现了绿绿的皮不需要剥掉，还发现了竹笋可以制作很多美食呢！

　　在这次的项目化学习中，孩子们通过实践、调查了解了竹笋，从刚开始的识，认识了竹子的外形特点，再从生活中的食，知道了竹笋能做很多美食，提升了幼儿的生活经验。在调查的过程中，也可以邀请父母共同参与其中，这样也能让幼儿获得更多的经验，也让小班的孩子知道，当我们遇到问题的时候与爸爸妈妈一起商量也是解决的办法之一，促进幼儿解决问题的能力。

护林小分队的思与行

金 玲

伴随"毕业季"的到来,大班孩子即将步入小学,这是孩子成长过程中的一个重要转折点。由于幼儿园到小学因日常作息安排、课程设置等方面有巨大差异,小学生活对幼儿的任务意识和合作能力提出了较大的挑战。对即将入小学的幼儿来说,树立一定的任务意识,可以让幼儿从凡事依赖家长、教师的奶娃娃逐步向独立自主儿童发展,形成初步的学习意识与任务意识,为适应日后小学的生活奠定基础。

随着幼儿园竹趣微型课程的不断开展,幼儿积累并获得了较多与竹相关的认知经验,对竹的探索也热情十足。幼儿园里有这样一片小竹林,那里是幼儿一日生活中最喜欢的地方。幼儿可以在里面自由穿梭,享受穿越竹林的乐趣;可以在竹林里埋藏"宝藏"继而寻找"宝藏",周而复始却玩得不亦乐乎。但有一天,幼儿最喜欢的小竹林里的竹子"生病"了,于是幼儿间一系列的探索活动开始啦。

【项目名称】护林行动

【项目时长】半个月

【年龄段】大班第二学期

【项目组成员】大二班幼儿

【组员共性】户外活动中喜欢在小竹林里体验自由穿梭、寻"宝藏"的快乐

片段一:调动经验,大胆猜想

午后散步,幼儿像往常一样来到小竹林观察小竹子的生长。"你们看,今天小竹子怎么有些变黄还有点倾斜、叶子上也有些破损,平常的竹子不都是又直又绿吗?"凡凡率先指出今天竹子的变化。"是啊,这是怎么回事呢?"我接过凡凡的话问道。这问题让幼儿炸开了锅,他们的想法层出不穷,如室外温度太低,小竹子受冷生病了;这几天风太大了,把小竹子都吹得有点倾斜;小竹子一直被太阳暴晒所以变了颜色;竹林泥土里或许

藏着好多虫子吸收着竹子的养分;等等。幼儿调动他们已有经验对于竹子变黄、倾斜这一现象大胆猜想。

("你们看,小竹子怎么有点倾斜了?""我感觉是不是风太大了,把它吹歪了。""也许是晚上温度太低,小竹子生病了吧。")

分析:

一次竹林散步时,凡凡发现并提出的"小竹子为何倾斜?"这一问题引发了一场班级幼儿的激烈讨论,可见幼儿平时观察竹子时观察得很细致且对竹子充满了好奇。幼儿的主动学习行为往往受制于教师的观念和态度,教师对于幼儿的话题很感兴趣激发了他们更为强烈的探究欲望,幼儿开始根据自己的生活经验:温度的高低、风量的大小、竹子的养分等,试图寻找小竹子倾斜的原因。

片段二:积极思考,形成任务

幼儿在发现小竹子变黄、变倾斜、竹叶受损这一现象后,他们围在小竹子周围,一边观察一边讨论自己可以为小竹子做些什么。"小竹子好可怜没有人照顾,要不我们来保护小竹子吧!这样它肯定会越长越好。"旋旋提议道。"好!就这么说定了!"一旁的小朋友一致通过旋旋的提议。回到教室的幼儿一起为此次活动取名——护林行动,从此刻起,由他们担任保护小竹林的使命。但如何才能保护小竹林里的竹子呢?经过一番激烈的讨论,最终根据他们的想法分为四小组,第一组负责寻找竹子保温的方法;第二组给小竹林的竹子做名片;第三组负责搭棚帮助竹子更好地固定与生长;第四组负责寻找并收集竹子周围可能存在哪些有害的虫类,配置杀虫剂。护林行动任务方案最终确定。

("你看,小竹子下面也许有害虫吸收了它的养分。""小竹子东倒西歪,我们得帮它固定一下。")

分析:

当幼儿出现奇思妙想时,教师应为每个孩子的大胆实践提供可能,为他们创造成功和发展的机会。从幼儿发现小竹子变黄、变倾斜后,他们认同旋旋的提议并愉快地产生了保护小竹林的活动任务。幼儿的护竹行动也不是嘴上说说,幼儿有思考、有计划地将任务内容分为四小组,分工明确,分头进行。由此可见幼儿自发的活动会产生良好的效果,幼儿在整个活动中能积极响应并参与护林行动的内容选择,敢于尝试有一定挑战性的任务,这正是幼儿与环境及材料充分互动、积极思考的结果。

片段三:成立小组,分步探索

第一组在探索区一起商量如何帮竹子保温。"每种竹子都有它独特的特点,我们应该先了解特点再寻找保温的方法。"旋旋提议道,"那我们要不和竹子名片的小组一起完成吧,这样我们就知道竹子的特点了。"涵涵建议道。随后,第一、二组的小朋友达成了共识。

就这样,第二组先在小竹林拍下小竹子的照片,再在探索区设计竹子调查表,接着通过咨询老师、家庭查阅等多途径收集竹子的相关信息,最后集体设计竹子名片。第一组立马在第二组的信息基础上进行竹子保温方法的设计和制作:有的准备在竹子的根部包一层塑料纸,防止根部受冷;有的准备为竹子涂上漂亮的颜料作为竹子的外衣;还有的准备利用细竹竿、保鲜袋等制作温室的小架子……

第四组同样通过信息收集记录下杀虫剂所需材料及配比。幼儿很细心，面对竹叶部分、土壤根部为小竹子调配了不同的杀虫剂。第三组在建构区讨论时出现了意见不统一，找来教师做选择。"我觉得每个人的想法都不错，但真的都可以操作吗？""那我们就实验给老师看！"凡凡提议通过实验证明大家的想法。于是，大家借助一次性筷子、绳子、细竹竿等材料进行模拟实验。为了更好地操作，幼儿在每一次实验前都画下了操作图，并在实验后标注实验的结果及失败的可能性原因。一次次的实验让幼儿积累了搭棚的经验，并最终得出了三根或四根竹棒结合绳子就能帮助竹子变得更牢固。

("我们帮小竹子挂上名片，大家就知道怎么照顾它了。""妙彤，我们绑带要绑紧一点，这样小竹子就不会倾斜了。")

分析：

活动中，每一位幼儿都有自己的思考和想法，教师的默默观察与给予空间是对幼儿最大的支持。第一组在开始任务前能对小组任务进行简单的分析，最终得出第一、第二小组合作的方法，做到了因竹而异，寻找真正实现竹子保温的方法。

幼儿是否能主动而热情地执行任务，取决于幼儿对当前任务的关注热点和兴趣点。在配置杀虫剂时，幼儿做到有据可循，做了大量前期工作，面对竹叶部分和土壤根部，幼儿更是自制了不同功效的杀虫剂。整个活动，幼儿都能全身心投入于杀虫剂的调配，明确的小组分工缩短了幼儿完成任务的时间，也增加了幼儿完成任务的信心。

在面对如何搭棚使竹子更牢固的方法上，尽管小组内有争议，但他们在教师的语言引导下想到了挨个实验，用事实说话。成功往往不是一蹴而就的,在实验过程中,幼儿也经历了多次失败,但他们依旧能坚持自己的想法,不轻易放弃,表现出了积极主动、坚持专注、发散创造的学习品质。在实验人员不够的情况下,其余几组也来帮忙,最终通过绘画实验操作图、标注实验结果、猜测失败原因、改进材料等多种方法,幼儿体验到了从分工合作、协商解决、团队互助到最终完成任务的过程,过程中出现了更多合作行为,发展了交往技能。

片段四：实践共享,体验成果

一切准备就绪,几组幼儿分批进入小竹林进行竹子名片的摆放、杀虫剂的喷洒、竹子保温的制作,以及竹子固定器的搭建。"这下小竹林的竹子不会再生病了!"凡凡一边帮助竹子固定一边说道。"是呀,小竹子现在一定很开心,我要把小竹子现在的样子画下来。""我要每天都来看小竹子,记录下它之后的生长状态,你们说它会不会一下就长得很高了呀!"幼儿围着小竹林里的竹子叽叽喳喳地说着。

户外混龄时,幼儿还邀请其他小伙伴一同去小竹林参观并体验他们的成果。同时,个别幼儿针对此次护林行动还在美工区设计了爱护植物的宣传小报,希望呼吁身边的小朋友们都能关爱幼儿园里的各种花草树木。

("晨晨,快来看我们给小竹子做的名片,我们要好好保护它们。""每种竹子的特点都不相同呢。")

分析：

可见,成功的经验激发了幼儿持续探究的欲望,更激发了同伴之间的共同学习和及时反思能力。活动中,幼儿利用集体的力量完成了小竹林的改造,改善了小竹子变黄、变倾斜的问题,每个人都从相互配合中实现了最初的目标,分享了共同实验的快乐,获得了实验成功的满足,体验了集体智慧和团队力量的强大。

同时,幼儿在活动后还能持续探究,以记录的形式关注竹子的每日生长状态,防止竹子再次出现其他问题,以及在探究中幼儿有了深度思考,将爱护竹林延伸到了爱护花草树木,并设计了相关宣传小报进行呼吁,用自己的实际行动来保护生态环境。

启示：

1. 把握教育契机，点燃接受任务的激情

幼儿的学习与成长离不开与周围事物的互动，包括自我互动、与同伴、教师、环境的互动，因此教师在与幼儿互动中要及时倾听和了解幼儿的想法和感受，把握日常教学中蕴含的教育契机，为幼儿创设出能够激发其自主学习意识的环境，助力幼儿将愿意做的事情化为任务，明晰任务概念、增强任务意识，最终获得任务经验。

就像此次护林行动中，教师的角色并不是组织者和领导者，而是参与者和支持者，本次活动主题是在幼儿自主交流中生发的，教师灵敏地抓住了这个兴趣点，引发幼儿展开交流，并与幼儿共同创设能够激发其主动探索的学习环境。在活动中尊重每位幼儿的能动性，相信他们所提出的想法的可能性，支持幼儿的主动学习意愿和想法，使幼儿能够真正投入到护林行动中。这个任务是基于幼儿的兴趣出发，因此，幼儿完成任务的热情和信心都会有所增加。

2. 注重自主探索，提升完成任务的信心

幼儿拥有独立的感觉和情感，对于幼儿来说，实践操作和亲身体验是他们认识世界和积累经验的重要途径。活动探索过程中，幼儿因为年龄特点、发展水平等限制必然会存在些许困难。此时，教师要始终关注活动中出现的问题、及时评估幼儿原有经验和挑战间的距离，鼓励幼儿自主学习、持续探索。同时，当幼儿在认真学做一件事情时，教师要让他们感到自己行，特别对于大多数能力平平或发展稍落后的幼儿来说，获得成功的机会较少，教师可以适当安排其能胜任的活动任务，如小组中幼儿各有所长，通过小组任务分配，让他们通过努力获得成功，体验自己力量和成就，在成功的喜悦中潜移默化地培养幼儿完成任务的基本能力，进一步提升完成任务的信心。

案例中面对幼儿一开始关于竹子的困惑、活动设计时的不自信、实验内容的意见不合，教师利用适时提问和引导、材料提供等给予了幼儿肯定和支持之余也助推了幼儿自主思考、自我解决问题的能力，使幼儿在活动中的收获最大化。

3. 互动交流分享，积累完成任务的经验

幼儿任务意识的培养是一个循序渐进的过程，教师要不断发现幼儿在完成任务中的新经验，提供交流分享的机会推动幼儿在生生互动中习得更多的方法。

　　整个护林行动都是由幼儿组织与开展的,幼儿体验到了从提出问题、头脑风暴、任务命名、分工合作、协商处理到最终完成任务的过程,每个人都从积极沟通、相互配合中实现了最初的目标,在解决了一个又一个问题后,持续获取新的经验,内化后的经验又被幼儿灵活地运用到后续的新问题,最终获得了完成任务的满足。活动后,幼儿间的经验交流也让其他幼儿在相互交流分享中吸纳别人的经验,积累完成任务的经验。

"竹具大探秘"项目化学习活动

沈乐怡

【项目介绍】

项目名称：竹具大探秘

项目时长：1个月

适用年龄段：中班

项目组成员：中班组全体幼儿

【项目简述】

本项目来源于一次竹制品的征集，教师发动幼儿在家中寻找竹制品，进行班级竹制品的收集和展示。通过幼儿与家长的一同寻觅，发现生活中有许多的竹制品，与我们的生活息息相关，寻找中我们看到有竹椅、竹架、竹匾、筷子、竹篮、扁担、炱糕工具等。可是随着寻找的深入，幼儿不禁发问："这些东西到底有什么用？""它们都叫什么名字呀？""为什么幼儿园里也有一些这样的竹制品？""这些竹制品哪里可以使用？""有的看上去很复杂，它们怎么做出来的？""我们也能制作吗？爸爸妈妈会吗？"由此，展开了一场"竹具大探秘"的有趣活动。

"我们找到了很多的竹制品，有竹斗笠、有竹篾、有竹篮还有……"

【项目过程】

第一步：项目立项

1. 确定项目主题

对幼儿收集的竹制品，一一进行展示，各班展开了一场大讨论，幼儿对竹具的用处充满了兴趣，对竹具的制作十分好奇，七嘴八舌阐述着自己的想法。轩轩说："这个竹篮我家也有，我也找到了。"一一说："这个竹具我也不知道叫什么名字，你们家也有吗？""这个竹匾有什么用呢？""我听爸爸说过，竹篮是编织的，怎么编织我也不知道。""我看到爷爷还拿着扁担去自留地干活。""它们各自有什么用途？"根据幼儿的疑问，能够直接回答幼儿的已然解决，在问题删选中确立了本次项目化学习的主题：竹具有什么用途？

（幼儿根据自己找到的竹具在介绍、讨论各类竹具的用途）

2. 确定驱动性问题

竹具有什么用途？

3. 设想项目成果

项目成果：知道竹具的用途（绘画册）

项目展示：小型手工竹具发布会

第二步：知识能力建构

1. 阅读绘本

通过阅读绘本《和竹子在一起》，幼儿看到了春夏秋冬四季中，各种竹子制成的器物，知道了绘本中出现的竹制器物各有各的妙用。春天竹笋拱土而出，背上背篓到茂密的竹林去挖竹笋；夏天到河里捉鱼，秋天，用又薄又轻的竹条扎成大鱼风筝；冬天，围坐在火塘边取暖，笋干炒腊肉的香

味飘出去。

(幼儿在《和竹子在一起》绘本中寻找答案)

2. 信息检索

在正式开始实践探索前,幼儿们根据自己想知道的内容,和家长一起进行信息搜集,通过调查问卷的形式来完善材料的收集。幼儿们借助互联网、手机、图书等渠道,将自己调查到的内容在班级中展示交流,帆帆说:"在我们老家有这个竹簸箕,它可以用来扫地装垃圾。"欣欣说:"家里的竹编筛子爷爷还用来筛米、筛豆子。"……七嘴八舌中我们发现在生活中的竹具用途很多,有的是用具、有的是农具、有的是工具。

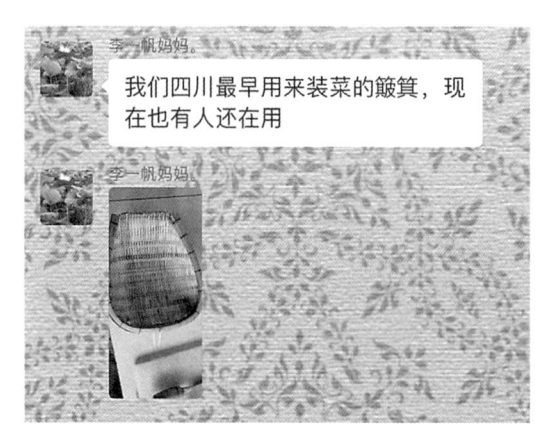

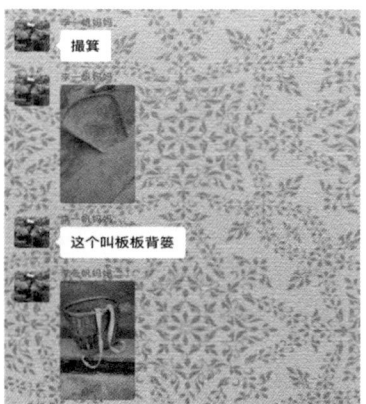

(班级群内家长们也开始展开科普)

第三步：方案设计

1. 展开讨论

在发现了竹制物品有用具、农具、工具之后，幼儿开始将现有的竹制物品进行分类。当分类到用具竹架时，中一班的幼儿对竹架展开了热烈讨论，为什么这个竹架可以蒸菜，我还看到过不是竹制的蒸菜，是不锈钢的，我们可以设计一个

（幼儿的设计稿）

竹架蒸菜吗？看来竹架是中一班幼儿最有兴趣点的竹具之一，于是中一班的"竹架设计"之旅就此展开了。

当中二班分类好现有的竹具时，他们对竹篮产生了无限的兴趣，有的问："竹篮怎么做的？"诺诺说竹篮是编织的，有的甚至想直接试一试，于是又产生了新的问题，那么怎么才能编织出一个竹篮呢？要用什么材料编织呢？

（幼儿找来了竹条进行尝试）　　（幼儿试着拼搭）

2. 绘画记录

小顾将想到的编织竹篮材料画出来，如竹条、剪刀、胶水等，将能使用的编织方法也画了出来；而中一班开始了竹架的设计，有的是正方形，有的是长方形，有的是五彩的，有的是积木材质的……

第四步：实践体验

（一）蒸架之旅

第一次组合

按照幼儿设计的图纸,他们开始寻找材料进行搭建,其中彬彬找来了六根竹片,他将三片竹片连在一排,竖向三片也连在一起,用白胶在重合处粘贴。

存在问题:

1. 蒸架粘贴不牢固,组合蒸架散架了。

2. 蒸架太大,长度过长。

解决方法:

1. 用美工刀削去部分,缩短长度。

2. 白胶固定改用螺丝钉固定。

第二次组合

存在问题:

1. 长度虽然缩短,可是长度不一。

2. 竹片的边上有刺。

解决方法:

1. 用砂皮纸磨一磨。

2. 用尺测量长度,长短统一。

第三次组合

存在问题:

1. 整体不均匀,放入锅中不平稳。

2. 美观程度大打折扣。

解决方法:

1. 将螺丝钉卸下来,摆正均匀后再固定。

2. 重新设计图纸,将竹架复杂化,改用圆形状。

第四次组合

存在问题:

1. 竹片到底需要多少呢?

2. 如何截取?

解决方法:

根据设计的框架进行估算并根据圆形的大小确定截取的方向、长度、数量。

幼儿对每一次的尝试都进行了认真的反思,并进行调整,直到呈现出孩子们觉得可行的,高质量的作品。其中幼儿获得的不仅是成功制作的喜悦与成就感,更有先思而后行能力的培养、观察能力的培养、实践能力的培养……

（二）编织之旅

第一次编织

存在问题：

毫无头绪,不知道如何编织。

解决方法：

1. 观看视频,学习编织的技艺。

2. 邀请老匠人进园,让幼儿现场观摩编织的技艺,从中学习简单的编织方法。

第二次编织

存在问题：

1. 编了五行发现后面两行都是一样的。

2. 编错了怎么办,要重新编吗？

解决方法：

1. 重温竹编的技艺,观看视频了解。

2. 同伴间寻求帮助,同伴间互相指导。

第三次编织

存在问题：

1. 编织完成,如何固定两端。

2. 编织方法比较单一。

解决方法：

1. 用麻绳固定两端。

2. 学习更多的编织法,如斜编法。

第四次编织

存在问题：

1. 材料单一,编织只有方块,辅助材料没有添加。

2. 无法成型,不能编织成物。

解决方法：

直击目的,规划自己想编织的小物品。

幼儿在解决竹编织的实际问题中,综合素养得到了充分的锻炼。此外,教师充分搭建幼儿尝试的平台,将幼儿的探究成果进行梳理和展示,

同时,同伴间的互相引导和帮助激发生生间的互动,锻炼同伴间的合作能力。

第五步：成果展示

1. 竹具用途揭秘绘画册

在经过了之前一系列的探索后发现,竹的用途分布在各个领域,小型竹制家具主要有席、床、屏风等;居家用品类：竹扫帚、竹篱笆、竹制大棚、竹制水车、竹篮、竹梯、竹筏、旗杆、竹栈、竹席、竹垫、竹扇、牙签、竹杯、钓竿、竹伞等;纯工艺品：竹风铃、竹雕刻、竹编织品、竹乐器等。其他竹还可以使用在木地板、竹浆造纸等工艺中,幼儿将这些用图式记录下来,绘画成册,看来竹真的用途多样,给了我们生活很大的便利,真是印证了苏轼说的："食者竹笋,居者竹瓦,载者竹筏,炊者竹薪,衣者竹皮,书者竹纸,履者竹鞋,真可谓不可一日无此君也。"

2. 小型竹制作品展

当项目化接近尾声时,幼儿制作也呈现了一批竹制作品,浩浩成功制作了竹架并投入使用,佳欣制作了竹编小背包,小顾编织了小篮子……孩子们诉说着自己的成功经验,展现着作品成功背后的成就感,这就是竹本身带给幼儿的精神所在。这场小型竹制作品展更诠释了孩子们向着阳光拔节生长的内涵。

　　本次项目化学习,孩子们通过团讨、实践的方式,学会了与同伴交流。在探究的过程中,带着问题认真地观察、比较,用合作的方式,一起寻求解决问题的方法。孩子们的世界总是简单快乐,每解决完一个问题,都会获得大大的成功感。

("自制"竹作品小型展览)

竹屋环游记

杨雯晔

【项目名称】 竹屋环游记
【项目时长】 一周
【适用年龄段】 大班
【项目组成员】 大一班幼儿及家长
【项目简述】

本项目来源于一次学校小竹林散步,"快看!那是用竹子做的房子!"孩子们注意到围墙边的小竹屋,于是展开了讨论。他们对竹屋是如何建造的产生兴趣,继而与家长一起查阅相关资料,与同伴一起分组探索什么样的材料能用来固定制作竹屋,他们在过程中产生各种各样的问题,并且发挥想象,将学习变为主动的探究,设计了牢固、特别、好看的竹屋。

【项目过程】

一、项目立项

(一)确定项目主题

有一次,教师带大一班幼儿去学校小竹林散步,慧慧说对伙伴们说:"快看!那是用竹子做的房子!"这时所有孩子都注意到了围墙边的高脚小竹屋,随后他们七嘴八舌展开了讨论:"我们家旁边为什么见不到竹房子呢?""我家旁边也没有!""到处都没有!""我们的生活中为什么没有小竹屋呢?""小竹屋是怎么造出来的呀?""竹子为什么可以造房子呢?"

(二)确立驱动性问题

我们的生活中为什么没有竹屋,它是怎样造出来的呢?

二、知识能力建构

(一) 绘本阅读

幼儿自主阅读绘本《空中小屋》,通过阅读,感受竹子的生长,了解竹子的基本用途,知道了竹屋的基本结构是怎样的,幼儿决定要像小狐狸一样建造竹屋。

(二) 信息检索

幼儿和家长一起搜集关于竹屋的内容,通过讨论来完善信息的收集。

三、设计方案

开展讨论

- 我见过的竹屋

"我以前和妈妈去山里玩的时候看到过竹子做的屋子""我爸爸给我在手机上找到过竹房子,高高的,很好看的!""我妈妈在老家带我看过,破破的,是用来养羊的,是个正方形的竹屋,上面还一条一条的。""那是竹竿!""我就看过学校小竹林里的竹屋,就刚才我们经过的那边。""我知道竹房子绿绿的,就像奶奶家一样。""旅游的时候我见过一个特别漂亮的竹屋!我爸爸拍下来了,我要让爸爸发给老师看。"孩子们你一言我一语,热烈地交流着自己所见过的竹屋。

- 调查:生活中的竹屋是怎么造出来的?

"竹屋是如何造出来的?""古代有竹屋吗?""竹屋都造在哪里?"孩子们对这些问题充满好奇,于是教师请他们回去与爸爸妈妈一起查阅资料,共同探讨。第二天,他们带着自己的记录本、记录纸来到了竹趣室,与同伴进行交流分享。

"我知道,我知道,昨天晚上妈妈和我一起查了,竹屋造在南方,南方温度高一点。""我爸爸说了,古代就有竹屋了。""住在竹屋里很舒服的,特别是夏天,我妈妈说,造竹屋是环保。""竹屋是用竹竿做的,是用很多很多的竹竿做成的,我和爸爸妈妈昨天在手机上查了好久呢!"孩子们将他们

与家长一起绘制的纸、本子一边展示给伙伴们看,一边自信地介绍着。

● 我设计的竹屋

"我设计的这个竹房子,它有长长的脚,可以造在河上。""看我设计的这个大竹屋,它还有一个阳台,我想和好朋友一起住在里面。""我喜欢蘑菇,所以我设计了一个蘑菇顶的竹房子。""我设计的竹屋,它在绿绿的草原上,夏天的时候会很凉快!""我设计的这个竹屋可牢固了,因为我要把它造得非常牢固,喜欢我的设计图吗?"开始设计竹屋,孩子们有着各种各样的奇思妙想。

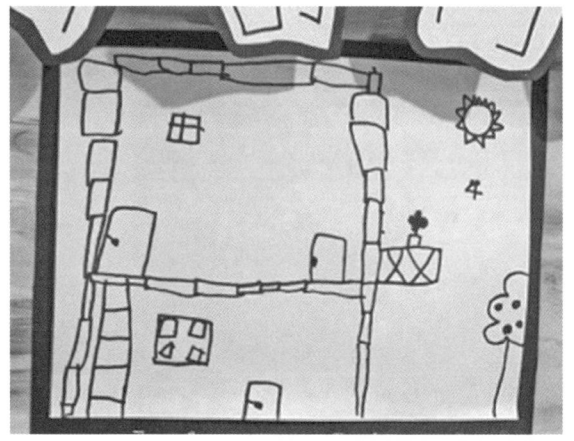

四、探究实践

(一)第一次探索

探索目标:哪个材料能将竹子固定起来?

探索方法:实践验证法、记录法

已有经验想到的材料	讨论后新增的材料	过程中补充的材料
竹竿、竹筒、竹片、固体胶、双面胶、白胶	透明胶、竹叶、竹篾、毛线、剪刀、麻绳、锯子	吹风机、砂纸、黏土

探索过程：

初步的竹屋设计图出来了，可是怎样制作竹屋，用什么材料固定？这个问题的解决成了孩子们第一步需要探索的任务。他们有各自的观点，在经过热烈商量之后，孩子们分成了A、B、C、D、E五个小组进行自主探究。

小组A探索了固体胶材料，但当他们将固体胶涂在竹子上进行固定时，竹子与竹子之间完全无法黏合，他们对这个情况进行了简单记录；小组B尝试了双面胶，比起固体胶那一组，双面胶能够短时间固定竹子与竹子，但孩子们很快发现，用双面胶固定的竹子还是很容易散开；小组C选取了白胶进行竹子的固定，他们发现比较薄的竹篾如果用白胶，能够比较容易固定，但他们同时发现，白胶在短时间内没办法产生快速固定的效果，竹子、竹片之间也很容易散开或者掉落；小组D探索了透明胶，他们发现透明胶能将竹片、竹竿、竹篾都能固定起来，缺点是缠绕的时候不方便，能固定整排的"竹墙面"，但每个"竹墙面"之间如何固定，也是个问题；最后一组是小组E，他们探索了麻绳、毛线，在探索尝试的过程中，他们发现，麻绳、毛线能够将竹材料固定，但是在初期打结固定的时候会不方便，很容易滑掉。

孩子们尝试使用了很多材料，进行竹竿、竹片、竹篾等竹材料固定，发现固体胶、双面胶完全不能用，白胶、透明胶、麻绳、毛线也各自存在问题。

产生新问题：什么才是最适合固定竹屋的材料？

（二）第二次探索

探索目标：了解竹材料的特性，寻找最适合固定竹材料的方法。

探索方法：小组实验

调整计划：多材料组合尝试

材料组合	固体胶+双面胶	白胶+透明胶	白胶+麻绳、毛线	白胶+黏土	黏土+透明胶	黏土+麻绳、毛线	黏土+麻绳、毛线+白胶
推荐指数	☆	★★	★★	★★	★★	★★	★★★

孩子们在探索的过程中发现,固体胶和双面胶的组合没办法将竹材料进行固定,其他组合都是能较好地完成固定的任务,有效材料组合中,种类越多固定效果越好。但是由于白胶与黏土中有水分,使用途中无法快速变干,导致固定效果打折扣。

产生新问题:怎样让黏土、白胶干得快?

(三)第三次探索

孩子与家长共同探索如何让黏土、白胶干得更快。他们分别采用了晾干、晒干和电吹风吹干等方式进行了探索。孩子与家长通过实验发现,使用电吹风吹干白胶及黏土的方法是最快速的。

方　法	晾　干	晒　干	电吹风吹干
推荐指数	★	★★	★★★

五、延伸探究

(一)产生新的驱动问题

怎样设计美观且特别的竹屋呢?

(二)设计构思

探索目标:根据现有的竹屋款式,发挥想象设计不同的特别的竹屋。

探索方法:分组设计,想象法。

探索过程:

孩子们分组查阅资料,他们发现,不同地区的竹屋有着完全不同的外形,国内、国外的竹屋各具特色,不同地点的竹屋其设计的款式也全然不同。水上竹屋、空中竹屋、树上的竹屋、悬崖峭壁旁的竹屋、沙漠里的竹屋……孩子们分组展开探索与想象,根据不同的地点设计不同款式的竹屋。他们尝试用竹签与黏土进行初步建模搭建，最后用白胶、麻绳毛线、透明胶等材料进行竹屋模型的正式搭建。

六、项目评价

孩子们想要在户外自然的场所展示自己的作品，于是，大家经过了一番讨论，最终决定在学校附近的宅基竹林里开展竹屋模型作品展。教师将作品展拍摄成视频，分享给孩子的爸爸妈妈爷爷奶奶，以及其他班的小朋友。

为期一周的时间里，大一班的孩子与家长们都非常喜欢这次的项目成果——牢固又特别又好看的竹屋模型，这些竹屋各具特色，适应于不同环境地点的场景之下，是孩子们自发的探究过程，是主动学习的一次记录。伴随着项目式学习的深入开展，孩子们不断衍生出新的问题，在竹趣室这块开放自由的天地中探索更多无限的可能。

竹子的品格

——"竹子生长的秘密"项目化学习活动

韩春磊

【项目名称】竹子生长的秘密

【项目时长】两个月

【年龄段】大班

【项目组成员】大二班全体幼儿

【项目简述】

本项目来源于幼儿在深入阅读《和竹子在一起》的绘本故事时,发现了一年四季里竹子与人们生活的息息相关。于是,幼儿不禁发问:"竹子到底是怎么长出来的?"航航说:"到了春天,竹子就很快长出来了。"萱萱说:"竹笋长啊长啊就变成了竹子。""一打雷,一下雨,竹笋就冒出来了。"在幼儿的众说纷纭下,教师提议大家不如将自己的猜想画下来。在经过了一波猜想之后,幼儿决定从书本、网站上寻找竹子成长的秘密。由此,引发了一系列关于竹子成长的体验与感悟,开始了一场关于竹子品格的学习之旅。

【项目过程】

第一步:项目确立

1. 确定项目主题

在《和竹子在一起》的绘本指引下,幼儿对竹子的用处充满了兴趣。于是,幼儿提出了"竹子到底是怎么样长出来的"疑问。这个问题的答案可以是浅显的,也可以是深入的。我们可以说竹笋长大就成了竹子,当然,我们也可以进一步探讨竹笋是怎么长出来的问题。毫无疑问地,教师决定引领着孩子们探索更深入的生长问题。

2. 确定驱动性问题

竹笋是怎么样长出来的？

3. 设想项目成果

项目成果：从竹子身上学到的品格（绘画册）

第二步：知识能力建构

1. 关于竹子生长的猜想

幼儿以绘画的形式将自己对于竹笋生长的猜想进行表述。彤彤说："竹笋是从土里长出来的。"轩轩说："竹笋是竹子的宝宝，竹子长大了就会长出竹笋。"通过幼儿的绘画，可以看得出来，幼儿对竹笋的生长了解仅限于知道竹笋是从泥土里长出来的，竹笋长大了就会变成竹子。

2. 查阅信息

在进行了关于竹笋生长的猜想后，幼儿开始借助手机、电脑查阅信息，验证自己的猜想是否正确。通过查阅信息后，孩子们发现了一个惊天大秘密——竹笋原来是从竹子的根部长出来的。同时，孩子们也发现了竹子的根部在地下是呈现了一个向四处蔓延开来的生长态势。孩子们不禁发出了感叹"竹子的根部真神奇"。

3. 投票

在了解了竹子的根部是这样一个盘根错节、深扎泥土的状态后，晨晨感叹道："怪不得竹笋的根也那么深呢。"更有幼儿提出："挖竹笋是需要特别的工具的。"看来幼儿的生活经验还是比较丰富的。但这毕竟是个别幼儿的经验，如何将这一经验转化为集体经验呢？于是，孩子们开始了一次投票活动，票选出哪一个才是挖笋的专用工具。投票只是一个结果的呈现，

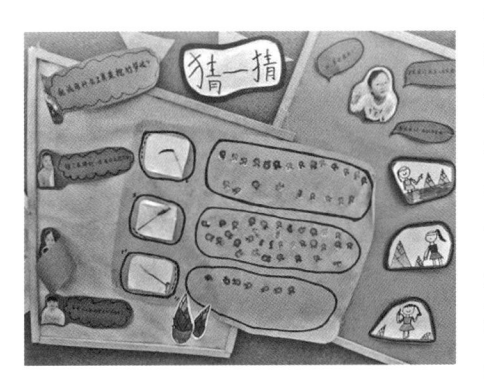

在投票之前幼儿需要通过各种途径去寻得答案。如：询问家长、查阅信息、回忆经历等。

第三步：实践体验

1. 挖竹笋

投票的结果，孩子们顺利地将挖笋的专用工具找了出来。接下来，就开始了一次挖竹笋的宅基课堂活动。通过实践体验了解挖竹笋也是有窍门的，也知道了竹笋的根是深深地扎入泥土的。筱筱感叹道："挖竹笋真的是不容易啊，好累哦。"丁丁说："竹笋的根好深呀。"

2. 量竹子

在项目化学习活动开始之初，就有幼儿提出："竹子长起来特别快。"矮矮的竹笋总是没过多久就长成了高高的竹子。那么竹子到底有多高呢？我们怎么样能测量出竹子的高度呢？当这个问题一经抛出后，孩子们七嘴八舌说开了。"有些竹子很软，可以把它拉下来测量""可以用自己的身高和竹子比一比，估计一下竹子大概有多高""可以测量竹子的影子"，"爬个梯子上去量一量"等，孩子们给出了各种各样的答案。于是，大家伙就开始了一场热火朝天的量竹子活动。活动中，孩子们总是忍不住感慨"竹子可真高呀"。

3. 竹子在生活中的用处

竹子与我们的生活是密切相关的。生活中，总是能找到竹子的身影。它们或者被做成了竹制品,或者被制成了工具。为了让幼儿更深切地感受竹子的无处不在,大家又开始在家中寻找竹子的踪影。贝贝找到家里的扫帚是竹子做的,莹莹发现奶奶搭棚的杆子是竹竿,浩浩看到了每天使用的筷子也是竹子做的。大家找到了竹子在生活中的各种形态。发现了竹子真的是个宝贝。

发现了竹子与人们生活的密不可分后,我们通过宅基课堂带领幼儿体验了竹子在生活中的妙用。在辰辰奶奶的帮助下,孩子们用竹子给丝瓜搭了个棚,期待着丝瓜能够大丰收。在浩浩爸爸的指导下,孩子们也体验了一次竹子扎扫把,不禁感叹"竹子的本领可真大"。

第四步:学习与成长

1. 竹子具有的品格

在经过了之前一系列的探索之旅后,孩子们已经发现了竹子身上的好品质。娜娜说:"竹子是助人为乐的,它变成了生活中许多有用的东西。"楠楠说:"竹子能屈能伸,可以挺直也可以弯曲。"铭铭说:"竹子很有力量,它的根那么深,就是不让人拔起来。"看来,孩子们从竹子身上看到了许多优良的品格。古往今来,竹子也是深受文人墨客的喜爱,经常创作诗词歌赋以称赞竹子的品格。于是,教师带着幼儿去了解了一些赞扬竹子的浅显的诗词和成语,感受竹子在中国人心中的伟岸形象。如:"胸有成竹""势如破竹""竹生空野外,梢云耸百寻"等诗词成语。

2. 我向竹子学习

在了解了竹子那么多的优良品格之后,作为即将要成为小学生的大班孩子们,当然要一表心愿,想一想我可以向竹子学习什么呢。妙妙说:

"在接下来的学习中,我一定要像竹子一样不怕困难,积极向上。"彤彤说:"我要把身体练得棒棒的,长得像竹子一样高。"恺恺说:"我要做一个帮助别人的人。"看来,竹子真的是给了幼儿一个正面积极的引导。

第三章
"竹趣"特色活动案例

护竹行动记

金 玲

一、案例背景

伴随"毕业季"的到来,大班孩子即将步入小学,这是孩子成长过程中的一个重要转折点。由于幼儿园到小学因校园设施、日常作息安排、课程设置等方面有巨大差异,小学的生活对幼儿的任务意识和合作能力提出了较大的挑战。对即将入小学的幼儿来说,树立一定的任务意识,可以让幼儿从凡事依赖家长、教师的奶娃娃逐步向独立自主的儿童发展,形成初步的学习意识与任务意识,为适应日后小学的生活奠定基础。

随着幼儿园竹趣微型课程的不断开展,幼儿积累并获得了较多与竹相关的认知经验,对竹的探索也热情十足。幼儿园里有这样一片小竹林,那里也是幼儿们一日生活中最喜欢的地方。幼儿可以在里面自由穿梭,享受穿越竹林的乐趣;可以在竹林里埋藏"宝藏",继而寻找"宝藏",周而复始却玩得不亦乐乎。但有一天,幼儿最喜欢的小竹林里的竹子"生病"了,于是幼儿间一系列的探索活动开始了。

二、过程描述与分析

片段一:调动经验,大胆猜想

午后散步,孩子们像往常一样来到小竹林观察小竹子的生长。"你们看,今天小竹子怎么有些变黄还有点倾斜、叶子上也有些破损,平常的竹子不都是又直又绿吗?"凡凡率先指出今天竹子的变化。"是啊,这是怎么回事呢?"我接过凡凡的话问道。这问题让孩子们炸开了锅,他们的想法层出不穷,如室外温度太低了,小竹子受冷生病了;这几天风太大了,把小竹子都吹的有点倾斜;小竹子一直被太阳暴晒所以变了颜色;竹林泥土里或许藏着好多虫子吸收着竹子的养分;等等。孩子们调动着他们的已有经验对于竹子变黄、倾斜这一现象大胆猜想。

分析:

一次竹林散步时,凡凡发现并提出的小竹子为何倾斜这一问题引发

了一场班级幼儿的激烈讨论,可见幼儿平时观察竹子时观察得很细致,且对竹子充满了好奇。幼儿的主动学习行为往往受制于教师的观念和态度,教师对于孩子们的话题很感兴趣,激发了他们更为强烈的探究欲望,幼儿开始根据自己的生活经验:温度的高低、风量的大小、竹子的养分等,试图寻找小竹子倾斜的原因。

片段二:积极思考,形成任务

孩子们在发现小竹子变黄、变倾斜、竹叶受损这一现象后,他们围在小竹子周围,一边观察一边讨论自己可以为小竹子做些什么。"小竹子好可怜没有人照顾,要不我们来保护小竹子吧!这样它肯定会越长越好的。"旋旋提议道。"好!就这么说定了!"一旁的小朋友一致通过旋旋的提议。回到教室的孩子们一起为此次活动取名——护林行动,从此刻开始,由他们来担任保护小竹林的使命。那么问题来了,如何才能保护小竹林里的竹子呢?经过了一番激烈的讨论,最终根据他们的想法分为四小组,第一组负责寻找竹子保温的方法;第二组负责给小竹林的竹子做名片,帮助其他小朋友更好地了解竹子的名字及生长特点;第三组负责搭棚帮助竹子更好地固定与生长;第四组负责寻找并收集竹子周围可能存在哪些有害的虫类,配置相应杀虫剂,帮助小竹林里的竹子不被虫类吸收养分。护林行动任务方案最终确定。

分析:

当幼儿出现奇思妙想时,教师应为每个孩子的大胆实践提供可能,为他们创造成功和发展的机会。从幼儿发现小竹子变黄、变倾斜后,他们认同旋旋的提议并愉快地产生了保护小竹林的活动任务。幼儿的护林行动也不是嘴上说说,对于如何才能保护小竹林,幼儿有思考有计划,将任务内容分为四小组,分工明确,分头进行。由此可见幼儿自发的活动会产生良好的效果,幼儿在整个活动中能积极响应并参与护林行动的内容选择,敢于尝试有一定挑战性的任务。

片段三:成立小组,分步探索

第一组幼儿在探索区一起商量如何帮竹子保温。"每种竹子都有它自己的特点,我们应该先了解它们的特点再寻找保温的方法。"旋旋提议道。"那我们要不和竹子名片的小组一起完成吧,这样我们就知道竹子的特点了。"涵涵建议道。随后,第一组和第二组的小朋友达成了共识。

就这样,第二组在小竹林拍下了小竹子的照片,再在探索区设计了竹子调查表，接着通过咨询老师、家庭网上查阅等多途径收集竹子的相关信息，最后集体设计竹子名片。第一组立马在第二组的信息基础上进行竹子保温方法的设计和制作：有的准备在竹子的根部包一层塑料纸，防止根部受冷；有的准备为竹子涂上漂亮的颜料作为竹子的外衣；还有的幼儿准备利用细竹竿等材料制作温室的小架子。

第四组同样通过信息收集记录下杀虫剂所需材料及配比。幼儿很细心，面对竹叶部分、土壤根部为小竹子调配了不同的杀虫剂。第三组幼儿先在建构区讨论如何搭棚让竹子变得牢固，但小组内的成员出现了意见不统一，找来我做选择。"我觉得每个人的想法都不错，但真的可以操作吗？""那我们就实验给老师看！"凡凡提议通过实验证明大家的想法。于是，大家借助一次性筷子、胶带、绳子、细竹竿等材料进行模拟实验。为了更好地操作，幼儿在每一次实验前都画下了实验操作图，并在实验后标注实验的结果及失败的可能性原因。一次次的实验让幼儿们积累了搭棚的经验，并最终得出了三根或四根竹棒结合绳子就能帮助竹子变得更牢固。

分析：

活动中，每一位幼儿都有自己的思考和想法，教师的默默观察与给予空间是对幼儿最大的支持。第一组幼儿在完成任务前能对他们的小组任务进行简单的分析，最终得出第一、第二小组合作的方法，做到了因竹而异，寻找真正实现竹子保温的方法。

幼儿是否能主动而热情地执行任务，取决于当前任务是否幼儿所关注的热点和兴趣点。在配置杀虫剂时，幼儿做到有据可循，做了大量前期工作，面对竹叶部分和土壤根部，幼儿更是针对不同情况自制了不同功效的杀虫剂。整个活动中，幼儿都能全身心投入于自己的杀虫剂的调配，明确的分步骤完成缩短了幼儿完成任务的时间，也增加了幼儿完成任务的信心。

在面对如何搭棚使竹子更牢固的方法上，尽管小组内有争议，但他们在老师的语言引导下想到了挨个实验，用事实说话。成功往往不是一蹴而就的，在实验过程中，幼儿也经历了多次失败，但他们依旧能坚持自己的想法，不轻易放弃。在实验人员不够的情况下，其余几组人员也来帮忙，最终，通过绘画实验操作图、标注实验结果、猜测失败原因、选择改进材料等多种方法，幼儿体验到了从分工合作、协商解决问题、协调关系到最终完成任务的过程，每个人都从相互配合中实现了最初的目标，分享共

同实验的快乐,获得实验成功的满足。

片段四:实践共享,体验成果

一切准备就绪,几组幼儿分批进入小竹林分别进行竹子名片的标识摆放、杀虫剂的喷洒、竹子保温的制作,以及竹子固定器的搭建。"这下小竹林的竹子不会再生病了!"凡凡一边帮助竹子固定一边说道。"是呀是呀,小竹子现在一定很开心,我要把小竹子现在的样子画下来。""我要每天都来看看小竹子,记录下它之后的生长状态,你们说它会不会一下就长得很高了呀!"幼儿围着小竹林里的竹子叽叽喳喳地说着。

户外混龄时,幼儿还将自己的活动体会以语言描述的形式分享给其他班的同伴,邀请他们一同去小竹林参观并体验自己的成果。同时,个别幼儿针对此次护林行动还在美工区设计了爱护植物的宣传小报,希望呼吁身边的小朋友都能关爱幼儿园里的各种花草树木。

分析:

可见,成功的经验激发了幼儿持续探究的欲望,更激发了同伴之间的共同学习和及时反思能力。活动中,幼儿利用集体的力量完成了小竹林的改造,改善了小竹子变黄、变倾斜的问题,体验到了集体智慧和力量的强大。同时,幼儿在活动后还能持续探究,以记录的形式关注竹子的每日生长状态,防止竹子再次出现变黄、变倾斜等问题,以及在探究中幼儿从护林行动中有了深度思考,将爱护竹林延伸到了爱护花草树木,并设计了相关宣传小报进行呼吁,用自己的实际行动来保护生态环境。

三、案例启示

1. 把握教育契机,点燃接受任务的激情

幼儿的学习与成长离不开与周围事物的互动,包括自我互动,与同伴、教师、环境的互动。在此过程中,幼儿会与互动的对象进行交流和对话,因此教师在与幼儿互动中要及时倾听和了解幼儿的想法和感受,把握日常教学中蕴含的教育契机,为幼儿创设出能够激发其自主学习意识的环境,助力幼儿将愿意做的事情转化为任务,明晰任务概念、增强任务意识,获得任务经验。

就像此次护林行动中,教师的角色并不是组织者和领导者而是参与者和支持者,与幼儿共同创设能够激发其主动探索的学习环境。在活动中尊重每名幼儿的能动性,相信他们所提出的想法的可能性,支持幼儿的主动学习意愿和想法,使幼儿能够真正投入到护林行动中。这个任务是基于幼儿的兴趣出发,幼儿完成任务的热情和信心都会有所增加。

2. 注重自主探索,提升完成任务的信心

幼儿拥有独立的感觉和情感,对于幼儿来说,实践操作和亲身体验是他们认识世界和积累经验的重要途径。活动探索过程中,幼儿因为年龄特点、发展水平等限制必然会存在些许困难。此时,教师要寻找与幼儿自主探索学习相适应的内容,鼓励幼儿以自己的想法和方式进行持续探索。同时,当幼儿认真学做一件事情,老师要让他们感到自己行,特别对于大多数能力平平或发展稍落后的孩子来说,获得成功的机会较少,教师可以适当安排其能胜任的活动任务,如小组成员各有所长,让他们通过努力获得成功,体验自己力量和成就,在成功的喜悦中潜移默化地培养幼儿完成任务的基本能力。

案例中面对幼儿一开始关于竹子的困惑、活动设计时的不自信、实验内容的意见不合,教师利用语言引导、材料提供等给予了幼儿们肯定和支持之余也助推了幼儿自主思考、自我解决问题的能力,使幼儿在活动中的收获最大化。

3. 互动交流分享,积累完成任务的经验

幼儿任务意识的培养是一个循序渐进的过程,教师要不断发现幼儿在完成任务中的新经验,提供交流分享的机会推动幼儿在生生互动中习得更多的方法。整个护林行动都是由幼儿组织与开展的,幼儿体验到了从提出问题、头脑风暴、任务命名、分工合作、协商处理到最终完成任务的过程,每个人都从积极沟通、相互配合中实现了最初的目标,获得了完成任务的满足。活动后,幼儿间的经验交流也让其他幼儿在相互交流分享中吸纳别人的经验,习得更多完成任务的方法。

识笋记

苏周莉

【案例背景】

陈鹤琴先生曾指出:"大自然,大社会都是活教材。"《幼儿园教育指导纲要》也指出:"幼儿园应充分利用自然环境资源,扩大幼儿生活和学习的空间。"钱圩幼儿园地处乡镇,在学校周围拥有丰富的竹资源。故幼儿园因地制宜,充分利用了学校周围丰富的竹资源,将竹纳入幼儿园课程,让幼儿识竹、玩竹、乐竹、探竹。本学期小班组就围绕竹子的小时候——竹笋开展了一系列的活动。

【案例描述】

情景一:寻笋

班级里,"你们知道笋宝宝长什么样吗?""我知道,我知道,笋宝宝是矮矮的。"轩轩回答道。"才不是呢,笋宝宝是高高的,和我一样高。"皓皓反驳道。"竹笋宝宝长得胖胖的。"萌萌回答道……孩子们各自描述着自己心中笋宝宝的样子,场面甚是热闹,当然也有一部分孩子不知道笋宝宝长什么样。

小竹林里,"到底笋宝宝长什么样呢?我们一起来找一找吧""我找到了,这个笋宝宝是细细的,头是尖尖的。"玥玥第一个找到了笋宝宝,兴奋地说道。"这里也有,这个笋宝宝好胖呀,我都握不住它了。"涛涛发现了第二个笋宝宝。"我也找到了!""我也找到了!"……孩子们陆陆续续都找到了笋宝宝。

当孩子走进小竹林的时候,孩子的探索欲被很好地调动了起来,每个孩子都跃跃欲试。在寻笋的过程中,孩子的专注度非常高,找到笋之后都在认真地观察着笋宝宝,根据自己想了解的内容自主地探索着,有的比画笋的外形,有的闻笋的味道,有的剥开笋的外衣看笋的内心,每个人都尝试着自己寻找答案。在竹林寻笋的过程中,孩子们不仅仅了解到了笋的外形、内在,同时也感受到了笋生长的环境,以及竹子和笋的关系。

情景二：量笋

孩子们手里捧着他们挖出来的竹笋，如视珍宝，并不断打量、比对着自己怀里的笋。这时，依依突然叫起来："哇！这个竹笋好高啊！"大家都被她的惊讶声吸引了。"我来看看，哪里？""我也来看看！""哇！真的好高啊，好细啊！""咦，这个笋到底有多高呢？"瞬间，叽叽喳喳的惊讶声消失了。"可能有1米吧！""不对，不对，我觉得有2米吧！"我觉得有3米、我觉得有4米吧……孩子们又一次热闹了起来。这时，乐乐走到这棵笋旁边，把自己怀里的3棵笋一个接一个叠起来，感叹了一句：哇，比我这3个叠在一起还要高啊！到底怎么才能知道竹笋的身高呢？"老师，我有办法了。"涵涵说道。大家齐刷刷看向他。只见涵涵站在竹笋旁边，和竹笋比了比，"这个竹笋到了我的肚子这里，我回去再量一量。"

《3—6岁儿童学习与发展指南》指出，幼儿学习的核心是激发兴趣、体验过程。孩子的探究是活动开展的前提和内因。当看到孩子对竹笋感兴趣时，教师就意识到：这是一个绝好的机会。孩子们为了知道竹笋有多高，运用了"直接比较"（用自己的身高和竹笋比）的方法。孩子们在自己提出问题、分析问题、解决问题的过程中获得了成功感和满足。纵观活动，幼儿是投入的、专注的，思维是创造的，情绪是愉悦的，学习是有深度的。

情景三：食笋

竹味馆里，小摊主们有的正在埋头剥笋，有的正向其他小朋友们介绍着自己和爸爸妈妈一起完成的竹笋美食。轩轩的摊位前聚集着很多的小朋友。"这是什么呀？"伟伟好奇地问道。"这是我和我妈妈一起做的笋肉塌饼，很香很好吃的，你们可以尝一尝。"轩轩自豪地介绍着。"真的好好吃呀，这个是怎么做的呢？笋宝宝在哪里呀？"伟伟一边吃一边问。"笋宝宝就在这个里面呀，你看这个小小的方方的就是竹笋呀。"轩轩指着塌饼的馅说道。紧接着他点开了旁边 iPad 中拍摄的视频，"这是我和妈妈一起做塌饼时拍的，我们把笋切成小小的，肉也切得小小的，把它们混在一起，包起来……"轩轩为观看的小朋友们详细地介绍着自己和妈妈一起做塌饼的过程，旁边的小朋友也看得非常认真仔细，还时不时地互相讨论着。

活动中，幼儿扮演了一个个小摊主，让幼儿成为了活动的主体，充分调动了幼儿的兴趣,引发了幼儿和幼儿之间的互动,在一定程度上培养了幼儿的交往能力。活动中,家长微课的录制,让小摊主们在介绍自己的菜品时能够得到视频的加持,小摊主们在介绍时显得更加自信,介绍的内容也更加丰富,其他幼儿也更加直观地了解了这个菜品的特点和制作的过程。

【反思与调整】

一、依附自然课堂,形成主题活动新理念

大自然是最好的课堂,它拥有丰富多样的活教材,能够为幼儿提供生动、全面的学习材料,能带给幼儿真实的体验。陶行知先生曾说过:"我们要解放小孩子的空间,让他们去接触大自然中花草、树木、青山、绿水、日月、星辰。"苏霍姆林斯基也曾认为:"在幼儿期,幼儿通过视觉、听觉、嗅觉、味觉、触觉及肢体动作的发展来认识这个世界,而大自然中充满了缤纷的色彩、时令的变化与富有生命力的物种,正是幼儿最天然的学习场所。大自然这把可以打开语言和思维源泉的钥匙,使幼儿不仅能从中发现美,而且还能发现真理。"作为乡村幼儿园,我们拥有得天独厚的自然资源。作为一名乡村幼儿园的教师,我们应该带孩子走出课堂,走进大自然,让孩子们在自然环境中自主去探索,去学习。在竹林中,幼儿不仅找到了笋宝宝,认识了笋宝宝,也同时了解了笋宝宝生长的环境,这比在课堂里展示一张图片、一段视频,更让幼儿印象深刻。在幼儿寻笋的过程中,同时也锻炼了幼儿的观察力、探索力、动手力等各方面不同的能力。

二、追随幼儿脚步,拥有课程实施新视角

教师要敢于让幼儿成为学习的主人,在活动中充分发挥幼儿的主体性,鼓励幼儿主动学习,自主地去探索周围的世界,让幼儿在探索的过程中不断有所发现、有所提高并因此而感到自信。如在探索竹笋宝宝长什么样时,如果教师只是一味地把答案直接传递给幼儿,幼儿并不一定能够理解接受,学习的专注度也不高。而当教师带着幼儿走进竹林,让幼儿自己去发现、去找寻答案,幼儿的学习兴趣一下子就被调动了起来,部分幼儿在观察笋宝宝外形的过程中,甚至会抛出新的疑问,从而进行进一步的探索。

让孩子成为学习的主人,教师应做到充分地信任孩子,相信他们是有能力的。教师可以尝试着改变传统的、教师为主体的教学模式,让幼儿扮演"教师"的角色,成为活动的主体,引发幼儿和幼儿之间的互动,进一步促进幼儿的自主学习。如在竹味馆中,一个个小摊主扮演了"教师"的角色,来回答其他幼儿的问题,在很大程度上激发了小摊主们的自信心,促使幼儿自主地去解决被提问的问题。

三、巧用家长微课,促进家园互动新模式

随着信息技术的发展,微视频的技术越来越先进便捷,也被越来越多的人所熟知。信息化的时代,我们可以借助家长微课,创新家园共育新模式。孩子的教育从来都不是一方的事情,苏霍姆林斯基说:"只有学校教育而没有家庭教育,或者只有家庭教育而没有学校教育,都不能完成培养人这一极其艰巨而复杂的任务。"由此可见,只有家园共育,才能促进幼儿的发展。家长的资源是广泛的,家长微课所授的知识是丰富多彩的,是学校教育中所不能提供的,家长微课在活动中的推行,可以让幼儿接触到更多的知识和技能。例如,本次竹笋美食的制作过程,教师无法在课堂上给幼儿呈现的内容,但是家长可以在家中和幼儿一起录制家长微课视频。而这些家长微课视频则成了小摊主们介绍自己摊位美食时的助力,幼儿可以一边播放视频,一边进行讲解,让其他的幼儿能够更加直观、全面地了解竹笋美食。因此,教师要巧用家长微课,把家长中广阔的资源带进课堂,促进家长、学校、幼儿三方之间的互动。

以竹为媒 以趣为"芯"

陆君伟

【案例背景】

钱圩幼儿园地处上海市金山区金山卫地区,是一所城郊公办幼儿园,幼儿园周边有广袤的竹林,竹子是贴近幼儿生活的本土化资源。"竹"的形式多样,塑造性强,且富有趣味性,适合幼儿学习。因此,将竹元素融入幼儿的生活环境和课程中,在让幼儿体会"竹文化"精神的同时,能使幼儿在潜移默化中了解、认同并喜爱家乡文化。在此前提下,幼儿园研究实施了"竹趣"微型课程,而"玩竹"则是其中基于健康领域的子课程体系。

【案例描述与分析】

在幼儿园"竹趣横生 乐玩童年"的课程理念下,倡导幼儿将"玩"这一他们喜爱的形式与"学"这一能力结合起来。因此,这里的"玩竹"活动,指的是以"竹"为媒介,以幼儿的年龄特点为平台,以幼儿的运动能力为基点,以幼儿的学习品质培养为核心,促进幼儿健康与体能,以及情感、态度、认知方面的发展,使幼儿具备健康活泼、坚持专注、好奇探究、亲近自然、享受生态、勇敢自信、团结协作等品质的运动活动。在"玩竹"活动中,始终遵循着几个原则。

一、安全性与挑战性并存

案例1:"竹架山"不难了

"春播乐"活动开始了,几个小朋友进入了游戏区开始闯关。前面几关都没有难倒小朋友,他们在竹梯和轮胎搭成的路上走得健步如飞。到了竹架搭成的路时,难度变大了,闯关速度开始变慢。再到"竹架山"时,一下难倒了很多小朋友,他们望着搭在高高竹架上的竹梯,有点不敢上去,干脆又回到了起点重新开始。有些胆子大的上去了也是跪在上面双手扶着慢慢前进。这时,听到一旁的筱筱大声说"老师,你看,我是这么玩的",只见她双手抓住竹梯,一下跳上去,用脚背勾着竹梯,整个人倒挂在竹梯上,然后再用脚勾下一个横档,慢慢地前进着,最后到达了终点。小朋友们看到了之后觉得非常有趣,纷纷效仿她的玩法。这时洋洋小朋友喊道"老师,你看,我都不用扶着",只见洋洋直直站到了梯子上面,双手根本没有扶着梯子,很快就走到了终点。受筱筱和洋洋的启发,小朋友们对于"竹架山"的恐惧一下就消失了,逐渐发现了很多不一样的过竹架山的方法。

分析:"玩竹"活动中包含着一系列学习品质,"竹精神"对幼儿学习品质的养成具有重要的价值,竹子的坚韧挺拔、宁折不弯对应着学习品质中的专注力和坚持。在"玩竹"活动中,通常教师会根据孩子的心理特点与认知规律灵活地融入"挑战性"。在这一过程中教师通过设置一些隐藏的内容,让幼儿不仅在动作技能上得到提升,也发展和提高幼儿坚持、专注的学习品质。在"春播乐"这一"玩竹"活动中,活动目标是发展幼儿在不同高度的竹制运动器械上行走的能力,通过层层递进不断提升活动的挑战性。显然这样的要求没有难倒筱筱和洋洋两名小朋友,他们的方法虽然说与教师预设的"如何走"的技能习得有偏差,但是不言放弃的坚持,完成任务时的专注等一系列学习品质在此刻得以淋漓尽致地展现。

除了注重游戏的挑战性之外,在"玩竹"活动中安全性必须是放在首位的。安全是幼儿园进行任何活动的前提、基础和核心,离开了安全性进行的活动都是无源之水无本之木。针对在"竹架山"上走这一难度较大的游戏活动,教师事先要将潜在的危险降到最低,比如检查竹梯上面是否有毛刺,竹架是否牢固。准备科学、全面、必要的保护器械,例如软垫防止幼儿摔倒,魔术贴连接竹梯和竹架防止滑动等。活动过程中,也要组织多名教师在周边对幼儿活动开展过程进行巡视与保护。

二、可玩性与适宜性并联

案例2:竹圈大变身

幼儿园里购置了很多的竹圈,早操中就用到了竹圈,马上幼儿就对这一"新玩具"产生了浓厚的兴趣。看到幼儿这么喜欢竹圈,于是教师利用竹圈设计了一个活动——小青蛙过河,把一个个竹圈放在一起,幼儿在其中跳跃当作荷叶。玩了一会儿之后,小凡和浩浩显然对这样的活动失去了兴趣,两个人找了一个空地按照他们自己的玩法开始玩起了竹圈,只见他们一会儿将两个圈摆得远远的看谁跳得远,一会儿又把竹圈抛到空中看谁飞得高飞得远。而其他幼儿显然也被他们所吸引,虽然人还在,但是心却早已飞走。针对这样的情况,教师及时停止了游戏,让幼儿讨论起怎

样让竹圈玩出更多好玩的游戏。幼儿议论纷纷,竹圈完成了大变身,套圈、跳竹圈、开汽车、转竹圈等多种游戏应运而生,操场上一下变得热闹起来。

分析:活动设计应充分考虑幼儿的年龄、接受能力等制定科学的目标,开拓多元的游戏。幼儿阶段有着明显的年龄差异,不同年龄段幼儿的心理、生理和动作特点都不同。因此同样的竹圈游戏,在不同年龄段中呈现出了截然不同的效果。小班在玩青蛙过河的游戏时,兴趣度非常高,始终沉浸在游戏中,这与小班幼儿易掌握单一的动作,喜欢玩同一类的游戏特点有关,而到了中大班的时候,幼儿更喜欢合作游戏、竞技游戏。这个时候就需要教师开动脑筋,开发可玩性高且与各年龄段相适宜的游戏内容。

如:如竹筒、竹陀螺、竹马、竹竿等可以进行如"骑竹马""竹筒捣米""滚竹圈""玩竹陀螺"等游戏。对于中班幼儿教师提供了竹架、竹梯、竹筛等竹制器材,幼儿在自主游戏中创造出"爬竹架""攀竹梯""过竹桥""玩竹筛""玩竹筒水枪"等游戏。对于大班幼儿则利用提供的竹秋千、竹攀登等开展平衡、钻爬游戏,同时利用一些稻草绳子、竹梯开展野外逃生运动。

三、目的性与任务性并重

案例3:引水入渠中的争执

大班引水入渠活动开始了,教师设置了任务,让幼儿运用竹笕和竹筒,通过设计路线、分组讨论、分工合作,通过"必经之路",最终将高处的水引入到低处的花坛中。听到老师布置的任务后,幼儿分成两组马上开始行动。然而很快就出现了问题,红队中小晨和小嫚是一个二人小分队,他们几乎承担了所有的搭建任务,一会儿就按照他们自己的想法把渠道搭好了。这时小汪拿着竹筒要开始改造他们搭建的渠道,他并没有跟小晨和小嫚商量,这显然激起了两人的不满,马上小晨就对小汪说:"干什么,你别动,我要告诉老师了。"但是教师看到显然小汪想要改造的部位是正确的。感受到两人的怒意后,小汪马上退缩了,开始忙起了其他的活。教师意识到,这样的情况显然是无法在一次微课活动中解决的。于是在课后进行了游戏、谈话,改变活动材料,明确队长职责,强化分工合作等一系列调整。这样的调整显然有一定的成效,在第二课时的活动中,幼儿的职责意识逐渐明确,任务行为得以体现,合作精神获得提升。

分析:在"玩竹"活动过程中,只注重挑战,幼儿的学习品质发展是不全面的。幼儿的活动更多的是无意识的行为,教师如何将这些无意识的行为进行总结提炼分享,从而让其变成有意识的行为,这是教师作为观察者需要思考的。在活动过程中,教师需要带着目的和任务去设计活动内容,培养幼儿的合作精神与责任意识。在这一活动中教师有意识地为幼儿创设合作完成任务的场景,引导幼儿用自己的活动方式解决问题。当幼儿无法解决时,教师通过调整材料、调整活动方式等一系列方法为幼儿提供一定的支架,将协同合作、任务意识、责任意识等学习品质的种子深深地植入幼儿心灵的土壤中,期待它们有朝一日生根发芽,开花结果。

四、启示与思考

1. 舒适安全,设置合理,让"玩竹"活动"动"起来

在开展"玩竹"活动之前,教师对活动场地进行了全面规划、合理安排,将户外场地分为多个区域,幼儿可以根据自己的兴趣和需要自由选择,兼顾安全性与挑战性。在钻爬区,器材有竹圈、竹架、竹制攀爬架、竹竿等。在平衡区,有独木桥、跷跷板、平衡木、梅花桩等。大型综合器械区有竹制滑滑梯、沙水池等,幼儿无拘无束、自由自在。在规划活动场地时,教师既要考虑各区域活动的性质和要求,又要充分考虑安全因素。钻爬区和平衡区对运动空间的要求都不高,且两种活动有较大的关联,因此可将这两个区域设于相邻的位置。小车区运动量大,且需要较大的运动空间,设置在靠近大门的跑道位置。合理的区域设置为幼儿提供了丰富、开放、有趣的活动场所,让幼儿在"玩竹"活动中"动"起来。

2. 就地取材,一物多玩,让"玩竹"活动"新"起来

农村幼儿园受经济条件的限制,活动器械往往不能满足幼儿的活动需要。为解决这一矛盾,教师就地取材,利用农村取之不尽、用之不竭的乡土资源。而在组织户外体育活动时,教师也转变观念,确立幼儿的主体地位,变教师传授为幼儿主动探索。以"一物多玩"作为切入口,充分发挥幼儿的想象力,调动幼儿的主动性和积极性,让幼儿自由选择器材,自由结伴,自由活动。同时选择适合幼儿能力范围和年龄特点的运动活动,幼儿探索创新能力的萌发让"玩竹"活动"新"起来。

3. 问题导向,因势利导,让"玩竹"活动"亮"起来

在以"竹趣"为引领的"玩竹"活动中,幼儿不仅仅只是玩,更多的则是学,幼儿在活动中不仅学到了知识技能,而且学到了如好奇主动,坚持专注,想象与创造,协调合作,独立自主等学习品质。幼儿是带着问题导向、

任务意识、目标性去玩的。这样的玩有利于他们学习品质习得,有利于他们终生发展,通过教师在活动过程中的观察、引导、支持、启发,幼儿也得到了相应的发展。"玩竹"活动在这一过程中"亮"了起来。

以竹为媒,以趣为"芯"的"玩竹"活动根植地方生态文化环境,契合自然发展教育理念,利用丰富的自然资源,为幼儿打造健康、优渥的成长环境,尊重幼儿自身发展规律和特点,为幼儿亲近自然、乐享生态、发展自我提供条件和机会,焕发幼儿、教师、家长活力,活化课程环境、活用课程资源,让教师充满活力,让幼儿充满活力,让课程真正"活"起来,使其向着阳光持续生长。幼儿学习品质在这里生根、发芽、绽放,为幼儿成长为参天大树提供丰沃的土壤。

竹筏的秘密
——竹趣课程背景下项目化学习之旅

韩春磊

【项目背景】

在开展《有趣的水》这一主题时,幼儿对沉与浮充满了兴趣。他们热衷于探索物体沉与浮的奥秘。另一边,幼儿正好在竹趣室里开展造竹筏的活动。幼儿基于沉与浮的主题经验,提出了驱动性问题:"竹筏为什么可以浮起来?"就这样,竹筏的秘密项目化学习活动应运而生。

【项目开展过程】

一、确定驱动性问题,厘清项目化学习主题网络图

在《有趣的水》的主题经验引导下,幼儿总认为轻的东西才会浮起来,重的东西就会沉下去。而当幼儿在竹趣室认识了竹筏,尝试造竹筏时,发出了疑惑"竹筏为什么可以浮起来"。之所以会有这个疑惑,原因是在幼儿看来竹筏是比较重的东西,而且其造型也不像其他船只。

竹筏的秘密项目化学习活动是基于幼儿的兴趣生成的。教师跟随幼儿的兴趣点,通过谈话,使得幼儿的关注点逐渐聚焦到关于竹筏的一系列问题上。如:"竹筏看起来很危险,为什么还有人在使用?""一根根竹子绑成的竹筏在水中不会散掉吗?""竹筏为什么都是平平的,造型几乎是一模一样的?"教师在记录下幼儿提出的所有问题后,归纳梳理问题,进行价值判断,并将与其相关的关键经验联系起来,架构了最初的项目化学习主题网络图。即以竹筏作为中心主题,辐射出相关的多元子项目。如在子项目"竹筏创想"中,幼儿尝试用羽毛、毛球、树叶等自然物装饰美化竹筏,也尝试用其他材料代替竹制作另类的筏。在子项目"竹筏的漂浮原理"中,幼儿通过不断试验探索竹筏沉与浮及载重的秘密。在子项目"竹筏制作"中,幼儿通过亲子制作、分工协作熟悉竹筏制作的流程,探索竹筏绑得紧的窍门。在子项目"竹筏的由来"中,幼儿通过问卷调查、查阅资料、参观走访等方式了解竹筏的历史,并对收集到的信息进行分类归纳,最后呈现。

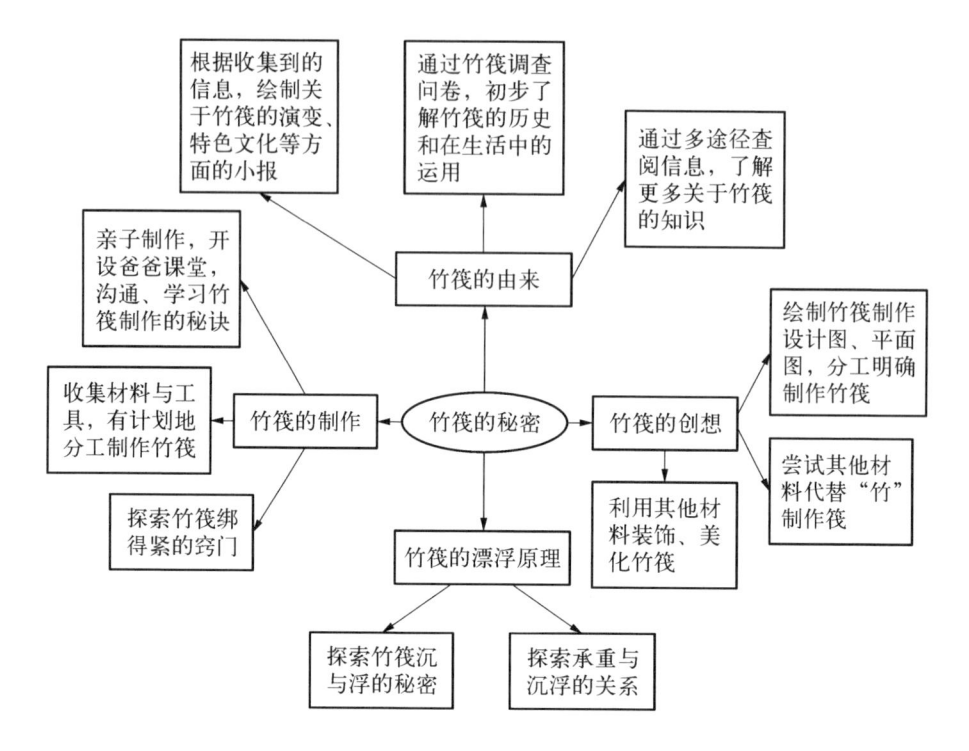

```
                根据收集到的          通过竹筏调查
                信息,绘制关          问卷,初步了
                于竹筏的演变、        解竹筏的历史         通过多途径查
                特色文化等方         和在生活中的         阅信息,了解
                面的小报           运用             更多关于竹筏
                                              的知识

    亲子制作,开
    设爸爸课堂,
    沟通、学习竹                竹筏的由来
    筏制作的秘诀
                                              绘制竹筏制作
                                              设计图、平面
                                              图,分工明确
    收集材料与工                                   制作竹筏
    具,有计划地     竹筏的制作        竹筏的秘密        竹筏的创想
    分工制作竹筏                                    尝试其他材
                                              料代替"竹"
                                              制作筏

    探索竹筏绑                                 利用其他材
    得紧的窍门                                 料装饰、美
                                        化竹筏
                       竹筏的漂浮原理


                  探索竹筏沉      探索承重与
                  与浮的秘密      沉浮的关系
```

启示:

1. 在正式开始实践探索前,教师可以组织谈话跟幼儿讨论了解幼儿的已有经验与真实想法。

2. 教师在整理项目化学习主题网络图时应先了解幼儿想知道的内容,以提高项目化学习的有效性。

二、分组探究学习,多途径、广路径探索竹筏的秘密

项目化学习强调让幼儿进行深度学习,从而实现自主探究。所以在探究前,教师通过一份竹筏的调查问卷,勾起幼儿对竹筏的生活经验。如:你在哪里见过竹筏?你看到的竹筏是怎么样的?竹筏可以用来做什么?幼儿通过与家长一起回忆,得到关于竹筏的最基本的认识。紧接着又对幼儿提出"竹筏看起来很危险,为什么还在使用"这一问题细分为几个维度分层次设计了多个问题,形成另一份竹筏调查表,以此拓展幼儿对竹筏的认知。如:从前的竹筏与现在的竹筏有什么不同吗?竹筏被用于哪些行业?制作竹筏需要哪些工具与材料?竹筏是怎么制作而成的?幼儿在一个个小问题的驱动下,开始了属于他们的项目研究。小组探究是

项目化学习活动开展的主要模式,因此在正式开始项目探究前,教师鼓励幼儿自己寻找合伙人,制作任务单,明确任务分工,进行抱团式探究学习。

(一)竹筏的由来

围绕竹筏的由来这一子项目,在两份调查表的指引下,幼儿在家长的协助下通过查阅信息、翻阅资料、实地参观走访等途径了解竹筏的由来。通过多方搜集信息,幼儿得知竹筏最早被用作简易的交通工具。慢慢地也被用于运输行业和捕渔业,时至今日更被用于观光旅游业。根据幼儿的调查所知,小组成员们最终以图文结合的方式梳理出竹筏的变革历史,将竹筏的历史变迁做了简要的版面呈现。

(二)竹筏的制作

在开展项目化学习前,幼儿已在竹趣室尝试用竹筷、冰棍棒、麻绳等搭竹筏。也就是说幼儿是具备了一些竹筏制作的前期经验的,并且幼儿对竹筏制作一直是热情不减的。但其实竹筏制作是一项较难的任务,单凭幼儿的力量很难完成。所以,在首次制作竹筏时,家长们也参与了进来,以亲子制作、"爸爸课堂"、在线切磋等方式为幼儿制作竹筏保驾护航。有了这些前期经验的准备,幼儿在之后的竹筏制作中也就稍显胸有成竹了。即便如此,在用绳子捆绑竹片、竹枝时,幼儿还是碰到了麻烦。麻绳总是绑不紧而棉绳又容易打结。这下就又引发了幼儿关于如何捆绑、打结的探索了。

(三)竹筏的漂浮原理

当幼儿提出"竹筏为什么可以浮起来"的问题后,教师将问题又抛回给了幼儿。从孩子们那里得到了各种答案。如:"竹筏就是船,船当然可以浮起来。""竹子可以浮起来,竹筏肯定也可以浮起来。""竹子是空心,空心的东西就能浮起来。"在了解到幼儿的想法后,教师鼓励幼儿验证自己的猜想。为幼儿提供了小木板、泡沫板、小铁片等材料支持幼儿的试验。

(四)竹筏的创想

幼儿对于竹筏的创想完全是跟随着兴趣的。一开始,他们利用美工区的一些材料对竹筏进行装饰。在捕捉到幼儿的兴趣点后,教师投入了树叶、羽毛、干草等其他的一些自然装饰物。在幼儿的巧手合作下一个个漂亮的竹筏装扮完成了。令人惊奇的是,有一组幼儿用提供的羽毛搭了一个"羽毛筏",这一举动引得其他组幼儿争相模仿。见此情形,教师又提供了泡沫板、塑料盖、硬纸板等材料鼓励幼儿尝试制作不一样的筏。

启示：

1. 项目化学习是一个不断产生问题、解决问题的过程。当幼儿提出疑问时，教师不要急于解答，可以通过同伴间思维大碰撞的方式启发幼儿的探索思路。

2. 教师在项目化学习中扮演着引路者和支持者的角色。对幼儿的奇思妙想进行指引，为幼儿的学习探究提供支持。

三、成果展示，促进多元化表达

分享展示是项目活动不可或缺的一部分，不仅是幼儿表达与交流的平台，更是幼儿对自主学习的总结。项目化学习成果的呈现形式是多种多样的。幼儿可以运用多样的方式，表征与表达对所学习项目的理解。提出自己基于实践得出的观点，展示自己学习与探究的成果。在成果展示阶段，幼儿通过创意竹筏、我的竹筏书、竹筏揭秘小视频等多种个性化的表达方式表达他们在项目化学习中所获得的知识和掌握的技能。

成果一：我的竹筏书

在项目化学习活动中，幼儿留下了许多过程性的资料。如：关于竹筏由来的调查表、创意竹筏的设计图、竹筏漂浮试验的记录表等。这些图表最能表现幼儿的探究过程，是项目化学习成果的一部分。教师将图表制作成册，不仅记录下了幼儿探索的过程，也能让幼儿回味、述说自己的学习经历。

成果二：我制作的竹筏

竹筏成品制作是体现幼儿技能习得的主要途径。幼儿通过制作竹筏了解竹筏的构造，绑竹筏的方法、诀窍。"我制作的竹筏"成果展示分为创意竹筏展示和竹材料制作的竹筏展示。在创意竹筏展示中，强调了幼儿学习的个性化和想象力，幼儿能以较丰富的想象力和审美情趣对竹筏进行改良和装饰。在竹材料制作的竹筏展示中，体现了幼儿较强的动手能力。当然在制作过程中也饱含着幼儿发现问题、解决问题的能力。可以说这不仅是竹筏成品的展示，更是幼儿各方面能力习得的展示。

成果三：竹筏揭秘小视频

多媒体信息技术在项目化学习中的广泛应用使得项目化学习更具过程性和可视化。在竹筏的秘密项目化成果展示中，不仅有体现幼儿技能习得的实物和记录幼儿探究过程的竹筏书展示，也有细致记录幼儿每个探索环节的视频发布。在竹筏揭秘小视频中，幼儿化身"小博士"，介绍自己的发现和解决问题的方法,完整记录下整个探究过程,让探索发现为更多人所知。

【启示与思考】

项目化学习活动是一切奇妙的不期而遇。作为教师要提供给幼儿更多的支持、等待,鼓励幼儿大胆验证自己的猜想,以促进幼儿某一知识模块的建构。组织开展项目化学习活动就是践行幼儿在前、教师靠后教育理念的有效途径之一。这样的学习体验才能让幼儿成为活动的主人,不断进行自主学习与探究,获得更多的发展与收获。

(一)整合学习资源,保障项目化学习的顺利开展

《纲要》中明确指出:"充分挖掘和利用现实生活中一切可利用的教育资源,有效地促进幼儿的发展。"在竹筏的秘密项目活动中,教师整合同伴、家长、专用活动室等多方教育资源,如人力资源、信息资源、社区资源、活动室资源等,积极开发项目化学习的资源利用,更多地为幼儿提供了主动探究、亲身体验的机会。基于幼儿园竹趣特色发展的现状,为幼儿后续开展竹筏项目化奠定了基础。园内特设竹趣室,为幼儿探索竹筏的秘密提供了场地和材料支持。得天独厚的地理环境和家长资源,为竹筏的探索提供了更坚实的物力、人力保障。城郊幼儿园的家长们动手能力强,对竹子有着一种与生俱来的亲切感,在参与幼儿项目化学习中起到了至关重要的作用。

(二)可视化思维过程,促进幼儿学习的主动性

将幼儿进行项目化学习的思维过程呈现出来,实现知识可视化,是为项目化学习赋能的有效途径之一。知识可视化是知识管理领域中率先提出的一个重要概念。从宽泛的意义上说,知识可视化指的是所有可以用来提升与传递见解、经验、方法与技能的图示手段。其作用是将幼儿引入到项目化学习的每一个环节,实现深度学习的可能。因此,在进行竹筏的秘密项目化学习活动之初,教师分别从竹筏的由来、竹筏的制作、竹筏的创想、竹筏的漂浮原理四个维度,架构了项目化学习的主题网络图,让教师心中有数,指引有谱。另外,教师利用教室与竹趣室的墙面,将幼儿探索竹筏的秘密的过程进行呈现。不仅满足了幼儿的成就感,也让幼儿了解经历的探索过程,对接下来的任务驱动有了方向。

(三)聚焦幼儿学习品质,多元评价项目化学习

评价对整个项目化学习活动起着反馈和指引的作用。项目化学习

中,教师应注重幼儿学习品质的培养。在活动中,教师不仅要关注幼儿的兴趣和感受,更要关注幼儿获得知识经验的整个过程。包括幼儿在自主学习过程中体现出的创想能力、勇于尝试、不怕困难、有计划行事的学习品质。研究表明,只注重那些立竿见影的、可测量的技能获得,而忽视幼儿内在的学习品质培养,是不利于幼儿的可持续发展的。同时,项目化学习需要很多人参与,而与项目有关的人员都可以参与到项目化学习评价中。如在探索竹筏的捆绑技巧中,晨晨的妈妈反映,以往晨晨做事情总是三分钟热度,遇到困难总是急于求助或者干脆放弃,但这次当他接受了小组任务后能与父母商讨解决策略,最终成功解决问题。项目化学习的多元评价意识,提升了教师的专业素养,也密切了家园合作,让家长进一步了解幼儿园课程实施情况,使得家园合作更紧密。

竹林游戏升级记

沈乐怡

【案例背景】

幼儿园里开辟了一片小竹林,充满"野趣"的小竹林是幼儿游戏中最喜欢的活动场所之一,小竹林区域的小推车上提供了绸带、绳子、彩纸、圆形即时贴、记号笔、纸筒、小剪刀等容易操作且安全的小工具,幼儿在游戏时可以自由取拿展开自己想玩的游戏。同时,随着幼儿园"竹趣"微型课程的开展,幼儿进入小竹林时表现出极大的兴趣和迫切的参与感,于是教师放手任幼儿在竹林中玩耍,没想到,"竹林游戏"引发了一系列不同的升级。

【过程与内容】

实录一:竹林玩耍乐淘淘

小竹林的情景变换成了室内运动"穿越火线"的状态,很快吸引了很多幼儿来到这里玩,小爱情不自禁地说道:"冲啊,我们去小竹林冒险。"幼儿又是钻,又是在地垫上爬,生怕碰到"火线",小爱、妍妍、子轩你追我赶,在小竹林里穿梭,别提笑得多开心,小爱说:"小竹林里真好玩,太开心了。"

分析：

小竹林的"穿越火线"游戏是从室内运动"穿越火线"改编而来，无疑是吸引幼儿的，幼儿在小竹林里也能发展走、跑、钻、爬等动作技能，收获快乐。那么如何延续小竹林冒险的这个兴趣点呢，更具开放性的环境是否会给予幼儿更大的空间去探索游戏呢？于是教师解除了"火线"，改为投放"火线"的材料及其他辅助材料，这样一来"火线"的游戏依然可以保留，而其他游戏也存在衍生的可能。

实录二：竹林迷宫

小爱、诺诺、小雨、轩轩、豪豪等来到小竹林，小爱从小推车上拿取即时贴，一条贴在小竹林的一边，一条贴在小竹林的另一边，她对小雨、轩轩说："这是我们的起点和终点，我们一起设计路线，穿越小竹林，到达我们的终点吧。"小雨、轩轩一口答应下来，小雨、轩轩来到小推车旁，一位拉绸带，一位剪绸带配合得相当好，小爱领取轩轩手中的绸带后，开始连接路线，只见她先系在竹子的一边，可是转了一圈，绸带就滑了出去，她很着急，马上求助旁边的豪豪："你会系吗？怎么系？"豪豪在一旁给小爱演示了一遍，小爱心领神会，马上展开行动，同时邀请豪豪："你和我们一起穿越竹林迷宫吧。""好呀。"于是两人设计行走的路线，另外两人伸展绸带，五分钟后，路线完成了，他们在小竹林里躲过绸带钻来钻去，跨来跨去，可是他们找不到终点，绕了几圈，说着："怎么出不去了呀？"几个人聚在一起，小爱和同伴们商量着："我们是不是要看着路线图去找啊？"于是照着路线图，他们又走了一遍，成功了。

分析：

在现有环境和材料互动中，小爱、小雨、轩轩、豪豪挖掘出他们需要的材料，玩他们想玩的游戏，在竹林迷宫里各司其职，有的在拉绸带，有的在剪绸带，有的帮助系绸带，有的忙着设计路线，这对中班的幼儿来说，分工配合的意识十分强烈，值得点赞。小爱是这次"竹林迷宫"游戏的主导者，她提议游戏的玩法，建议小雨、轩轩合作玩耍，主动寻求豪豪的帮助，最后在遇到困难走不出迷宫之时，商量出看着路线图这个好主意。

教师不禁思索，小爱还会带来惊喜吗？她还会怎么解决遇到的问题呢？教师决定以观察者、支持者的角色继续关注小竹林的游戏变化。

实录三：竹林里的"钢丝人""秋千人"……

小爱、轩轩、诺诺、豪豪、小雨等幼儿又来到小竹林，他们开始了讨论：

今天我们玩什么呢？诺诺提议：我们各玩各的吧。于是他们四散开来，轩轩在小竹林里依然设计着路线，小雨忙着找豪豪玩捉迷藏，一旁的小爱顺着上次遗留的绸带站了上去，双手抓着两边的竹竿，荡来荡去，她召唤诺诺："诺诺，你看，我把它变成荡秋千了，晃来晃去，好爽啊。"诺诺见状，在就近的绸带上也站了上去，可是晃晃悠悠，还没站稳就掉了下来，他没有放弃，又进行了一次尝试，这次他先抓住了竹竿，顺着竹竿慢慢走上绸带，哆哆嗦嗦，3秒后又掉了下来，他又试了试，终于成功了，他喜悦地说："我像在走钢丝。"其他幼儿看到后，纷纷效仿起来，站在绸带上他们对着话："我是钢丝人。""我是秋千人。""我是平衡小能手。""我现在是奥特曼。"……童言童语在竹林中热闹起来。

分析：

这次的竹林游戏在先前"无聊"的情境中应运而生，幼儿进行了相关讨论，可是讨论无果，引发了各玩各的想法，从先前遗留的绸带上小爱找到了新的突破口，玩出了先前不一样的玩法，让教师看到了静观幼儿游戏、等待幼儿的价值，其中小爱的新想法传递给其他同伴是良好社会性交往的信号；而诺诺的一次次尝试，是他从无到有的经验积累，尝试过程中教师看到了他身上具备的坚持性品质。于是教师又有了新的思考，绸带的安全性系数能保证幼儿的安全吗？周围的安全措施需要如何创设才能保障后续幼儿更多游戏的挑战可能性，玩得更嗨呢？

实录四：竹竿派对达人

有了上次的经验，来到竹林玩耍的幼儿更多了，小爱开始脚站麻绳，用双手抓住竹竿，两条腿往上缩，使劲地往上爬，一会儿她"呲溜"滑了下来，诺诺看到她在爬竹竿，他也一起加入了进来，直接找到一根竹竿，双脚向上一蹬，快速缠住竹竿，向上爬过去，他笑着说："你看，我在你上面，你

也上来啊。"小爱不甘示弱,这次她也迅速缠住了竹竿,爬到了一定的高度,她双手抓着,还展示了一个"倒挂金钩",坚持了10秒后,"哗"一下溜了下来,她说:"我这是在做消防员训练。"旁边的幼儿看见了,也跟着爬起了竹竿,小爱和诺诺交流起来,他们说着:"我可以换到你的竹竿,你能换到我的竹竿吗?"于是他们爬上竹竿,小爱一手托着竹竿,诺诺给她支撑了一把,于是小爱借着旁边的竹竿变换到了另一边的竹竿,诺诺也是,他们在竹竿上从这根到那根变换着。

分析:

爬竹竿对于中班幼儿来说难度较大,他们的力量与耐力有限,可是在游戏中小爱和诺诺没有退缩,而是通过协力合作,积极寻找办法解决困难,幼儿逐渐从爬不上竹竿——找到正确的姿势动作爬上竹竿——最后找到窍门在竹竿上变换,可见幼儿在不断的尝试中丰富了经验,获得了健康、社会等多个领域的发展。教师为他们惊人的运动能力感到惊喜,为他们一直变换着竹林游戏的想法点赞。

【案例启示】

一、这个游戏对于幼儿的价值是什么?

1. "敢"玩——彰显运动自信

"玩"是幼儿的天性,在户外的小竹林中,幼儿可以自由地活动,出于幼儿对于"竹趣"环境的喜爱,因地制宜,当来到小竹林他们会爬、会钻、会走、会跨、会跑、会追逐、会躲闪,会手脚并用,等等,在竹林里幼儿的运动机能得到发展,动作的发展也凸显出来,如身体的平衡性和协调性,动作的灵活性和协调性,在丰富、野趣、适宜的运动环境中自主运动,在自主运动中创新各种玩法,富有挑战性,幼儿收获成功运动技能的同时增强了自信心,表现出运动自信。

2. "会"玩——创新游戏玩法

幼儿通过提供的材料自己动手动脑筋去探索小竹林的游戏,玩法多样,并且乐在其中。在小竹林一次次的游戏升级过程中,都是幼儿自发的,所有的展开情节从"穿越火线"——"竹林迷宫"——"钢丝人"——"竹竿派对达人"都是幼儿自己生成的玩法。幼儿利用小推车上的即时贴、麻绳、绸带、小剪刀等材料工具自由使用,比如实录中幼儿运用绸带荡秋千、走钢丝,借着麻绳的力爬上竹竿,再比如幼儿对"游戏乐趣"的探究,从"随意玩"到"有趣"到"好玩"的一次次变革,幼儿在小竹林里享受不同游戏带来的快乐。

3. "慧"玩——捕捉学习品质

在竹林游戏一个个不断衍生过程中,发现幼儿越来越"慧"玩了,教师看到了幼儿坚持不懈、不断挑战自我、乐于创造的学习品质。整个竹林游戏升级过程就是一个"无目的地玩——尝试着玩——计划着玩——合作着玩"的探索过程,在游戏中注意力集中,始终停留在小竹林,创生不同的游戏和交流。游戏时幼儿的投入度较高,当爬上竹竿一下子滑下来失败时,能够几经尝试,反复练习,自己解决问题,始终没有放弃,这是坚持性和专注性的体现;在"竹林迷宫"时,自己设计路线,分工配合,能和同伴商量简单的计划并且照着做;当两名幼儿挑战更高难度的双人变换竹竿时,能和同伴互相支撑,运用自己的运动经验和生活经验改进游戏,敢于挑战自我。

二、教师在游戏中起到了什么作用?

1. 放手幼儿,顺应幼儿的体验

活动中,教师以观察者、支持者、引导者的身份支持幼儿的游戏,更多的是观察幼儿的游戏行为,游戏的主角是孩子,放手幼儿的一次次游戏,学会静观其变,让幼儿成为真正游戏的主人。在整个过程中,教师有过介入的想法,尤其是当小爱说出"无聊"一词时,教师有种迫不及待想去询问的感受,但是静下心来教师还是选择了等待,当幼儿出现"倒挂金钩""变换竹竿""独立行走"时教师有想过安全隐患,想着是否要介入扶持一下幼儿,但是依然管住了自己的手和脚,欣赏幼儿的一个个"危险动作",这样

才会发现幼儿的游戏可以如此的灵动和精彩。

2. 倾听幼儿，支持幼儿的再探

通过倾听幼儿，明确幼儿的兴趣点，以幼儿的兴趣为出发点，让幼儿自由讨论此游戏需要的材料，尽可能地为他们提供，保证他们的游戏能顺利进行。游戏中不同幼儿的个别差异也会影响幼儿的游戏进程，如案例中有的幼儿是不会爬竹竿的，那需要去等待一下幼儿，让幼儿也有探索的机会，可适当放慢游戏的进程，力求每个幼儿能在游戏中得到最好的发展，能力强的幼儿则可以继续探究。

三、这个游戏给教师最大的启示是什么？

1. 信任幼儿的每一次尝试

以前教师总觉得班里的孩子不会玩，玩不出什么花样，但这次的竹林游戏让教师刮目相看，深刻意识到幼儿是鲜活、灵动的，不该在幼儿身上陈设刻板印象，在竹林游戏中教师观察到幼儿身上的闪光点，看到了幼儿一次次的尝试，看到了幼儿对感兴趣事物的无比投入，教师会更加信任幼儿，期待幼儿。

2. 游戏中尽显学习品质

在这些实录中，教师看到了幼儿在竹林中反复地尝试和发现，反复尝试与创新正是幼儿积累经验的过程，也是学习品质的流露，当幼儿失败时，会选择坚持；当幼儿无聊时，会选择延伸；当幼儿遇到困惑时，会自己解决问题或是寻求同伴的帮助，这对于中班下学期的幼儿来说十分可贵。

四、下一步学习的可能性

1. 提升发现问题、分析问题、解决问题的能力

在竹林游戏中，幼儿遇到过问题，这些问题是真实的。正因为这些真实的问题，给幼儿提供分析问题的机会，让他们能够有机会去解决问题，即将步入大班的幼儿，需要这样的经验不断提升幼儿的游戏水平，近期对竹林游戏的兴趣源自幼儿一次次成功解决问题的过程，这是成长路上的关键。

2. 提供多元材料，助推幼儿多类别的生成游戏

材料类别	原有材料	增加材料
工具类	儿童剪刀、即时贴、记号笔	固体胶、双面胶、水彩笔、蜡笔、画笔、透明胶、颜料、橡皮泥

续　表

材料类别	原有材料	增　加　材　料
纸张类	彩纸	铅画纸、报纸、塑封纸、纸筒
绳子类	宽绸带、细绸带、麻绳	麻绳网、雌雄搭扣、跳绳的绳子
生活材料	纸盒	一次性盘子、吸管、袋子、布、薯片桶
竹材料	竹筒	竹篮子、竹勺子、竹杯、竹盘、竹筛

我自主、我创新

——对中班美术活动"竹圈变变变"的研讨

沈浩梅

【背景】

一进入美工室,幼儿一下子被一个个大小不一的竹圈所吸引了,他们将竹圈拿在手里,"这是什么呢?""用它可以做什么呢?"幼儿议论纷纷,"宝贝们,别急,老师告诉你们,这是竹圈!""老师,我觉得竹圈像太阳。""老师,我觉得竹圈像棒棒糖"……整个美工室里像炸开了锅,你一言,我一语,别提多活跃了。

教育家卡伯曾指出:正是童年时的幻想引发形成了以后所有的创造性活动。卡伯一语道出了培养幼儿创造性思维的重要性。中班的幼儿思维活跃,想象力丰富,那作为幼儿教师,该如何正确对待幼儿创造性的表现呢?教师应思考如何为幼儿提供广阔的空间,打开创造的大门,培养幼儿探索发现的积极性,挖掘幼儿创造的潜能,让幼儿在广阔自由的天地里进行创造,让幼儿变得越来越聪明,让幼儿真正体验到创造的快乐。

竹圈,普通得再也不能普通的农村自然材料,但对于幼儿来说却是非常有意思和有趣的东西,他们被竹圈所吸引,每天都谈论着竹圈。看到这一现象,教师巧妙地抓住幼儿的兴趣点,有效地挖掘和培养幼儿的创造欲望。于是教师就开展教学活动"竹圈变变变"。

【实录】

	实 录	教师的评判
第一次	活动一开始引出竹圈,喜欢和圆圆的东西做朋友,让幼儿大胆想象什么东西是圆圆的,然后和幼儿一起交流讨论,最后得出结论,原来一个竹圈和蜡笔、胶水做好朋友可以变成各种各样	设计教学活动"竹圈变变变"中,本着"以幼儿为本"的理念,从幼儿出发来思考并调整教师的教育方式。整个活动对于幼儿来说是开放性的,且具有一定的挑战性,但教师急于想看到

续 表

	实 录	教师的评判
	圆圆的东西。见前面一个环节如此顺利,教师就马上让幼儿尝试去想象和创作,两个、三个或者更多竹圈组合会变成什么呢?过渡得太快,没给幼儿足够的时间去思考和想象,也没让幼儿之间互相讨论,更没有萌发他们的想象创造的意识,以致他们最后的作品过于单一和雷同。(都是平面的且都停留在简单的几样物品)	幼儿创作的结果,没有过多地引导、提问、肯定,导致大多数幼儿的作品单一、雷同,幼儿的能力也没有得到很好提高。
第二次	基于上一次活动中的问题,进行了调整和再设计,活动一开始就直接告诉小朋友竹圈会变魔术,它会变成什么圆形的东西呢?从而引发幼儿的兴趣。并知道了一个竹圈在蜡笔、记号笔的帮助下可以添画成各种各样圆形的东西。再让幼儿想想两个竹圈会变成什么?慢慢引导,让幼儿自己发现,原来数量不同的竹圈可以变出各种不一样圆形的东西。在想象创作和交流分享环节中,教师过于着急也没有顾及全部的幼儿,所以最后的作品有较大的差异,能力较强的幼儿变出了各种各样圆形的东西,甚至还出现了立体的,但一些能力较弱的幼儿,基本就用一个竹圈在变,作品非常单一。	教师从中班幼儿的认知特点和幼儿现有的发展水平出发,以幼儿发展为本,充分体现以幼儿为主体,发挥幼儿的想象力、创造力,充分调动幼儿对竹圈的热情和兴趣。在创作中,由于幼儿个性差异,在知识理解与表现上有一定差异,教师没有顾及全部的幼儿,导致最后的作品差异较大。
第三次	这次活动一开始,教师就出示了一个竹圈让幼儿认识并想象一个竹圈能变成什么,通过教师的引导与提示,幼儿各抒己见,想象力很丰富,想出了很多东西,并知道了原来一个竹圈在蜡笔(或胶水)的帮助下可以添画成各种各样的东西。再让幼儿想象两个、三个竹圈可以变什么,在大家的想象、交流中,一起探索竹圈添画的过程,层层递进,让幼儿探索了竹圈组合添画的方法,并知道了不同(或相同)数量的竹圈也能变出各种不同的东西。	本次教学活动让教师最感欣慰的应该是:这是真正属于幼儿自己的教学活动,真正体现幼儿为主体的教学活动,整个活动中,环节思路清晰流畅,形式新颖,真正体现以幼儿为主体的这一教学宗旨。这次的活动,教师注意了教授和引导幼儿对竹圈创作的把握,还让幼儿学会对竹圈通过联想组画、添画简单的过程,表现其主要特征。在活动中,教师也关注了一些想象、添画能力差的幼儿,及时地鼓励幼儿发挥想象,自由创作,尊重

续 表

实 录	教师的评判
在想象创作中,对于一些想象及添画能力差的幼儿,教师抓住他的点滴进步,发现他作品的"闪光点",并将其放大,给其以鼓励,鼓励这些幼儿要更大胆地创造,从而激发其学习积极性,使其潜在能力得到最大限度发挥。在交流分享中,教师让幼儿具体指出哪些地方好,为什么好,创意体现在哪里等,实事求是地给予表扬,并提出新的希望,鼓励其向更高的目标迈进。这样,使不同层次的幼儿在自己原有基础上都能积极努力并得到发展。	幼儿的个人兴趣,使其得到了更好发展。

【案例分析】

《纲要》中指出:"提供自由表现的机会,鼓励幼儿用不同艺术形式大胆地表达自己的情感、理解和想象,尊重每个幼儿的想法和创造,肯定和接纳他们独特的审美感受和表现方式,分享他们创造的快乐。"第一次的教学活动"竹圈变变变"中,教师本着"以幼儿为本"的理念,从幼儿出发来思考,调整教育方式。整个活动对于幼儿来说是开放性的并且具有一定的挑战性,但教师急于要看到幼儿们创作的结果,没有过多地引导、提问、肯定,导致大多数幼儿的作品单一、雷同,幼儿的能力也没有得到很好提高。

在后面的两次活动中,教师创设了轻松的气氛,使幼儿有活动的自由和信心,能大胆地去尝试、创造。活动中,适时鼓励幼儿大胆想象、遇到问题大胆提问,大胆创造。通过想象、创造,得到了意想不到的效果。

在第三次的活动中,教师吸取了前面两次好的地方,并更加重视了关注每一名幼儿,增强他们创造的信心。作为教育工作者,应给幼儿提供这种探究的机会,以平等的态度尊重、信任每一名幼儿,引导幼儿在各自不同的基础上获得最大的发展,通过对幼儿情感上的交流感染,鼓励幼儿进行探索、创造活动。

经过这一课多研的活动,让教师真正体验到了幼儿园教育的过程应该是幼儿主动学习和创造的过程。正如陈鹤琴先生说:"凡是儿童能够做到的,应当让他们自己做,凡是儿童自己能够想到的,应当让他们自己想。"①作为幼儿园教师只要引领幼儿进入学习的气氛中,把主动权全部交给幼儿,打破传统的教学模式,把属于幼儿的发展空间还给幼儿。只有让幼儿主动学习,自主地发展、自信地成长,才能让幼儿真正体验到学习的快乐,绽放出绚丽的光芒!

【启示】

1. 保护幼儿个性发展,开发创造潜能

幼儿正处于创造和发展的初期,需要教育者为他们打开创造之门,让幼儿自己去探索,去发现,充分发挥幼儿独创的想象力,创造出一片真正属于幼儿自己的天空。

要培养幼儿的创造能力,教师应有针对性地设计问题、提出问题,然后启发诱导,引起幼儿的强烈兴趣,最大限度地开发幼儿的创造潜能,使更多的幼儿将来成为社会的创造型人才。

2. 鼓励幼儿大胆想象,大胆创作

在创作环节中,教师应让幼儿多动脑、动手,激发他们创作的灵感,在第一次的"竹圈变变变"的活动中,当幼儿产生创造的意识时,教师就立马让幼儿创造,没有过多地引导、想象,导致大多数作品出现雷同,而幼儿的创造能力也没有得到很好地体现。在后面的两次活动中,教师并不是形象地示范,精彩地说教,而是给予幼儿足够的想象空间,不再过多地限制,让幼儿自由想象,尽情发挥,因此,在创造环节,幼儿并没有胆怯,他们摆脱桎梏,不拘一格,尽情创造,呈现出的作品富于童趣,十分大胆,不再千篇一律。活动后,教师不由地感叹:"这才是幼儿真正的作品啊!"

3. 分享交流的开放性

教师在组织形式上注重开放性,其实在交流分享环节也应注重开放性。交流环节不单单只是一种形式,而是对幼儿出色表现的及时反馈和鼓励。在这一环节中,教师应学会用艺术的语言来评价幼儿的作品,尤其不要对幼儿的作品随意评价,扼杀幼儿的自信心。教师要多鼓励、多支持、多肯定、多承认、多接纳,多欣赏,让幼儿获得满足感和成功感。评价的范围也应广泛些,对幼儿实施开放性的评价,多注重过程性评价,对幼

---

① 选自《陈鹤琴全集》。

儿在活动中的表达情感、态度、合作精神、内容、技能等都可以进行评价。

教师要把学习探索的权利还给幼儿，让幼儿能够用自己的眼睛去观察，用自己的头脑去判断、去创新，发展幼儿的个性、潜能、资质和素养，以及发展幼儿自主创新学习的能力。培养幼儿的自主、创新能力不是一蹴而就的，要坚持不懈，只有这样，才能促使幼儿在未来的社会生活中，凭借自己的智慧，不断创新，成为未来生活的成功者！

走进乡野宅基，乐享趣味课堂

金 玲

【案例背景】

随着社会经济的发展和家庭结构的变化，教育的多元化要求幼儿园尽可能地把家长资源纳入教育资源内，以此形成良好的家园关系，促进幼儿全面发展。结合幼儿园地处乡镇，拥有得天独厚的竹、田野等自然资源优势，借助宅基地这一有利资源，以整合的观念设计、组织开展宅基小课堂活动，充分挖掘并有效利用家庭宅基地及周边资源，强调幼儿是学习的主体，给幼儿充分的时间去思考而后寻找答案，并积极邀请更多祖辈家长参与到幼儿宅基课堂活动，为幼儿、幼儿园提供更多的支持和服务，丰富幼儿的教学体验。

情景一：竹林探险乐无穷

此次宅基活动，大三班请了八名幼儿和部分家长共同前往小雪家附近的竹林实地探秘了小竹林里的"小玩意"。虽然当天的气温较低，但幼儿去小雪家做客、参观竹林的乐趣不减。一走进小竹林，幼儿就惊呼："这就是小竹林啊。"紧接着，教师和家长共同提出了"小竹林里能干什么呢？"幼儿的答案层出不穷，有的说看竹子、竹叶，有的说可以荡秋千，有的说可以比身高……于是在小雪妈妈的帮助下，孩子们的想法一一实现了，有的比身高，有的数竹节，有的做竹风铃……幼儿在竹林中玩得可高兴了，还和小竹林合了个影。

骤降的气温迫使人们穿上了御寒服，而路边的树木则早已褪去华衣，徒留下光秃秃的枝丫默然挺立，唯有竹依旧保持着自己的青翠挺拔，丝毫不受寒冷气温的影响。参观过小竹林，幼儿来到家中迫不及待拿起画笔绘画自己眼中的竹子，边画边感叹竹子可真坚强呀，我们要学习竹不怕困难、迎难而上的精神！

回到幼儿园后，幼儿对竹的探索热情十足，常在区域活动中开展与竹相关的活动，如美工区里绘画各种各样不同形态的竹子，将自己实地探

索、发现的生活中竹子的多样性及特征以绘画的形式进行记录;科学区里探索"超级竹子乐"的活动等。

("这么冷的天,竹子还是这么挺拔,它们真勇敢。""我看到的竹子都是翠绿的,我要把它们全部画下来。")

分析:

在此次活动中,幼儿在家长的带领下实现了从幼儿园里的玩竹到真正的竹林一探究竟,通过和竹子比身高、数竹节等有趣的游戏让幼儿感受到了竹林世界的奇妙,激发了幼儿探索竹子的兴趣,也进一步让幼儿感受了竹不怕困难、迎难而上的坚韧精神。幼儿在看的过程中感受探索的快乐,在说的同时大胆表达表述,在做的时候大胆想象、敢于创造。有了相关竹经验后的幼儿才能专注于自己的竹子探索活动,和同伴共同尝试新的玩法,可见户外实践对于幼儿的教育价值是多元的、广博的,教师应该给予幼儿更多走出去的机会。

情景二:传统年糕齐分享

做年糕啦,超超奶奶说细腻的年糕粉是做年糕的关键。幼儿用手沾了沾米粉,真的又顺滑又细腻。接着,奶奶一边讲述吃年糕的由来,一边用工具制作年糕。一旁的幼儿也忙得不亦乐乎,有的筛细粉,有的铺蒸布,有的用木榔头轻击板底,使糕面留下糕粉图案……鲜少使用灶头的幼儿主动申请帮忙烧火,和爷爷一起用柴火蒸年糕。年糕出锅了,吃着自己和家长共同制作的香甜软糯的年糕,幼儿别提有多开心了。

为了让幼儿进一步感受传统民俗文化,超超妈妈更是化身录像师,将幼儿的此次宅基活动以视频的形式记录了下来,并制作成微课分享至班级群。视频微课中的家长不仅仅是作为老师为幼儿讲述制作年糕的过程,更是作为活动摄影师和视频剪辑师,将自己和孩子一同制作年糕以视频的形式记录下来。视频微课中家长不仅细心加上了悦耳动听的背景音乐,更贴心地在需要解读的地方进行了延长停顿,方便其他幼儿进行观看。活动锻炼了幼儿的动手能力,丰富了幼儿对传统美食的认识,也促近了亲子间的互动。

("做糕可真不容易,不仅要筛糕粉还要一点点放豆泥。")

分析:

此次活动中教师深入挖掘祖辈家长资源,以超超奶奶的传统年糕开展亲子宅基课堂活动,幼儿从初次接触做糕工具、倾听奶奶介绍吃年糕的由来、体验做糕、合作做糕到最后品尝年糕,在多向互动中感受了传统民俗文化的博大精深。在这个过程中,幼儿收获了交往的快乐、动手技能的进步,家长在亲子交流、处理问题的过程中领悟了沟通交流的适宜方式——伙伴式的沟通能让亲子关系更加融洽。

幼儿在多向互动中体验并感受了传统民俗文化的博大精深,同时利用超超妈妈的现代化信息技术将短暂又精彩的宅基活动转变成了微课分享给更多幼儿及家长,一同享受这样一份特殊的活动视频。

情景三:劳动实践乐翻天

孩子们初次来到田间搬运稻草,情绪高涨,充满好奇。随着老师的一声令下,孩子们纷纷涌向草堆,试图抱起稻草,可是由于小班孩子力气小,有几个个头较小的幼儿很难抱起那长长的稻草,但他们不放弃,尝试着用各种办法搬运稻草,有的像抱小宝宝一样抱着稻草垛,有的拖着稻草垛前进,还有的一起抓住稻草垛抬着走。很快,稻草就被全部搬完了,孩子们的脸上露出了满意的笑容,这是幼儿鲜少会体验到的农忙劳动者的快乐。

休息片刻,孩子们又对场地上晒着的稻谷有了兴趣。在阿婆的讲解下,幼儿发现原来黄黄的稻谷就是我们日常吃的米粒,体会了"谁知盘中

餐,粒粒皆辛苦"这句古诗道出的农民耕种的辛苦。"怎么晒稻谷呢?"好奇的幼儿有些不解地问道。于是,老奶奶、爸爸妈妈化身孩子们的老师,他们手把手地示范给孩子们看如何使用稻谷耙翻晒稻谷。孩子们的小眼睛一眨都不眨,特别认真地在学习着,期待自己动手试试看!终于轮到自己操作了,一个个萌娃排好队,迫不及待接过家长手中的稻谷耙准备晒起稻谷。先是把堆成一堆一堆的稻谷推平,这是一个很"浩大"的工程,孩子们在家长及老师的帮助下抬着稻谷耙一上一下地耙着,这次的劳动实践有意思极了。

("快看,我已经搬了这么多稻草垛了。""原来稻谷就是我们吃的米粒,我来试试晒稻谷。")

分析:

此次活动,幼儿在搬运稻草、晒稻谷体验活动中学会了尊重劳动者,珍惜劳动成果,责任感和社会适应能力的小小嫩芽在劳动实践中蓬勃抽枝。之后的宅基课堂活动教师将继续以特色课程为主线,融合劳动教育,坚持源源不断地给幼儿提供充分自主、自由创造的机会。让幼儿直接从自己的劳动体验中学习、认知、思考、感觉和行动,获得最直接、最真实的经验,让幼儿在劳动中获得自信和满足。

情景四:庭院游戏趣体验

在教师的带领下、家长的陪伴下,幼儿以小组为单位来到了婷婷小主人家中的特色庭院之中。幼儿在新环境下特别活泼好动,对于庭院中的一切事物都充满了好奇心。在婷婷妈妈的介绍下,幼儿了解到婷婷家的庭院已经有三十年的历史了,是由两家人家围合而成的。庭院中有两口农家小水井,一个装了水井阀方便人们井中取水,另一个则是最古老的井,只能使用水桶,具有一定的危险性。"我们小朋友不能靠近水井,这个很危险的。"一旁的幼儿严肃地说道。"看来我们小朋友的安全意识非常强呢。"婷婷妈妈继续说道,"庭院中还有两块四四方方的水泥板,这是大家用来洗衣服的,也是小朋友爸爸妈妈辈的童年游戏重要场所,如娃娃家的野餐、砸'面包'、扔沙包等。"

在婷婷家的庭院游戏的现场,庭院的一花一草、一沙一水皆是幼儿的游戏材料;一坡一道,一个破旧的楼梯都是幼儿随时开展游戏的场地。家长带领幼儿一同体验了用粉笔画格子的跳房子游戏,一同感受了庭院扔沙包的乐趣。

("这是我妈妈小时候玩的地方,你看还有一个小楼梯,要不要上去瞧一瞧?")

分析:

此次活动中,家长和幼儿一同重温了属于爸爸妈妈甚至爷爷奶奶童年的美好回忆。同时,幼儿针对水井的安全性,还在美工区张贴了各种水井防护设计图,这一行为可见幼儿的安全意识是非常强的。还要在幼儿园和同伴们中进一步扩大与丰富他们的宅基活动。

【案例启示】

一、"怎样教"变"如何学"

在和幼儿、家长一起开展宅基课堂活动的过程中,教师的教育思想有了很大的转变,教学理念也得到了不断更新。宅基课堂活动的选择、开展是一个开放的过程,幼儿可以自己决定活动的进程与发展方向,教师和家长只是以同伴与合作者的身份加入其中,以适合建议的方式进行指导。教师的思想要从原来考虑的"怎么教"变为幼儿会"如何学",从教幼儿"学会"到培养他们"会学"是教师在之后活动中继续探索的重要问题。通过多次宅基课堂活动的实践,教师认为实践是幼儿获得经验的重要渠道,同时,在实践中必须多关注幼儿学习的需求,选择有教育价值和幼儿发展价值的兴趣点展开深入的探索活动。

二、传统教学变体验式教学

一般的传统教学都局限于教室,组织活动也主要为教师,而幼儿园又总倡导"幼儿活动来自生活",所以,幼儿教育应该给予幼儿更多"走出去"的机会,充分利用地域优势、家长现有资源拓展幼儿的学习素材和学习空间。就像案例中的竹林探险、做年糕、庭院游戏、搬运稻草等活动,让幼儿既有丰富的科学认识,又有多种生活体验,还有简单的劳动锻炼。可见,开放式、体验式的活动更能受到幼儿的喜爱,让幼儿拥有更多探索与学习的机会。

三、"观摩者"变"教学者"

家长在幼儿的教育中扮演着最为重要的角色,通过宅基课堂的形式可以改变家长对于幼儿教育的认知,转换长久以来的角色定位。充分利用家长的教育资源和技能专长,为家长和教师搭建了一个互动交流、互相学习的平台,鼓励家长和教师共同尝试开发野趣十足的特色宅基课堂,使家长真正成为幼儿园工作的积极协作者与支持者,促进幼儿更全面地发展。

活动中,宅基课堂不再是传统意义上的家长工作,也不是"一方为主、另一方为辅"的配合,而是幼儿园与家庭共同携手,家长的身份也从原先的"观摩者"摇身一变为活动的"教学者",为幼儿发展提供更多可能。

第四章
城郊幼儿园"竹趣"微型课程下的特色方案

品竹活动方案集

渗透性活动

一、小班活动

（一）竹与生活的关系

挑扁担

做法提示：

1. 提供大小不一的扁担，幼儿自由探索挑扁担的玩法。

2. 提供不同大小、不同重量的水桶，鼓励幼儿大胆尝试，并引导幼儿在自由练习挑水过程中注意不要相互推挤。

3. 为幼儿创设挑水过河、挑水过障碍等的游戏情境，教师对能力比较差的幼儿进行保护和引导。

4. 夏季可引导幼儿将水运到需要用水的地方，给花草树木或蔬菜浇水，增强幼儿的保护花草树木的意识。

筛竹筛

做法提示：

1. 提供大小不一的竹筛，幼儿自由探索筛竹筛的玩法。

2. 提供大小不一的竹筛、海洋球、纸球等，鼓励幼儿大胆探索用竹筛运球的方法。

3. 结合秋收节气，提供麦子、稻谷等自然物，鼓励幼儿筛竹筛体验农忙。

躺竹椅

做法提示：

1. 寻找竹椅的踪迹，观察并说说竹椅和其他椅子的不同。

2. 回忆躺在竹椅上的感受，想想竹椅上可以做些什么。

(二) 非正式集体生活教育

逛逛小竹林

做法提示:

1. 和幼儿一起逛逛小竹林,欣赏小竹林的美。

2. 引导幼儿爱护小竹林,做护林小卫士。

与小竹林合影

做法提示:

1. 和幼儿一起逛逛小竹林,欣赏小竹林的美。

2. 与小竹林合影,留下和小竹林的美好瞬间。

剥剥小竹笋

做法提示:

1. 引导幼儿知道小竹笋是什么季节的产物,以及它长在哪里。

2. 鼓励幼儿尝试剥剥小竹笋,培养幼儿做简单家务的能力。

二、中班活动

(一) 竹与生活的关系

摆果盘

做法提示:

1. 为幼儿提供不同形状、不同大小的竹制果盘。

2. 以班级为单位组织幼儿切水果,并将切好的水果在竹制果盘上进行有创意的摆盘。

用竹筷

做法提示:

1. 以班级为单位组织幼儿观看制作竹筷的微视频,了解竹筷长什么样。

2. 组织幼儿来区分一下竹筷和木筷、不锈钢筷、塑料筷等其他筷子的不同之处。

3. 组织幼儿展开讨论竹筷可以用来做什么。

使用竹碗垫

做法提示:

1. 组织幼儿观看制作竹碗垫的微视频,了解竹碗垫的特点。

2. 组织幼儿展开大讨论:哪里有竹碗垫?竹碗垫可以用来做什么?

3. 让幼儿对竹碗垫进行装饰。

（二）非正式集体生活教育

找找竹物件

做法提示：

1. 幼儿以家庭为单位找一找家中的竹物件。

2. 以班级为单位组织幼儿形容一下自己找到的竹物件是什么，有什么作用。

3. 组织幼儿画一画自己喜欢的竹物件。

玩玩竹玩具

做法提示：

1. 以家庭为单位收集竹玩具。

2. 以班级为单位分享一下大家带来的竹玩具，组织幼儿一起来玩一玩自己带来的竹玩具。开展亲子制作会，让幼儿和爸爸妈妈一起做一些简单的竹玩具。

竹具大探索

做法提示：

1. 教师带领幼儿去竹味馆参观各种竹具，幼儿根据竹味馆中环创的提示猜猜竹具的用途。

2. 收集生活中常用的竹农具，与幼儿共同了解竹农具的用途，可将竹农具带到学校中，与同伴共同体验竹农具的使用方法。

识竹活动

做法提示：

1. 教师带领幼儿到幼儿园中找找竹子，看看说说幼儿园竹子的特征，也可以组织到幼儿家中的小竹林，通过观察与比较说说家中的竹子与幼儿园的竹子有什么不一样。

2. 通过回顾与调查说说竹子的各种用途。

三、大班活动

（一）竹与生活的关系

竹编

做法提示：

1. 体验制作：用两片竹篾叠成十字形，然后在经向和纬向分别以挑一压一的形式进行编织。

2. 在编织好的基础上，用疏编、插、穿、锁、扎、套、画、添等编出不同的图案或花色。

踩水车

做法提示：

1. 小实验：使用竹架子搭建"水渠"进行引水，让水车转起来。

2. 体验用脚踩水车，感受脚踩的快乐气息。

竹纤维的制作

做法提示：

1. 竹纤维大调查：了解竹纤维是从自然生长的竹子中提取出的纤维素。

2. 教师在幼儿大调查之后，引导幼儿归纳总结竹纤维的特点、功能、衍生物。

竹炭包的使用

做法提示：

1. 引发幼儿从视频、调查问卷中了解竹炭包的功能与使用。

2. 亲子活动：尝试竹炭挂件产品手工制作。

竹楼建筑

做法提示：

1. 引导幼儿欣赏竹楼建筑，说说竹楼的特点和感受。

2. 亲子活动：请家长带领幼儿参观竹楼建筑。

（二）非正式集体生活教育

做做竹玩具

做法提示：

1. 亲子活动：制作竹箫、毕啪筒、小竹马等竹玩具，幼儿在自由活动、游戏活动中吹奏单个竹筒的声音，来回抖动或搓动竹箫，配合其他幼儿一起演奏，还可以配合其他乐器一起演奏。

2. 让幼儿想想、讲讲亲子制作过程中的故事。

晒晒竹制品

做法提示：

1. 幼儿在家中寻找竹制品，猜猜竹制品在家有什么用处，用在哪些地方。

2. 经验交流：

话题：我家的竹制品有……

烧烧竹筒饭

做法提示：

1. 让幼儿观察家长烹饪竹筒饭准备的食材，知道竹筒饭的制作工序。

2. 品尝自己烹饪的竹筒饭。

护竹小行动

做法提示：

1. 教师可将护竹的工具和肥料提供在小竹林附近，引导幼儿在日常活动中观看竹子的变化。

2. 幼儿使用工具、肥料等进行护竹行动，教师应注意观察幼儿的做法。

专门性活动

一、小班活动

（一）做力所能及的事

照顾"竹趣"植物角

做法提示：

1. 创设"竹"意盎然的植物角环境，在植物角中放置一些"竹"盆栽，如：小型凤尾竹、文竹、富贵竹等。

2. 为竹盆栽们制作简单的喜好标签，供幼儿在照顾盆栽时做参考。

3. 在来园活动时，鼓励幼儿进入"竹趣"植物角，按照提示照顾植物和小动物。

4. 自主性游戏：鼓励幼儿化身小园丁，体验照顾植物的乐趣，初步增强照顾植物角的责任感。

筛豆子

做法提示：

1. 自主性游戏：鼓励幼儿化身小农民，进行一场秋收游戏——筛豆子，感受劳动带来的快乐。

2. 竞赛游戏：看谁筛得又快又好。

玩法：两组队伍同时筛等量的豆子，看谁筛得又快又干净。或者同一时间内，谁筛的豆子多。

3. 亲子活动：筛豆子

结合宅基课堂或者竹趣大游戏等活动，邀请家长与幼儿一起体验筛豆子，感受竹具的大用处和生活中的劳动。

(二) 文明的行为举止

整理竹制玩具

做法提示：

1. 根据竹制玩具的品类(音乐类、益智类、美工类等)制作标签。

2. 制作整理提示牌，提醒幼儿整理时需要注意的地方。

3. 游戏分享：围绕如何整理竹制玩具展开。

4. 特别体验：在户外自主性游戏后，与哥哥姐姐一起整理户外竹制玩具，学习哥哥姐姐的整理方法。

(三) 保护自己

在"竹趣"户外器械中不做危险动作

做法提示：

1. 创设一个安全、舒适的运动环境。在竹梯竹架的运动活动中，用雌雄搭扣将竹梯与竹架进行固定。

2. 教幼儿在"竹趣"户外活动中自我保护的方法。

(1) 与同伴间保持安全距离。

(2) 不轻易挑战高难度动作。

3. 运动后分享：我的自我保护的方法。

4. 亲子话题：运动中哪些行为是危险的？

注意竹制品的使用安全

做法提示：

1. 谈话活动：使用竹制品时需要注意什么？

2. 通过视频、故事告诉幼儿在使用坚硬物品时注意保持距离，关注旁边同伴的使用方法。

3. 教师引导幼儿使用竹制品，体验使用竹制品的感觉，并对此感到熟悉。

4. 亲子任务卡：在家找一找能够使用的竹制品，亲子时间可以互相游戏。

（四）适应集体

提供竹趣亲子游戏

做法提示：

1. 以"竹"为游戏材料，以幼儿家庭为单位收集竹趣特色亲子游戏内容。

2. 结合家长宅基课堂、家长助教等契机，组织幼儿与家长开展有趣的民间竹游戏，如竹竿舞、赶小猪等。

3. 结合竹趣嘉年华、竹趣运动会等活动，引导幼儿与家长共同体验幼儿园竹趣特色游戏，增加亲子互动。

二、中班活动

（一）做力所能及的事

学用竹筷

做法提示：

1. 初学前，告诉幼儿用筷子是中国人的传统，学用筷子会使自己的手变得灵巧，大脑变得聪明。教师可以向幼儿介绍竹筷子，了解竹筷子，激发幼儿学用竹筷子的积极性。

2. 幼儿在学用竹筷子时会出现能力上的差异，教师应重视个别指导，对从未使用过竹筷子的幼儿，引导持筷的方法，指导幼儿用大拇指与中指碰头捏住竹筷子的中下方，食指和其他手指辅助捏紧。

用竹筷规则：用竹筷夹菜从上至下、不乱翻饭菜；竹筷掉地要换一双，避免细菌入口；不把竹筷衔嘴里，不挥竹筷说话或把筷子伸向别人；进餐完毕，一双竹筷并排放。

照料"竹趣"植物角

做法提示：

1. 教师组织幼儿经常观察、记录植物角的生长变化过程，引导每位幼儿用自己的方式进行表征。

2. 在照顾植物的过程中，发现"竹趣"植物角中植物的喜好，引导幼儿给爱喝水的植物多浇水，不爱喝水的植物少浇水，将不喜欢阳光的植物放置避阳处；发现有枯萎的植物，可以用剪刀帮助修剪枯萎的枝丫部分。

（二）文明的行为举止

整理并分类竹制玩具

做法提示：

教师在一日活动中使用竹制玩具前，与幼儿共同协商、梳理竹制玩具怎样分类，提供相对应的篮筐，并用自己的表征方式做标识，活动后引导幼儿按标识进行整齐的分类摆放。

（三）保护自己

在"竹趣"户外器械中不做危险动作

做法提示：

1. 手要抓稳，脚要踩稳，不能推前面的小朋友，要一个跟着一个走。

2. 不能做危险的动作。

竹制品的安全使用

做法提示：

1. 定期检查竹制品是否损坏，有无安全隐患。

2. 帮助幼儿懂得用不正确方法玩竹制品易造成伤害。

（四）适应集体

提供竹趣亲子游戏

做法提示：

1. 创设多样新颖的空间环境，提供丰富可变的材料。

2. 比赛输赢不重要，强调亲子合作完成游戏。

三、大班活动

（一）做力所能及的事

管理"竹趣"植物角

做法提示：

1. 和幼儿共同讨论照顾植物的方法，如擦拭植物的叶子、晒太阳、定期换水等。并提供图示，张贴于植物角中。

2. 设置工作岗位，让孩子了解自己的工作内容，培养幼儿照顾植物的责任心。

3. 引导幼儿"领养"小植物，照顾自己"领养"的植物，鼓励幼儿定期观察所照顾的植物，并做简单的观察记录。

4. 投入标志牌，让幼儿清楚哪些植物已经浇过水，哪些还没浇水。

用扫帚扫地

做法提示：

1. 在活动室内摆放竹扫帚，幼儿可以体验用扫帚扫地。

2. 引导幼儿在家里观察家人，在园内观察老师或保育员是怎样扫地的。

3. 说说竹扫帚的好处,讨论:还有哪些打扫的家用工具?

(二)文明的行为举止

整理并分类竹制玩具

做法提示:

1. 利用晨间谈话、讲故事、儿歌、情境表演等形式,让幼儿知道:整理物品是具有责任感的表现,能够受到大家的赞扬。

2. 拍摄图片或个别幼儿如何整理的视频并播放给其他幼儿观看,加深幼儿如何收拾玩具的印象。

3. 让幼儿自己讨论并制作玩具标签,知道玩具的"家"在哪里。

4. 开展游戏"玩具找家""比比谁快"等,激发幼儿对于整理的兴趣和分类的概念。

(三)保护自己

在"竹趣"户外器械中不做危险动作

做法提示:

1. 开展谈话活动,一起讨论在使用"竹趣"户外器械时,哪些动作不能做。

2. 在阅读区添加关于安全使用户外器械的相关图示或书籍。

3. 创编并朗读安全使用户外器械的儿歌。

4. 制作安全标志,张贴于户外器械上,时刻提醒幼儿注意安全。

使用竹制工具时注意自己和别人的安全

做法提示:

1. 提醒幼儿安全礼让使用器材,不抢夺。

2. 与幼儿讨论安全使用竹制品需要注意的事项。

3. 将安全使用提示粘贴于使用区,时刻提醒幼儿。

(四)适应集体

提供竹趣亲子游戏

做法提示:

1. 与家长合作商议适宜中班幼儿的竹趣亲子游戏。

2. 重点关注集体适应能力差的幼儿,对其提供帮助,通过游戏让其尽快适应集体生活。

拓展性活动

一、竹味馆

笋肉塌饼

做法提示:

1. 教师带领幼儿在竹味馆活动室中制作笋肉塌饼,佩戴好围裙、头饰,使幼儿在情景中认识和感受竹味美食。

2. 让幼儿在制作过程中说说遇到了哪些问题,和伙伴们、朋友们、客人们介绍笋肉塌饼的做法。

3. 品尝笋肉塌饼后,聊聊味道如何?

打年糕

做法提示:

1. 教师准备好打年糕的容器、糯米等食材,幼儿在竹味馆中打年糕,配置吃年糕的蘸料(白糖、红糖、桂花、黄豆粉等)。

2. 幼儿体验掺米、蒸米、打糕的全过程,体会年糕成形后的喜悦。

3. 教师带领幼儿品尝自己打的年糕,蘸上蘸料。

竹筒饭

做法提示:

1. 幼儿进入竹味馆,将米饭倒一倒、翻一翻,使之软糯,并用朱勺装入竹筒备用。

2. 幼儿品尝竹筒饭,谈谈竹筒饭味道如何。

3. 回到教室后,说说、画画,开展关于竹筒饭的调查和记录。

笋壳粽

做法提示:

1. 幼儿进入竹味馆后,拿好准备好的笋壳、弯一弯,撑开成漏斗状,盛入准备好的糯米,适当晃一晃,弄平整,将另一侧的笋壳也折过来,用拇指压住,将笋壳的尾部折起,压在刚刚盖住米粒的位置上,用线系好。

2. 提供幼儿制作时的照片,通过看看、说说了解笋壳粽的做法。

3. 幼儿品尝笋壳粽,将其感受画下来。

竹叶茶

做法提示:

1. 准备好材料,竹叶、茶叶放入杯具,将保温杯中的开水倒入,烫十秒钟后捞出,再放入紫砂壶中用开水泡一刻钟即可。

2. 幼儿倒茶备用,品尝。

荧糕

做法提示:

1. 反复揉搓面粉,用细密的筛子,筛出揉搓过的米粉,在竹垫子上铺上"荧糕纸",再把米粉装入模子,可不能把米粉压结实,要用秤杆或者尺子压住模子的边框轻轻刮平,倒翻,打开磨具,准备蒸糕。也可以加入豆沙、蜜枣等馅料。

2. 品尝自制的糕,了解荧糕的寓意。

二、民俗文化体验

体验灶头饭

做法提示:

1. 参观欣赏:教师带领幼儿前往农家乐,参观灶头,说说灶头的特点,聊聊和现代的烹饪器具有何不同。

2. 幼儿观摩灶头饭的做法,品尝灶头饭,体会吃灶头饭的喜悦。

3. 将参观体验灶头饭的过程与爸爸妈妈一起做张小报,放入班级展示介绍;或者和爸爸妈妈一起查阅资料了解灶头饭的由来历程,绘制成小报放入班级图书角供幼儿阅读。

欣赏竹器雅乐

做法提示:

1. 实践活动:幼儿聆听竹制作乐器的老匠人对该乐器制作工艺的介绍,幼儿挑选自己喜欢的竹乐器进行单人独奏或合作表演。

2. 户外活动:幼儿欣赏竹器雅乐的音乐会,说说竹器雅乐的特点。

3. 演一演:幼儿在教师指导下编排竹器音乐会,在班级或幼儿园进行表演。

玩竹活动方案集

渗透性活动

一、小班活动

(一)亲子运动

1. 抬竹轿

适合年龄段:小班

场地:户外

材料:竹梯子、竹单脚推车

可能出现的玩法:

(1)以竹梯或者竹单脚推车为轿,两位家长做轿夫,抓住"竹轿"的两端,幼儿坐在"竹轿"上保持好平衡,起轿。

(2)几组家庭共同比赛,家长为轿夫,幼儿可以选择各种姿势或坐或抓或躺于"竹轿"上,率先通过终点线的即为胜利。

观察重点:

(1)观察幼儿保持平衡的能力。

(2)观察幼儿的抓握能力及自我保护的能力。

2. 竹圈——套圈

适合年龄段:小中班

场地:室内/户外

材料:竹圈、竹筒

可能出现的玩法:

(1)幼儿站在起始线用竹圈去套竹筒。

(2)亲子分成两组,比比谁套的竹筒多。

观察重点:

(1)观察幼儿在活动中的手眼协调能力和投掷的动作发展。

(2) 观察幼儿在套圈时的合作能力。

3. 竹子运水

适合年龄段：小班

场地：户外

材料：竹篮、乒乓球

可能出现的玩法：

(1) 幼儿与家长一个接一个排队，依次将乒乓球倒入竹篮中。

(2) 幼儿用竹篮运乒乓球，看一次能完整运多少个乒乓球。

观察重点：

(1) 观察幼儿传递乒乓球时的手眼协调能力。

(2) 观察幼儿在运较多乒乓球时的保持平衡能力。

4. 斗笠向前冲

适合年龄段：小班

场地：户外

材料：呼啦圈、斗笠

可能出现的玩法：

(1) 幼儿站在起始线用呼啦圈套斗笠。

(2) 多名幼儿站在起始线听到出发命令往家长方向跑，谁先给家长戴上斗笠获胜。

观察重点：

(1) 观察幼儿在活动中的手眼协调能力和投掷的动作发展。

(2) 观察幼儿在奔跑时的动作姿势是否正确。

(二) 竹趣运动会

1. 跳房子

适合年龄段：小班

场地：户外

材料：竹圈、竹房子(平面)

可能出现的玩法：

(1) 幼儿在竹房子上尝试用双脚跳、单脚跳的方式跳入、跳出格子。

(2) 幼儿用竹圈自己设计房子的隔间，用单脚跳的方式跳入单间，用双脚跳的方式跳入双间。

(3) 幼儿模仿各种动物的动作，如：小鸭飞、小鸟飞、大象走、青蛙跳等方式进行跳房子。

观察重点：

(1) 观察幼儿对跳房子规则的了解程度。

(2) 观察幼儿跳房子的方式。

(3) 观察幼儿单脚跳时保持平衡的能力。

2. 竹推车——小羊运菜

适合年龄段：小班

场地：室内

材料：竹推车,积木,红酒盒,彩带,圆筒,小猫、小猪、小兔的家。

可能出现的玩法：

(1) 幼儿自选一辆竹推车四散推着走,教师提醒幼儿互相不碰撞。

(2) 幼儿自选每个小动物爱吃的食物装上竹推车,穿过障碍物来到它们的家,幼儿拉着竹推车、爬过山坡、穿过小树林,将食物放到指定地点。

观察重点：

(1) 观察幼儿在过障碍时的手眼协调能力。

(2) 观察幼儿在推竹推车时的手部力量发展情况。

3. 竹蜻蜓

适合年龄段：小班

场地：户外

材料：竹蜻蜓、竹篮

可能出现的玩法：

(1) 幼儿自由探索让竹蜻蜓飞起来。

(2) 幼儿与家长一组,家长负责让竹蜻蜓飞起来,幼儿负责用竹篮接住。

观察重点：

(1) 观察幼儿旋转竹蜻蜓时的手部肌肉发展。

(2) 观察幼儿在接竹蜻蜓时的手眼协调性。

4. 跳竹圈

适合年龄段：小班

场地：室外

材料：竹圈、水瓶

可能出现的玩法：

(1) 幼儿站在起点,双脚或者单脚向前跳向终点。

(2) 幼儿站在起点处边跳边将一边的瓶子放到另外一边,逐步跳向终点。

观察重点：

(1) 观察幼儿在活动过程中是否能双脚并拢往前跳。

(2) 观察幼儿边跳边拿水瓶时的手眼协调能力及遵守规则情况。

二、中班活动

(一) 亲子运动

1. 抢竹椅

适合年龄段：中班

场地：室内

材料：竹椅(数量根据人数确定),节奏感强的音乐

可能出现的玩法：

(1) 假如有 10 人参加游戏,则将 9 个竹椅围成一圈,10 个玩游戏的人围绕竹椅转圈,不能插队,听到主持人说停后,迅速抢占一个竹椅坐下,没有抢到竹椅的人被淘汰,直到剩余最后 1—2 人为止。

(2) 游戏开始先把椅子摆成圆形(按参加人数减一计算,即 6 人摆 5 张),然后,每组参赛人员在凳子外面围成一圈,裁判放音乐时参加人员沿着圆形顺时针或逆时针跑动(注意不能插队,听裁判指挥)。当音乐暂停时,参赛人员要迅速抢到一张椅子坐下,没有抢到椅子的参赛人员被淘汰,再拿走一把椅子,以此类推,选出最后胜出者。

观察重点：

(1) 观察幼儿的手脚配合能力。

(2) 观察幼儿能否遵守游戏规则。

2. 推球赛

适合年龄段：中班

场地：户外

材料：竹球

可能出现的玩法：

(1) 幼儿弯下腰,用手将竹球从起点推到终点。

(2) 两人一组进行比赛,听辨信号看谁先将球推到终点,谁就获胜。

观察重点：

(1) 观察幼儿推球的方法。

(2) 幼儿游戏规则意识。

3. 竹球开火车

适合年龄段：中班

场地：户外

材料：竹球、障碍物

可能出现的玩法：

(1) 幼儿双手握紧竹竿，把竹球从起点赶到终点。

(2) 几名幼儿每人选一个竹球，双手抱起竹球，排成一列，绕过障碍物前行。

观察重点：

(1) 观察幼儿怎样使用竹竿将竹球赶到终点。

(2) 观察幼儿排成一列时怎样绕过障碍物。

4. 竹椅过河

适合年龄段：中班

场地：室内

材料：竹椅、障碍物

可能出现的玩法：

(1) 将竹椅连接成一排，幼儿可在上面行走过小河。

(2) 将竹椅连接成一排当小桥，在小桥上设置障碍物，幼儿可跨过向前行走！

观察重点：

(1) 幼儿在"小桥"上行走时怎样使自己不掉下河。

(2) 观察幼儿在"小桥"上行走的平衡能力。

(二) 竹趣运动会

1. 快乐运竹球

适合年龄段：中班

场地：户外、室内

材料：竹球、报纸

可能出现的玩法：

(1) 比赛开始，每队第一名宝宝把一个球放在报纸上，用手拖着报纸往前走,幼儿从起点线出发,用报纸拖竹球快速跑到终点,然后将竹球拖回起点后再跑到队尾。这时第二位小朋友才能继续游戏。竹球若中途滚走,需将竹球拣回来,放到报纸上继续拖着报纸向前走。速度最快的一组小朋友为胜。

(2) 游戏开始,两队前面的一对幼儿面对面站立,将球放在胸前夹紧,使球不至于滑出来,然后步伐一致地侧身向终点快速行进。两人夹竹球到达终点后,绕过小椅子回到起点处,将球交给下一对幼儿,以最先完成运球任务的为胜利。

观察重点:幼儿遇到问题解决问题的能力。

2. 花样竹梯

适合年龄段:中班

场地:户外

材料:竹梯

可能出现的玩法:

(1) 走横梯(梯子平放,幼儿走在梯子的横档上,身体保持平衡,脚踩稳,注意安全)。

(2) 跳空格(梯子平放,幼儿单、双脚在梯子的空当进行跳,身体保持平衡,重心要稳)。

(3) 爬梯子(梯子平放,幼儿双手扶住梯子竹档,双脚踏在梯子的竹档上向前爬行。爬行时手、脚、眼需要协调一致,老师在幼儿身边随时保护)。

观察重点:

(1) 鼓励幼儿向同伴学习,玩出各种不同的花样。

(2) 活动中始终提醒幼儿安全第一,要求幼儿注意观察周围的情况,尽量避免和同伴碰撞。

3. 花式过竹竿

适合年龄段:中班

场地:室外

材料:竹竿,竹竿架

可能出现的玩法:

幼儿钻爬过或者跳跃过高度不同的竹竿。

观察重点:

(1) 观察幼儿在钻爬过竿时是否能屈膝,低头弯腰越过竹竿。

(2) 观察幼儿在跳跃过竹竿时是否助跑,跳跃能力如何。

4. 勇闯竹架山

适合年龄段：中班

场地：户外

材料：竹架山,竹篓,竹筷

可能出现的玩法：

幼儿手拿竹筷,穿越过竹架山上的障碍,将竹筷投到竹架山顶部的竹篓中。

观察重点：

(1) 观察幼儿在爬竹架山时的攀爬能力。

(2) 观察幼儿在活动过程中的自我保护意识。

三、大班活动

(一) 亲子运动

1. 竹竿舞

适合年龄段：大班

材料：竹竿,音乐

可能出现的玩法：

(1) 家长分别握住竹竿的两端跟着音乐打竿,幼儿按照规定动作在其中跳动。

(2) 幼儿自主选择音乐,自由创编动作,家长帮助其完善动作,完成后跟着幼儿选择的音乐在竹竿中跳动。

观察要点：

(1) 幼儿活动中的平衡性和身体协调性。

(2) 幼儿对音乐的感受力及活动中的协同合作能力。

(3) 幼儿在活动中和家长的互动情况。

2. 共传大竹圈

适合年龄段：大班

材料：竹圈,铃鼓

可能出现的玩法：

(1) 幼儿与家长站成一队,伴随着铃鼓敲奏的声音传递竹圈,铃鼓停则传递停止,竹圈在谁手里则此幼儿或家长上台表演节目。

(2) 幼儿和家长分成两队,铃鼓响则传递开始,率先完成传递的一组获胜。

(3) 幼儿和家长手拉手站成一队,依次钻过竹圈,过程中手不可放开,当最后一人成功钻过竹圈之后,则为挑战成功。

观察要点:

(1) 幼儿在活动中对信号的反应能力。

(2) 幼儿在活动中的团队合作能力和坚持性。

3. 竹竿旋风跑

适合年龄段:大班

材料:竹竿

可能出现的玩法:

(1) 每队有若干名幼儿和家长成一横队,用双手共同抓住一根竹竿,按照指定路线进行跑动。

(2) 几人双手抓竿后绕过障碍物或者听信号跑动。

观察要点:

(1) 幼儿听辨信号的能力、反应能力及身体的协调能力。

(2) 幼儿在活动中的合作能力和解决问题的能力。

(3) 亲子间的配合是否默契。

提示:共同抓竿完成任务的难度较大,因此在活动中不必强调完成的速度,只要观察幼儿在活动中的合作性即可。

4. 铁人三项赛

适合年龄段:大班

材料:竹梯,竹竿,轮胎,自行车等

可能出现的玩法:幼儿及家长分别进行三个项目的比赛,分别为骑自行车,绕过竹制障碍物跑步,以及在竹梯和轮胎上行走,以家庭为单位进行接力,最后用时最短的家庭获胜。

观察要点:

(1) 幼儿的身体平衡能力,以及身体协调性。

(2) 幼儿下肢力量的发展程度。

(3) 幼儿对于活动的坚持性。

(二) 竹趣运动会

1. 竹棒接力赛

适合年龄段:大班

材料：竹棒，障碍物

可能出现的玩法：

（1）幼儿分成几队，在平整的场地上传递竹棒，看哪组最先到达终点。

（2）幼儿分成几队，绕着障碍物跑传递竹棒，看哪组最先完成则获胜。

观察要点：

（1）幼儿的反应能力和下肢力量。

（2）幼儿在绕过障碍物时的身体协调能力。

2. 跨竹栏

适合年龄段：大班

材料：竹栏

可能出现的玩法：

（1）幼儿单人跨竹栏，依次提升竹栏的高度，看最高能完成多高。

（2）幼儿分组对抗，看哪组最先完成。

观察要点：

（1）幼儿在跨竹栏时腿部蹬地的力量。

（2）幼儿在活动中是否表现出胆怯、畏惧的心理。

提示：在挑战跨栏的高度时，应做好相应的保护措施，如在前方铺上垫子。

3. 玩转竹竿

适合年龄段：大班

材料：竹竿

可能出现的玩法：

（1）巧过竹竿

① 将竹竿架设于一定的高度，幼儿用不同的方式过竹竿。

② 几人一组，与同伴一起使用相同的方法一起过竹竿。

（2）开汽车

每组手握两根竹竿，一边一根，最前面的小朋友要握住竹竿的最前端，最后面的小朋友要握住竹竿的最后端。

观察要点：

（1）幼儿身体的柔韧程度，以及能够开动脑筋。

(2) 幼儿活动中的团队精神和协作能力。

(3) 幼儿在奔跑中躲闪的能力。

提示：在开汽车的活动前，应将竹竿的两头用布包起来，防止在奔跑的过程中撞到其他幼儿而发生碰撞伤害。

4. 竹竿不倒翁

适合年龄段：大班

材料：竹竿

可能出现的玩法：幼儿围成一圈，将竹竿竖直立于圆圈的中间，由一名幼儿手持竹竿，在将竹竿放手的同时喊出希望扶住竹竿使其不倒的同伴的名字，被喊到名字的幼儿快速进入场地抓住竹竿，让竹竿不倒下。

观察要点：

(1) 幼儿听辨信号及其反应能力。

(2) 幼儿快速奔跑中的手眼协调能力。

专门性活动

一、小班活动

集体活动1：赶小猪

苏周莉

【设计思路】

1. 幼儿角度：在游戏情境中尝试用竹棍赶稻草球，借此初步发展幼儿手眼脚的协调能力。

2. 理论方面：《纲要》中指出："幼儿园要充分利用自然资源和社区教育资源，扩展幼儿生活和学习的空间。"由此可见，大自然就是教材，运用天然教材开展活动，可以让幼儿获得更加真实的感受。我园是一所农村幼儿园，竹子在我园幼儿的生活中随处可见，亦是我园的特色。

3. 教师角度：小班的幼儿需要一定的情境性，故在本次活动中，把稻草球比喻成小猪，设计了我赶小猪去散步、我赶小猪找妈妈、我赶小猪回

家三个不同的游戏情境。

【活动目标】

1. 尝试用竹棍赶稻草球,初步发展幼儿手眼脚的协调能力。

2. 体验赶小猪的乐趣。

【活动准备】

经验准备:幼儿有使用竹棍的经验。

材料准备:稻草球、竹棍、树林障碍物、音乐、小猪的家

【活动重难点】 尝试用竹棍赶稻草球。

【活动过程】

一、热身运动

导入:噜噜噜,谁在叫?每人抱着小猪找到一个点,我们一起来和小猪做游戏吧!

(价值分析:幼儿扮演小猪跟着老师做动作,让幼儿在情境中做了运动前的热身运动。)

二、游戏:赶小猪

(一)我赶小猪去散步

1. 关键提问:刚才你是怎么赶着小猪去散步的?

2. 小结:我们双手握着竹棍,眼睛看着小猪,用竹棍轻轻地往前赶小猪,同时跟着小猪往前跑,就可以让小猪和你一起去散步了。

(二)我赶小猪找妈妈

1. 关键提问:小猪怎么样才能找到自己的妈妈呢?

2. 小结:小耳朵要听仔细,猪妈妈在哪里叫小猪,我们就要赶小猪往哪里走。

(三)我赶小猪回家

1. 关键提问:小猪小猪要回家,看它是怎么回去的呢?

2. 小结:我们赶着小猪要绕过前面一个又一个的障碍物,才能把小猪安全送到家。

(价值分析:通过赶小猪去散步、赶小猪找妈妈、赶小猪回家,三个不同的游戏,逐步增加游戏的难度,让幼儿在情境中尝试用竹棍赶稻草球并掌握用竹棍赶稻草球的方法,借此发展幼儿手眼脚协调的能力。)

三、放松运动

幼儿跟着音乐放松身体,回教室。

专家点评:

在这个活动中,教师创设了赶小猪的情境,循序渐进地引导幼儿从赶"小猪"往前走,到赶"小猪"按提示的方向走,再到赶"小猪"绕过障碍物往前走,难度逐步增加。其核心经验是让幼儿能用竹竿赶"小猪"。在教学过程中,老师通过引导幼儿观察与思考、探索与尝试、互动与挑战等,发展幼儿手眼协调的能力,同时培养幼儿适应环境的能力和勇于挑战、不怕困难的品质。

一、情境贯穿始终符合小班幼儿年龄特点。

活动中,从我赶"小猪"去散步到我赶"小猪"找妈妈,再到我赶"小猪"回家,教师将情境贯穿了整个活动,符合小班幼儿的年龄特点,很好地抓住了幼儿的注意力。

二、注重个体差异及时给予幼儿帮助。

在第一次赶"小猪"去散步时,针对个别幼儿不会赶小猪的情况,教师贴心握住幼儿的手,手把手地教她如何赶"小猪",用这样的方式让其渐渐适应游戏环境,体验动作的连贯性。

集体活动2:小兔划船

金 玲

【设计思路】

1. 幼儿角度:我班幼儿的运动兴趣较高,喜欢参与集体运动,但运动中的手眼协调性欠佳,由此设计符合小班幼儿兴趣的小兔划船的情境,引导幼儿在游戏中体验坐式移动的乐趣,从而促进他们手脚动作协调性。

2. 理论方面:小班阶段幼儿的手脚协调能力还较弱,对游戏中的情节、角色、动作过程容易发生兴趣。因此,通过小兔和兔妈妈一起学划船,兔宝宝划船躲避鳄鱼去看小猪的游戏情节,让幼儿体验坐在竹垫上用手脚帮助向不同方向移动,发展幼儿手脚动作的协调性。

3. 教师角度:活动以小兔划船的情境展开,以小兔学划船、划船找礼物、小兔大冒险三个环节层层递进引导幼儿学习坐式移动竹垫、变换方向移动竹垫,以及最终成功躲避障碍将礼物送到小猪家里,体验小兔划船的乐趣。同时,在小兔划船的游戏中启发幼儿不怕困难战胜困难的勇气和信心,发展幼儿的创造能力,让幼儿的动作和思维共同参与,增加了游戏的挑战性。幼儿快速躲避鳄鱼且不碰撞同伴有些难度,需要幼儿一定的

体力和技巧,因此孩子们在游戏挑战中认识自我,发展了手脚动作的协调性也增强了信心。

【活动目标】

1. 在小兔划船情境中,尝试坐式移动,初步发展手脚动作协调性。
2. 体验小兔划船游戏的乐趣。

【活动准备】

经验准备:幼儿有坐式玩滑板的经验。

材料准备:竹垫、头箍、兔妈妈和鳄鱼头饰、音乐、小鼓。

【活动重难点】

根据游戏情节进行不同方位的坐式移动。

【活动过程】

一、小兔出门

小兔做运动

关键提问:小兔做运动是要去做什么呢?

小结:原来小兔要和妈妈一起去划船,好好运动才有力气划船。

(价值分析:以幼儿感兴趣的小兔为故事主角,将幼儿带入小兔要去划船的游戏情境,小兔运动操也为幼儿起到了很好的热身作用。)

二、小兔划船

1. 小兔学划船

(1) 自由划船

引导语:哇,这里有好多小船,今天我们来玩一个划船的游戏,请你坐在"小船"上,用你的小手和小脚来向前移动。

重点指导:幼儿身体与竹垫一起移动起来。

(2) 交流分享

关键提问:刚才你是怎么划船的?

小结:刚才,小朋友都用了不同的方法来划船,划船的时候小手小脚一起用可以帮助我们的"小船"快快地划动。

(3) 幼儿再次尝试划船

2. 小兔找礼物

重点指导:幼儿身体与竹垫一起移动,并根据去往不同地方转换方向。

3. 小兔大冒险

关键提问:你是怎么躲避鳄鱼的呢?

小结：小朋友们划船的本领真大，能快速躲避大鳄鱼，又不撞到其他小船，还把礼物送到小猪家里。

（价值分析：以小兔学划船、划船找礼物、小兔大冒险三个环节，层层递进引导幼儿学习坐式移动竹垫、变换方向移动竹垫，以及最终成功躲避障碍将礼物送到小猪家里，体验小兔划船的乐趣。）

三、小兔回家

幼儿跟着音乐放松身体，回教室。

关键提问：小兔今天跟兔妈妈做了什么事情呢？

小结：小兔和兔妈妈学习了划船，划船时不仅要关注方向、及时调整，更要观察有没有可怕的鳄鱼，快速躲避，今天可真的太冒险了。

（价值分析：通过放松环节谈话，引导幼儿再次回忆坐在竹垫上"划船"的经历，分享集体运动的快乐。）

专家点评：

坐式移动是一项需要运用四肢、臀部进行身体移动的运动技能，小班幼儿在手眼协调移动能力上较弱，本次活动充满乐趣与激情，教师以自身饱满的热情化身兔妈妈感染着幼儿，将幼儿带入小兔去划船的游戏情境，带动着幼儿们快乐，也在情境下发展幼儿身体的控制能力，促进幼儿协调性素质的发展。

本次活动有以下几个亮点：

一、用情境、角色吸引幼儿注意力

由于小班幼儿有注意力易分散这一年龄特征，教师需要更多的教学策略用于课堂组织当中。本节活动中教师的教学策略充分考虑了这一个年龄特征，运用了"小兔划船"这一情境，情景简单、角色突出，将整个活动都贯穿在这一情境中，将幼儿的注意力紧紧吸引在情境、角色中，有效地完成了教学目标；在课堂组织时间上，教师的引导语、提示语都很亲切，符合小班幼儿的年龄特点。

二、在动作变化中进行身体素质练习

教师在小兔划船情境中创设了由易到难的锻炼性内容。从学习坐式移动竹垫到变换方向移动竹垫，以及最终成功躲避障碍将礼物送到小猪家里，有效地提高了肢体协调性。

三、有效的示范和模仿提升教学效果

集体教学活动中，示范和模仿是动作学习最有效的方法之一。本节活动中,教师化身兔妈妈大量运用了这一教学方法,在动作示范时结合语言讲解,同时让幼儿模仿自己的动作,教学效果显著。建议考虑到幼儿的集体运动量,教师可以多给予幼儿自由探索竹垫前进的时间。

区域运动1:户外

一、竹制滑滑梯

适合年龄段:小班

场地:户外

材料:竹制滑滑梯,轮胎

可能出现的玩法:

1. 创设情境(翻山越岭),幼儿滑过一个接一个的竹滑梯。

2. 将轮胎作为障碍物,幼儿在穿越障碍物后滑下竹滑梯,挑战即为成功。

观察重点:

1. 观察幼儿自我保护的意识与能力。

2. 观察幼儿遵守玩竹滑梯规则的情况。观察幼儿走、跑、跳等动作的发展情况。

二、竹梯爬爬乐

适合年龄段:小班

场地:户外

材料:双脚竹梯,单脚竹梯,轮胎

可能出现的玩法:

1. 创设情境(送鸟儿回家),幼儿手脚并用爬上双脚竹梯将鸟儿送回家。

2. 将单脚竹梯平放于轮胎上架高,幼儿尝试用匍匐爬、双膝着地爬、双膝离地爬的方式爬行。

观察重点:

1. 观察幼儿手脚并用攀爬的动作的连贯性。

2. 观察幼儿保持安全距离用各种方式爬的情况。

三、竹筐摇摇乐

适合年龄段:小班

场地:户外

材料：竹筐

可能出现的玩法：

一位幼儿坐在竹筐中，教师或者另一位幼儿轻轻摇晃竹筐使竹筐晃动起来。

观察重点：

1. 观察坐在竹筐内幼儿的平衡能力。

2. 观察摇晃竹筐幼儿的手部力量发展情况。

四、竹架钻钻乐

适合年龄段：中大班

场地：户外

材料：竹架，垫子，小红旗

可能出现的玩法：

幼儿自主构建竹架。构建完成后，幼儿尝试钻竹架，到达终点后，在终点处插上小红旗。

观察重点：

1. 观察幼儿在构建时的合作能力。

2. 观察幼儿在钻竹架时的攀爬能力、平衡能力，以及手眼的协调能力。

五、过竹桥

适合年龄段：小班

场地：户外

材料：轮胎、竹梯、竹篮、竹球

可能出现的玩法：

1. 幼儿将轮胎与竹梯进行组合架高成小桥，幼儿在竹梯上爬行。

2. 幼儿将轮胎与竹梯进行组合架高成小桥，幼儿在竹梯上行走并越过轮胎"高山"。

3. 幼儿手抱着竹球在竹梯上爬行。

观察重点：

1. 观察幼儿通过有一定高度的竹梯桥时的平衡能力。

2. 观察幼儿是否能勇敢地在小桥上行走。

区域运动2：室内

一、跳跳篓

适合年龄段：小班

场地：室内

材料：背篓，报纸球

可能出现的玩法：

幼儿将报纸球放置在竹背篓中，并将背篓固定在腰间，通过弹跳让报纸球从背篓中掉出。

观察重点：

1. 观察幼儿在活动过程中的弹跳能力。

2. 观察幼儿将报纸球弹出竹篓的跳跃方式。

二、打怪兽

适合年龄段：小班

场地：室内

材料：竹背篓，怪物图片，报纸球

可能出现的玩法：

幼儿用报纸球击打静置的贴着怪物图片的背篓。一名幼儿背着竹背篓，前后左右移动，另一名幼儿用报纸球击打怪物图片。

观察重点：

1. 观察幼儿掌握投掷动作要领的情况。

2. 观察幼儿在活动过程中的手眼协调能力。

三、竹高跷——送小动物回家

适合年龄段：小班

场地：室内

材料：竹高跷，小动物玩偶

可能出现的玩法：

幼儿带着小动物踩着竹高跷从起点到终点，送小动物回家。

观察重点：

1. 观察幼儿在踩高跷时是否能保持身体的平衡。

2. 观察幼儿是否掌握踩高跷的方法。

四、竹制房子格——兔子跳跳跳

适合年龄段：小班

场地：室内

材料：竹制房子格，兔子头饰

可能出现的玩法：

幼儿头戴小兔子头饰，自由地在竹制房子格中跳跃。

观察重点：

观察幼儿在活动过程中是否能够双脚并拢往前跳。

五、小猎人

适合年龄段：小班

场地：室内

材料：呼啦圈，椅子，桌子，水瓶，小玩偶

可能出现的玩法：

1. 幼儿将套在椅子上的呼啦圈一一拿下（套上），并成功取得桌子上的水瓶，获得小猎人奖励。

2. 幼儿跨过椅子，钻过"山洞"（呼啦圈和桌子组合），并成功解救小动物，获得小猎人奖励。

观察重点：

1. 观察幼儿套、取呼啦圈的手眼协调能力及遵守规则情况。

2. 观察幼儿在跨、钻、爬时的身体灵敏度。

二、中班活动

集体活动1：勇敢的小蚂蚁

苏周莉

【设计思路】

1. 幼儿角度：我们班的幼儿运动兴趣浓厚，在平时的运动中，比较偏爱爬一类的运动，故本次活动的设计符合我们班幼儿的兴趣点。

2. 理论方面：中班是幼儿三年学前教育中承上启下的阶段，是幼儿身心发展的重要时期，动作发展更加完善，体力明显增强。幼儿的年龄特点决定了在运动中创造出情境性游戏能使幼儿更加投入，更能进一步促进幼儿基本身心发展。

3. 教师角度：在此次活动中，通过设置蚂蚁找食物的情境，能调动幼儿参与活动的积极性。通过设置不同的障碍，锻炼幼儿膝盖离地爬的能力，发展幼儿的四肢力量。最后的游戏环节，通过幼儿一起搭建小路，既能锻炼幼儿的手臂力量，更加能够增强幼儿的合作意识，体验成功的喜悦。

【活动目标】

1. 尝试膝盖离地爬过不同难度的障碍，发展幼儿四肢力量。
2. 激发幼儿的运动兴趣，体验成功的喜悦。

【活动准备】

经验准备：有爬的经验。

材料准备：竹梯，轮胎，蚂蚁头饰，音乐。

【活动重难点】膝盖离地爬过不同难度的障碍。

【活动过程】

一、蚂蚁出洞

导入：小蚂蚁们，今天的天气真棒，你们一起跟着蚂蚁妈妈出门去找粮食吧。

播放音乐：蚂蚁搬豆，教师带领幼儿做热身运动。

（价值分析：教师带领幼儿跟着蚂蚁搬豆的音乐模仿小蚂蚁做热身运动，引导幼儿进入我是小蚂蚁的游戏情境中。）

二、蚂蚁学本领

引导语：在找粮食的过程中，我们会遇到很多很多的障碍，所以在找粮食前，我们需要锻炼一下我们爬的本领，这样我们才能找到粮食并把粮食带回家。

1. 自由探索爬

（1）幼儿尝试在设置的场景中自由爬行

（2）分享交流

提问：你是怎么爬的？

小结：原来我们有很多不同爬的方法。

2. 膝盖离地爬

（1）幼儿尝试在设置的场景中膝盖离地爬

（2）分享交流

关键提问：怎么样才能爬得又快又安全呢？

小结：双手着地，膝盖离开地面可以让我们爬得又快又安全。

（价值分析：用竹梯和轮胎设置不同的障碍场景，幼儿扮演小蚂蚁在场景中自由爬行，发现膝盖离地爬可以爬得又快又安全。）

三、蚂蚁运粮

引导语：我们找到了很多粮食，但是前面有一条小河，我们需要在河上搭建一条小路，这样我们才能将粮食运回到河对面的家里。

1. 幼儿运用轮胎和竹梯搭建小路
2. 游戏蚂蚁运粮

关键提问：我们怎样才能把粮食安全运到家？

小结：我们将粮食背在身上，用膝盖离地爬的方法爬过我们搭建的小路，将粮食运回家。

（价值分析：创设蚂蚁运粮的游戏情境，引导幼儿用膝盖离地爬的方法将粮食运回家，让幼儿体验运动的乐趣。）

延伸活动

教师带领小朋友做热身运动。（敲敲手臂，敲敲手臂，敲一敲；敲敲膝盖，敲敲膝盖，敲一敲；扭扭小腰，扭扭小腰，扭一扭。）

专家点评：

1. 活动设计符合幼儿发展特点

膝盖离地爬是幼儿都有能力完成的动作，但是并不是所有幼儿都能做到快速协调运用手和脚爬行移动。膝盖离地爬动作简单，让幼儿长时间练习单一动作会使他们感到枯燥乏味，以至于不会积极主动地参与练习。本次活动不仅创设了蚂蚁运粮的游戏情境，设置了障碍场景，还在很大程度上激发了幼儿的运动兴趣。

2. 热身活动为膝盖离地爬做铺垫

膝盖离地爬的难点在于手和脚的协调配合，在热身活动中，教师让幼儿事先体会到异侧手脚同时抬伸的感觉，为后面的基本活动做铺垫。

3. 改变环境任务促进膝盖离地爬动作发展

在第二环节，教师先是让幼儿自由探索爬行的方法，继而引导幼儿发现膝盖离地爬的方法，接着通过设置障碍场景，让幼儿在不同的情境中完成膝盖离地爬的动作，提升了幼儿运用这个爬行方法的能力。

集体活动2：竹林探险

金 玲

【设计思路】

1. 幼儿角度：我班幼儿的运动兴趣较高，运动能力较强，但运动中遵守规则及合作能力欠佳，由此设计符合中班幼儿兴趣的丛林探险的情境，引导幼儿在游戏中体验和同伴合作的乐趣，从而促进他们的规则意识和合作意识。

2. 理论方面：中班幼儿的肢体发展比小班幼儿高，但还达不到大班幼儿那种肢体发展协调能力，所以对于中班幼儿来说游戏性运动是一种最好的教育手段。寓教于乐，寓教于游戏之中。通过冒险岛的游戏情境，让幼儿以小小冒险家的角色参与游戏，练习走、跑、跳的技能，提高幼儿下肢力量，体验运动的快乐。

3. 教师角度：活动以丛林探险的情境展开，引导幼儿完成和同伴的接力运动。从一开始去冒险岛的热身操，幼儿跟着音乐一起有节奏地进行热身运动再到越过竹竿做的障碍，帮助幼儿初步体验丛林探险的惊险刺激。第二环节，以幼儿自由探索竹竿变直升机的各种方法进行过关，激发幼儿的大胆想象和大胆创造。第三环节，考虑到中班幼儿的合作意识开始萌芽，在这里设置了难点，请两位小朋友一起用竹竿抬宝藏，引导幼儿体会两个人合作取宝藏的好处。

【活动目标】

1. 丛林探险情境下，练习走、跑、跳的技能，提高下肢力量。
2. 体验和同伴接力运动的快乐。

【活动准备】

经验准备：幼儿有玩过竹竿舞。

材料准备：竹竿、音乐、水桶。

【活动重难点】

活动重点：根据情境练习走、跑、跳的技能。

活动难点：和同伴两人合作进行运动。

【活动过程】

一、热身运动

竹竿热身操

关键提问：今天我们要去冒险岛寻找宝藏，我们要注意什么呢？

小结：冒险岛非常危险，我们要注意个人安全和团队互助。

（价值分析：以竹竿热身操拉开活动序幕，引导幼儿进入冒险岛的游戏情境之中。）

二、丛林探险

1. 丛林障碍

引导语：去冒险岛的路上有很多障碍物，我们要想办法通过它。

(1) 幼儿用自己的方式通过障碍物。

(2) 幼儿学习同伴的方式通过障碍物。

2. 直升机

(1) 幼儿探索竹竿变飞机的方法。

引导语：冒险岛很远，我们需要坐直升机去，我们的竹竿怎么能变出直升机呢？

(2) 交流分享

提问：刚才你是怎么用竹竿变出直升机的？

小结：我们双手握着竹竿在头顶上方旋转就像直升机的螺旋桨，在旋转的时候注意小手要紧紧抓住，这样飞机就能快速起飞了。

(3) 幼儿分两组进行直升机接力

变化：① 平稳飞行（跑）；② 突遇气流（跳）。

3. 取回宝藏

引导语：终于找到宝藏了，这宝藏可重了，需要我们小朋友两个人把它扛回去。

(1) 幼儿合作将竹竿扛在肩上跑动。

(2) 幼儿用自己的方式合作运输。

关键提问：两位小朋友如何才能又快又稳地将宝藏扛回家？

小结：两位小朋友需要将"宝藏"放在竹竿的两端，保证一样的步伐，水平地扛回去。

（价值分析：活动以丛林探险的情境展开，引导幼儿一步步完成和同伴的接力运动，激发幼儿的合作意识，促进幼儿的合作能力。）

三、放松运动

1. 分享宝藏

关键提问：你们有哪些取得宝藏的好办法？

小结：丛林探险有很多不同的关卡，需要听指令并和同伴合作才能最终获得"宝藏"。

2. 幼儿跟着音乐放松身体,回教室。

(价值分析:以谈话的形式与幼儿共同分享取得宝藏的喜悦,同时通过互动交流分享,引导幼儿发现同伴合作的力量大于个人力量,体会合作的重要性。)

延伸活动

幼儿共同整理今天的"宝藏"。

专家点评:

力量是身体运动的基础。没有上肢部位的肌肉力量,幼儿就无法做推、拉、搬运等动作,幼儿要较好地完成各种大肌肉的动作,还需要具备一定的灵敏性。本次活动中使用的材料——竹竿,就是一个玩法多变的材料,教师通过丛林探险的情境展开,将竹竿作为热身的工具,跨、跳、旋转、拉、挑等动作的器材,锻炼了幼儿的上肢力量,同时作为跑动障碍物,发展了幼儿的灵敏性。材料选择上体现了简单、多变、有效的特征。

教师在活动中运用了较多有效的教学手段:

其一,教师合理运用了音乐渲染,通过不同情境下的不同音乐,营造幼儿探险的紧迫感,将幼儿运动能力与音乐感受有机地结合起来。

其二,教师运用引导性语言"前方上空有危险物,注意避让""前方有气流",提供多种变化信号,让幼儿能够在愉悦的情绪中集中注意力检视,以完成任务,达到活动目标。

建议教师在丛林探险的主要环节时增加队伍的数量,以减少幼儿作为队员的时间,充分达到幼儿的运动量。

区域运动1:户外

一、小竹屋

适合年龄段:小班

场地:户外

材料:攀爬网,平衡桥,小竹屋,吊绳,篮子

可能出现的玩法:

1. 幼儿能大胆地通过攀爬网、平衡桥后进入小竹屋。

2. 在小竹屋中幼儿通过吊绳和篮子,将"食物"运输到小竹屋中。

观察重点:

1. 观察幼儿攀爬的方法。

2. 观察幼儿经过平衡桥时的平衡能力。

3. 观察幼儿到小竹屋过程中的情绪。

二、小挑夫

适合年龄段：小班

场地：户外

材料：扁担,竹篮筐,仿真软木水果

可能出现的玩法：

1. 幼儿将竹篮筐放置扁担两端,蹲在扁担中间,用肩一侧进行担挑。

2. 两人一组,幼儿在篮筐中装入仿真软木水果,将篮筐放置在扁担中间,两人共同挑起扁担到目的地。

观察重点：

1. 观察幼儿使用扁担的方法。

2. 观察幼儿与同伴间怎样合作挑扁担。

三、竹推车

适合年龄段：小班

场地：户外

材料：竹推车,装有水的水桶,空水桶,垫子

可能出现的玩法：

1. 幼儿将装有水的水桶,空水桶、垫子分别放到竹推车上进行运输。

2. 幼儿邀请同伴坐竹推车,将其送往目的地。

观察重点：

1. 观察幼儿在推竹推车过程中控制方向的能力。

2. 观察幼儿的上肢力量。

四、跳竹竿

适合年龄段：小班

场地：户外

材料：竹竿

可能出现的玩法：

1. 用两根竹竿制作一条小路,并穿过小路。

2. 将一根竹竿放置在地上,幼儿左右交替行走。

观察重点：

1. 观察幼儿对玩竹竿的兴趣。
2. 观察幼儿双脚的协调能力。

五、骑白马

场地：户外

材料：竹马人手一个，4条铺上石头的小河，花园，草地

可能出现的玩法：

1. 两手握紧马脖子，双腿夹紧马肚子，双脚用力向前跳。
2. 在场地上画出几条宽度相同的小河，小朋友骑着竹马沿着指定路线跑到小河边，用双腿夹着竹马过小河，并跑到终点，没有成功跳过小河的小朋友就输掉了比赛。

观察重点：

1. 能双脚并拢跳。
2. 身体平衡能力。

区域运动2：室内

一、打果子

适合年龄段：中班

场地：室内

材料：细竹竿，粗竹竿，"果子"

可能出现的玩法：

1. 幼儿拿细竹竿敲打悬挂在粗竹竿上的"果子"。
2. 幼儿自由分组，比一比哪一组打下的"果子"多。

观察重点：

1. 观察幼儿在打果子时的手眼协调能力。
2. 观察幼儿在打果子时手臂力量的发展情况。

二、蚂蚁运粮

适合年龄段：中班

场地：室内

材料：竹背篓，垫子，蚂蚁的头饰，"粮食"，障碍物

可能出现的玩法：

1. 幼儿扮演小蚂蚁背上装有粮食的小背篓在垫子上自由爬行。
2. 幼儿分成四组，将起点的粮食用小背篓绕过障碍物，运回终点，哪

一组先完成,哪一组获胜。

观察重点:

1. 观察幼儿在运粮过程中爬行的方法。

2. 观察幼儿是否会手膝着地爬。

三、神投手

适合年龄段:中班

场地:室内

材料:悬空的泡沫板,棉布"石子",竹筐4个

可能出现的玩法:

1. 在画有一星标志的位置投掷"石子",打中目标即得一分。

2. 根据幼儿能力退至二星标志处投掷,投中者可得两分。

观察重点:锻炼幼儿肩上挥物投掷能力——投准。

四、踩高跷

适合年龄段:中班

场地:室内

材料:竹高跷

可能出现的玩法:

1. 两只脚踩在高跷上,两手分别抓住固定在高跷上的绳子,双脚交替往前走,看谁走得又稳又快。

2. 将幼儿分成四组,哨声响起每组的第一个小朋友踩着高跷,听口令朝终点处快速走去,到达终点站后各自敲打一下各组的小鼓,然后沿原路返回,每组的下一位小朋友继续前进。以此类推,看哪一组先结束,哪一组就获胜。

3. 设置障碍物,让幼儿练习高抬腿穿过障碍物走,增加难度,使幼儿更直接体验手拉紧绳子的动作要领。

观察重点:用脚心踩在高跷上,双手拉直绳子,保持身体平衡。

三、大班活动

集体活动1:春播乐

陆君伟

【设计思路】

1. 幼儿角度:竹梯、竹架是幼儿常玩的竹制体育器材,经常看到幼儿

把竹梯放在两个轮胎之间,然后在上面爬,或者把竹架放倒,在竹架中间和上面爬。然而这样的玩法却显得非常的单一,幼儿对于这样的活动兴趣度不高,活动中对于幼儿身体平衡和协调能力的培养有限。如何让竹梯和竹架玩出新意,同时在其中锻炼幼儿的运动技能,培养幼儿勇敢、坚持、合作等学习品质呢?结合大班幼儿对有一定难度和有挑战性的游戏感兴趣的年龄特点,本次活动中教师设计了让幼儿尝试竹梯和竹架的不同走法,激发幼儿兴趣,从而能积极地参加活动,产生愉快的情绪,让幼儿在走的活动技能上有所提高。

2. 理论方面:《3—6岁儿童学习与发展指南》健康领域大班幼儿培养目标中提出:幼儿"能以手脚并用的方式安全地爬攀登架、网等",教师应"开展丰富多样、适合幼儿年龄特点的各种身体活动""鼓励幼儿坚持下来,不怕累"。社会领域提出:幼儿园应多为幼儿提供需要大家齐心协力才能完成的活动,让幼儿在具体活动中体会合作的重要性,学习分工合作。

3. 教师角度:教育契机是对幼儿进行某种教育或解决其某个问题时的最佳时机。它是在教育实践过程中的某种关键性事件或情境,有利于促使教师尽快成为幼儿学习活动的支持者、合作者和引导者,促使教师善于发现幼儿感兴趣的事物、游戏和偶发事件中隐含的教育价值。教师应充分把握好在教学活动中出现的教育契机,达成教师的预设目标。在平时的活动中,教师发现了幼儿对竹梯竹架的玩法单一、兴趣不高的问题。作为大班幼儿,勇敢和坚持的品质有待提升,因此借由这样一个幼儿平时接触过的体育器材,不断提升活动难度,是一个学习运动技能和提升学习品质的良好教育契机。通过此次活动,将男教师身上特有的阳光、勇敢、果断等品质注入幼儿的心中。

【活动目标】

1. 在播种的情境游戏中,尝试在不同高度的竹梯上行走,增强身体的协调性。

2. 感受运动活动的快乐,体验勇敢,不怕困难的品质。

【活动准备】

经验准备:幼儿有过玩竹梯、竹架的经验。

材料准备:竹梯,竹架,轮胎,垫子,泡沫盒,种子,音乐。

【活动重难点】在不同高度的竹梯和竹架上行走。

【活动过程】

一、开始部分

导入:今天的天气真不错,现在是春天了,是适合播种的季节,今天我们就来学学农民伯伯,来帮他们进行播种。

1. 关键提问:农民伯伯播种的时候都会做些什么动作呢?

2. 小结:小朋友真聪明,我们已经学会了农民伯伯的动作,接下来我们就要去播种了。

(价值分析:创设播种的情境,让幼儿产生活动兴趣的同时也通过这一部分进行热身活动,为后续的活动做准备,防止运动伤害。)

二、基本部分

导入:我们农民伯伯家的田有点远,要过很多的地方,我们一起来努力闯关吧。

1. 走竹梯路

(1) 自由探索

关键提问:第一关,我们首先要先经过一座竹梯路,现在请你们尝试一下,有什么不同的方法来走过这条路。

小结:小朋友的方法真多,有的在空格里走,有的在梯子两边的竹竿上走,有的倒着走,有的转着圈走,你们真会开动脑筋。

(2) 听信号使用不同走法

关键提问:怎样才能走得又快又好呢?

小结:在听信号走的时候,需要听清楚老师的指令,在合作的时候需要几个小朋友一起团结合作才能走得好。

(3) 与轮胎组合叠高走

关键提问:现在难度升级了,怎么才能走得更顺利呢?

小结:这样的路对于小朋友来说不算难,只要看清楚每一步脚下不要踩空就能顺利过关。

2. 走竹架路

(1) 幼儿使用竹梯、竹架、轮胎自由搭建两条路。

(2) 幼儿走竹架路,熟悉后交换道路走。

关键提问:你们是怎么搭竹架路的?搭完之后又是怎么走的?在上面走的时候需要注意些什么?

小结:搭竹架路的时候需要小组每个成员都发挥力量,一起开动脑筋想一想怎么搭,搭的时候要齐心协力才能完成。走竹架路的时候需要走在竹架的两边,一步一步慢慢往前走,如果不行的话也可以寻求帮助。

3. 走竹山

(1) 讨论分享。

(2) 幼儿尝试。

(3) 教师小结。

关键提问:竹山这么高你们害怕吗?你们觉得在竹山上走需要注意一些什么?

小结:小朋友们都非常勇敢,在竹山上都没有害怕。在高处走的时候要先站稳,手平放在两边,重心放低(膝盖稍微弯下去一点),一步一步慢慢往前走。

4. 播种

幼儿在教师准备好的泡沫盒中进行播种,体验播种的快乐。

(价值分析:通过三个环节,层层深入,从平地上走,到稍微高一点的走,再到高空中的走,逐步增加难度,在活动中加强幼儿的身体平衡和协调能力。)

三、结束部分

1. 在竹梯上听音乐放松休息,做手、腿等部位的放松动作。

2. 组织幼儿整理场地后结束活动。

(价值分析:通过放松身心,缓解运动中的肌肉紧张和心理紧张,消除乳酸堆积的现象。)

延伸活动

将活动投入到分散活动中,加入竹竿等其他竹制材料,让活动变得更有趣,更丰富。

专家点评:

如果说让我来形容这节课,那么我会用两个词:活力满满、惊喜不断。

首先是活力满满。作为男教师,陆老师在活动中充分展现了自己的特点,活动中老师不再是一个高高在上的指挥者,一个任意指挥的操控者,而是成为了幼儿的活动伙伴,是活动的观察者。教师充分参与到活动中,一会儿给幼儿制造困难,让幼儿挑战自我,一会儿又为幼儿提供帮助和指导,为幼儿提供支架,让幼儿能够在"跳一跳"的时候不那么困难,给他们活动的信心。

然后是惊喜不断。活动中的惊喜体现在三方面：第一个方面是教师，刚才已经说过，不再赘述；第二个方面体现在活动环节，如竹梯的不同走法让人眼前一亮，很多都是比较新颖有趣的，不仅有单人的（直走、横走、转圈走等），更有团队的（比如每个幼儿钻到一个竹梯的空当中走），在竹梯的摆放、路的架设等方面，教师让幼儿进行摆放，给予了幼儿充分自主性的同时，也让活动变得更有趣；第三个方面是幼儿，应该说这样一个活动对于幼儿来说无论是体力、勇敢、坚持性都是有比较高的要求的，而我们的幼儿从一开始的比较胆怯，到后来的逐渐放开，再到最后的驾轻就熟，始终没有放弃和畏难的想法，而是在活动中不断地挑战自我，让我看到了钱圩幼儿园幼儿的良好品质。

集体活动2：竹球大战

陆君伟

【设计思路】

1. 幼儿角度：随着主题活动"我是中国人"的开展，幼儿们知道了中国有56个民族，幼儿对于少数民族有了浓厚的兴趣，很想知道他们有哪些特点，有哪些民俗活动。无意中，我看到了我们的少数民族仫佬族有这样一个抢竹球的活动。这是一个以竹球为主体材料，融入竞技元素的民间体育活动，一方面，这个活动非常适合大班的幼儿，他们在身体和心理上得到了发展，对于竞争的元素非常感兴趣；另一方面，这样一个活动的开展，有助于幼儿对中国的少数民族加深理解。

2. 理论方面：《3—6岁儿童学习与发展指南》健康领域的动作发展目标1中强调，要"发展幼儿动作的协调性"，鼓励幼儿进行投掷活动。《3—6岁儿童学习与发展指南》社会领域提出，幼儿"活动时能与同伴分工合作，遇到困难能一起克服"。《上海市学前教育课程指南（试行稿）》中指出，幼儿要在运动中"体验运动的方向，根据运动中对象的空间位置和距离，调整自己的动作"。"设施资源的开发，要因园而异。合理规划、统筹协调，安全地、最大限度地提高场地、设施、器械的使用率。"

3. 教师角度：《上海市学前教育课程指南（试行稿）》中指出，教师要"因地制宜地创设各种有趣的运动环境，开展富有野趣的活动，吸引幼儿主动参与，让幼儿体验运动的快乐。综合地开展各类体育运动，使幼儿肢

体的均衡发展和基本运动能力的全面发展"。结合本班特点,我班的幼儿对于运动的兴趣不高,合作协调能力有待提升。因此,结合我们开展的主题"我是中国人",我对这节民俗体育活动进行了改编,将竞技、对抗、合作等元素加入其中,提升活动的趣味性,让幼儿在活动中有所习得,深化幼儿的学习品质,为他们以后的小学生活打下良好的基础。

【活动目标】

1. 在抢竹球游戏中,发展身体移动、协调能力及下肢力量。
2. 体验传统民俗游戏的乐趣,知道团结协作的重要性。

【活动准备】

经验准备：幼儿有玩竹球的经验,知道怎么抢球。

材料准备：竹球若干,背心,绸带,竹篓,记分牌

【活动重难点】活动中锻炼身体移动和协调能力,以及团结协作能力。

【活动过程】

一、热身导入

导入：我们看到这里有很多不一样的球,它们叫作竹球。今天我们就来和这些竹球做游戏,在游戏之前,我们先来熟悉一下它们。

1. 周身运球。
2. 抛接球。
3. 地滚球。

关键提问：玩竹球的时候和平时玩球有什么不一样吗？运竹球、抛接球和滚球的时候需要注意些什么呢？

小结：竹球比我们平时玩的球要小一些,运球的时候可以试着抓住它,这样就能更好地运球,在抛接和滚球的时候要看清楚球来的方向,用双手接球。

（价值分析：在热身活动中,熟悉竹球的特性,带领幼儿进入活动状态,防止运动损伤,为后面的游戏活动进行铺垫。）

二、基本部分

引导语：刚才我们熟悉了今天的运动器材竹球,接下来我要给你们介绍一个新游戏,它的名字叫作抢竹球。

1. 练习抢竹球

规则：

（1）三个幼儿为一组，两个幼儿之间进行抛接球，另一个幼儿进行阻挡抢断。

（2）抛接的幼儿可在一定范围内进行移动抛接，但不能带着球一直跑。

（3）被抢断的幼儿和抢断的幼儿进行角色交换。

提问：抛接的小朋友要怎样才能防止被抢断？阻挡的小朋友怎样才能更有效地抢断竹球呢？

小结：抛接的时候可以进行左右移动，也可以做假动作迷惑对手。而进行抢断的时候则要看准对方抛球或者接球的时机出手。

2. 比赛抢竹球

引导语：我们练习了抢竹球，接下来我们就要进行比赛了。

规则：

（1）比赛按人数分成不同颜色的两队，两队球员在抛接球的过程中将球放入相应颜色的竹篓中获得1分。

（2）比赛中可以带球跑，但是不能超过5秒，否则视为犯规，交换球权。

（3）抢断的一方在对方持球时可以进行阻挡，但是不得抢夺竹球，只有当对方将球抛出，或者球在地上时才能抢球。

提问：刚才谁获胜了，你们是怎么获胜的？

小结：在抢竹球时不能站着不动，也不能一直拿球，看准时机，把球传到没人防守的同伴这里，这样才能得分。

3. 对抗抢竹球

引导语：刚才我们小朋友们在单独进行抢竹球游戏当中，对我们的游戏已经熟悉了，接下来难度就要进行升级了，我们要把不同队伍的人绑在一起。

规则：两队的队员用绸带分别绑在一起，两队轮流发球，绑在一起的不同队伍的队员要想方设法阻止另一方的进攻，但是不得碰到对方的身体。

提问：怎样在不碰到对方身体的情况下阻止对方的进攻呢？

小结：绑在一起的另一队队员可以拉动绸带，让对方没办法跑动。

4. 团队抢竹球

引导语：刚才的抢竹球，我们是将对手绑在了一起，现在难度进一步升级,要把队友和队友绑在一起。

规则:

(1) 每组两两小朋友通过绸带绑在一起。

(2) 传球时可以将球传给绑在一起的同伴,也可以传给其他的同伴。

提问:怎样才能在不摔倒的情况下更好地接球传球获得胜利呢?

小结:在跑动的过程中必须和绑在一起的小朋友保持一致,团结合作,这样才能获得胜利。

(价值分析:通过4个环节的层层递进,让幼儿在游戏中了解抢竹球这项民间游戏,发展身体移动和协调能力,同时也提升幼儿的团队合作能力。)

三、结束部分

1. 教师小结:今天我们玩了抢竹球的游戏,知道了抛接球的姿势、身体移动的方法,当然也知道了有的时候我们一个人是没有办法完成任务的,只有齐心协力、团结合作才能获胜。

2. 教师带领幼儿放松身体后结束活动。

(价值分析:对活动中的动作技能进行小结,让幼儿进一步进行巩固,同时强调团队的重要性。另外,身体的放松有助于幼儿缓解肌肉的乳酸疼痛。)

四、延伸活动

将竹球投入到平日的活动中,让幼儿创设出更多的玩法。

【专家点评】

从这节课的选材和设计上来说,陆老师考虑到了三个方面,第一个是幼儿园的园本特色。钱圩幼儿园的特色就是竹,竹资源在幼儿园中是非常丰富的,以竹为主打材料设计活动是非常适宜的;第二个是本班的幼儿特点,从教师的设计意图就可以看到,陆老师考虑到他们班幼儿运动兴趣不高,合作能力有待提升的特点,将原来比较单一的抢竹球活动进行了改编,加入了对抗抢竹球和团队抢竹球的活动;第三个是当下的主题经验,活动进行的过程中,正值"我是中国人"主题活动开展期间,幼儿对于少数民族非常感兴趣,对开展抢竹球这样一节活动有一定的基础,通过这节活动也可以加深幼儿对于少数民族的了解。

从活动过程来看,应该说目标的达成度是很高的。活动过程中,陆老师设置了四个活动环节,从一开始的练习(熟悉竹球特性)到单人的对抗(建立初步的对抗),再到对手间的角力(对抗升级),最后到队员间的互相配合(活动深化),活动层层深入,对抗演绎得淋漓尽致的同时,也将团队合作的精神融入其中,让活动的价值得到了提升,幼儿在活动中收获运动技能的同时也能习得学习品质。

纵观整个活动,我有一个小小的建议,活动中,教师对于5秒这样的规则过于强化,时间到了吹哨交换球权,让活动显得有些"破碎"的感觉。对于幼儿园的小朋友来说,5秒这样的时间应该说是很难把握的,而且活动的重点并非对于规则的把握,而在于其中的对抗、合作元素,如果过于强化其中的规则,那么就有可能弱化原本需要关注的重点。因此,怎么适宜地制定规则,让目标达成度更高,是需要教师进一步思考的。

区域运动1:户外

一、竹林迷阵

适合年龄段:中大班

材料:竹林

可能出现的玩法:

1. 幼儿设置迷宫难度,单人挑战穿越迷宫。
2. 幼儿分组对抗,看哪组最先走出竹林迷宫。

观察要点:

1. 幼儿在穿越竹林迷宫时的灵活度。
2. 幼儿在活动中的合作意识,有无挑战难度的勇气。

提示:

在穿越竹林迷宫时,教师应检查竹子的安全系数,做好相应的保护措施。

二、翻山越岭

适合年龄段:大班

材料:竹桥,铁丝网等

可能出现的玩法:

1. 幼儿沿不同方向攀爬。
2. 用其他动作沿不同方向攀爬(仰卧、同手同脚、手脚交叉)。

观察要点:

1. 幼儿有调节自己身体的意识情况。

2. 幼儿在活动中遵守规则,注意安全,不做危险的身体动作。

提示:

1. 在攀爬有一定高度的地方,应做好相应的保护措施,如在前方铺上垫子。

2. 常检查器械,避免绳索、器械出现故障。

三、花式越竿

适合年龄段:大班

材料:各种长度的竹竿

可能出现的玩法:

1. 幼儿在一根竹竿两侧行进跳,尝试多种跳法。

2. 在三四根竹竿平行摆放的竹竿间有创意地跳。

观察要点:

1. 幼儿在花式越竿中的腿部蹬地的力量。

2. 幼儿在活动中玩法的创意性。

提示:

1. 在活动中幼儿跳的动作要关注,可以在跳跃之前让幼儿做一些准备活动,以防扭伤。

2. 可以让幼儿尝试多种跳法,如并脚跳、分脚跳、跨跳,也可以各种方法结合起来跳。

四、挑扁担

适合年龄段:中大班

材料:扁担,水桶等

可能出现的玩法:

1. 幼儿每人一根竹竿、两个水桶,将水桶运到指定位置。

2. 两人一组,分为两队进行运水比拼。

观察要点:

1. 幼儿在挑扁担时的上肢力量。

2. 幼儿身体的平衡性和协调性。

提示:

1. 教师准备的水桶应不同重量,满足不同幼儿需求。

2. 扁担中间最好做好防护措施。

五、爬竹竿

适合年龄段：大班

材料：竹竿，毛巾

可能出现的玩法：

1. 幼儿紧紧夹住竹竿，双手、双脚迅速交替向上。
2. 幼儿分组对抗，看哪组最先爬到竹竿顶端。

观察要点：

1. 幼儿在手脚交替爬竹竿时，身体的协调能力。
2. 幼儿乐意参与活动并体验爬竹竿的乐趣。

提示：

在挑战爬竹竿时，应做好相应的保护措施，如在地上铺上垫子。

区域运动 2：室内

一、控球小能手

适合年龄段：大班

材料：竹球

可能出现的玩法：

1. 幼儿用脚弓运送竹球。
2. 幼儿分组对抗，看哪组最先将竹球踢进球门。

观察要点：

1. 幼儿在带球过程中灵活控球的情况。
2. 幼儿提高脚弓运球脚底控球能力。

提示：

1. 在运动中，教师要注意观察每名幼儿运球过程中的控球情况，进行个别指导。
2. 教师可根据幼儿实际情况，增加或缩短运球距离。

二、快乐钻圈

适合年龄段：小中班

材料：大小不同的竹圈，垫子

可能出现的玩法：

1. 幼儿将物品从这一端钻过竹圈运到另一端。
2. 幼儿分组对抗，看哪组最先完成。

观察要点：

1. 幼儿在活动中模仿与探索各种钻爬方式。

2. 幼儿在活动中肢体协调活动的能力，不碰到圈。

提示：

如幼儿在活动中，钻爬能力较好，可把垫子加长，增加圈的难度。

三、打陀螺

适合年龄段：大班

材料：陀螺

可能出现的玩法：

1. 幼儿用绳子绕住陀螺后，降低身体，用力将绕在陀螺上的绳子拉开，将陀螺在地上快速旋转，然后不停地用绳子抽打陀螺。

2. 两组幼儿比赛，陀螺旋转时间最长者为胜。

观察要点：

1. 幼儿在活动中对民间游戏的兴趣。

2. 幼儿在活动中手眼协调一致。

提示：

教师可提供不同难度的陀螺供幼儿选择，满足不同幼儿的需求。

四、翻画片

适合年龄段：大班

材料：竹林

可能出现的玩法：

两个或多个幼儿玩，先确定画片的正反面，两个小朋友的画片一样，都有正反面。商定出来后，游戏开始，一个将一张画片放在地上，另一个用画片去打它，把画片打翻个身，则为赢家。

观察要点：

1. 幼儿能用单手用力将画片打出去，打翻对手的画片。

2. 幼儿理解游戏的玩法，能与同伴协商制定游戏规则。

提示：

要让幼儿掌握技巧，打画片的时候要蹲着，眼睛要看着画片，手臂要用力地将画片打出去，注意力要集中，这样才打得翻画片。

拓 展 性 活 动

一、小班活动
寻　　笋

适合年龄段：小班

场地：竹林

材料：各色小旗帜，挖笋工具

可能出现的玩法：

1. 幼儿三人一组组成寻笋小分队，在寻到的笋旁边插上本队的小旗帜，表明归属。

2. 幼儿用挖笋工具合力将寻得的较大的笋挖出。

观察重点：

1. 观察幼儿不踩踏小竹笋，保护生态的意识。

2. 观察幼儿寻找小竹笋的敏锐能力。

3. 观察幼儿的挖笋方式，对挖笋方法的掌握情况。

二、中班活动
穿 越 火 线

适合年龄段：中班

场地：户外

材料：竹林迷阵，小铃铛，麻绳

可能出现的玩法：

幼儿通过爬、钻、跳、匍匐前进等方法，在不碰到铃铛的情况下在竹林迷阵中穿行从起点到终点。

观察重点：

1. 观察幼儿是使用什么方法在竹林迷阵中穿行的。

2. 观察幼儿在活动中的自我保护意识。

三、大班活动
竹 林 寻 宝

适合年龄段：大班

材料：竹林，各种玩具，铲子

可能出现的玩法：

1. 教师将"宝藏"事先埋在竹林中,幼儿用铲子将宝藏找出。

2. 一名幼儿藏宝,一名幼儿找宝藏,其他幼儿通过大小声的方式来提示宝藏的地点,即找宝藏的幼儿离宝藏越近,则声音越大,越远则声音越小。

观察要点:

1. 幼儿在找宝藏时的兴趣和专注程度。

2. 幼儿手部力量的发展,以及挖土的正确方法。

提示:竹林中有较多的蚊虫,因此需要事先做好相关消杀工作。

乐竹活动方案集

渗透性活动

一、竹趣嘉年华

1. 竹空隧道

适合年龄段：大班

材料：乒乓球3个，半开的竹筒若干，竹篮子2个

游戏玩法：

玩法一：竹空隧道我们建。几名幼儿合作，搭建半开的竹筒成为一条悬空的竹空隧道，然后将乒乓球放入隧道中，滑落进指定竹篮子。

玩法二：竹空隧道我接力。将乒乓球放在第一个半开的竹筒，幼儿紧跟其上，将竹筒接上，后面的幼儿持续接力竹空隧道，不让乒乓球掉落。

玩法三：竹空隧道在一起。两组幼儿进行持续接力竹空隧道，比一比，赛一赛，哪一组幼儿接力长度长，乒乓球不掉落。

游戏规则：

（1）在游戏过程中如遇到乒乓球掉落，则重新开始建造和接力。

（2）竹空隧道在一起游戏过程中，两组的长度按半开的竹筒的个数确定。

2. 竹子垒高高

适合年龄段：中班

材料：各种竹制积木

游戏玩法：

玩法一：选择同种积木进行垒高。

玩法二：选择不同积木进行组合垒高。

游戏规则：

（1）游戏过程中，如遇到垒高坍塌可以继续游戏。

(2) 在选择竹制积木时注意安全,小心不碰触同伴。

3. 竹子影院

适合年龄段:小班、中班、大班

材料:小椅子 15 把,绘本故事《和竹子在一起》《一根神奇的竹子》《竹子开花了》,PPT,视频等

游戏玩法:

玩法一:说一说你印象中的竹子。

玩法二:说一说你与竹子发生的有趣的故事。

玩法三:观看视频或 PPT 中竹子的故事。

游戏规则:

(1) 观看视频或 PPT 时,仔细观察视频中的内容和画面。

(2) 大胆说说印象中的竹子,鼓励同伴间互相补充。

4. 竹谚竹语

适合年龄段:大班

材料:竹子谚语卡片,蓝牙播放器

附竹子谚语:

(1) 竹篮打水一场空。

(2) 人有志,竹有节。

(3) 一竹竿打沉一船人。

(4) 一林竹子有深浅。

(5) 竹子开花,活人搬家。

(6) 宁可食无肉,不可居无竹。

(7) 竹子是一节节长出来的,功夫是一天天练出来的。

游戏玩法:

玩法一:根据卡片所示谚语及卡片背面的画面提示大胆猜测竹子谚语的意思。

玩法二:在了解竹子谚语意思的基础上,用该竹子谚语说一两句话。

玩法三:根据竹子的品格、特征尝试原创竹子谚语。

游戏规则:

(1) 幼儿在猜测竹子谚语时可以用肢体传达。

(2) 幼儿在创编时,形式自定。

5. 沙地寻宝

适合年龄段：中班

材料：沙池,小铃,装有宝藏的塑料瓶,竹筷子,勺子,竹片,竹筒,竹匾,竹帽等

游戏玩法：

玩法一：幼儿抽取挖宝的工具。

玩法二：小铃响起,各自利用抽取到的工具开始挖"宝藏"。

玩法三：当小铃再次响起时,寻到"宝藏"的幼儿到教师处领取奖励。

游戏规则：

(1) 幼儿在领取奖励时要有序。

(2) 幼儿进入沙池时穿好套鞋。

(3) 在挖沙过程中注意不要扬沙。

6. 空中竹屋

适合年龄段：中班

材料：空中小屋,铃铛若干,麻绳

游戏玩法：幼儿通过爬、走、拉等形式到达空中小屋,要注意身体的各个部位都不能碰到路上设置的铃铛。

游戏规则：

(1) 注意在到达空中竹屋过程中尽量不碰触铃铛。

(2) 在人多的地方避免拥挤,错开行进。

7. 闯关小勇士

适合年龄段：中班、大班

材料：数字标签,竹棒

游戏玩法：

幼儿根据提示按顺序勇闯五大关。

第一关：爬爬乐

幼儿自由选择一种攀爬路线完成挑战(竹竿,竹梯,绳索,线梯)。

第二关：轮胎桥

幼儿自由选择一条轮胎桥完成挑战。

第三关：拳击乐

幼儿根据数字提示按顺序击打拳击袋完成挑战。

第四关：竹架山

幼儿攀爬竹架山至顶端取得木棒后完成挑战。

第五关：纵身一跃

幼儿手拉绳索跃过山沟后完成挑战。

游戏规则：

(1) 幼儿在闯关过程中不要气馁，失败了可以继续尝试。

(2) 游戏过程中注意避让和防止拥挤。

8. 竹枝大变身

适合年龄段：中班

材料：竹枝、纸盘、颜料、毛球、黏土等、创意画图册

游戏玩法：

玩法一：在纸盘上展开一场竹枝想象风暴。

玩法二：利用多种材料完成作品创作。

游戏规则：

(1) 幼儿穿好反穿衣再进行绘画。

(2) 注意使用好的颜料、画笔等物归原处。

9. 趣味吹画

适合年龄段：小班

材料：细竹竿、大葱秆、麦秆等，纸，颜料，滴管

游戏玩法：

滴管吸取喜欢的薄颜料滴在纸上，选细竹竿、大葱秆或麦秆等对薄颜料进行吹画。

游戏规则：

注意将使用好的颜料、画笔等物归原处。

10. 不一样的笔

适合年龄段：小班、中班、大班

材料：细竹竿，皮筋，竹叶和其他各种叶子、花朵、成串的植物小果实，纸，记号笔

游戏玩法：

玩法一：取一小段细竹竿，用皮筋将各种叶子或果实串绑在竹竿头上做成"画笔"，蘸取喜欢的颜料在纸上进行拓印或涂鸦，最后用记号笔进行添画(适合中大班幼儿)。

玩法二：取已经在细竹竿上绑好各类叶子或果实串、花朵的"画笔"，蘸取喜欢的颜料，进行拓印或涂鸦(适合小班幼儿)。

游戏规则：

(1) 幼儿在捆绑画笔时尽量紧实一些。

(2) 中大班的幼儿可以帮助小班幼儿一起拓印或涂鸦。

11. 化身竹大师

适合年龄段：小班、中班、大班

材料：15米活动长布，绿色颜料，颜料刷，水桶，竹圈

游戏玩法：

幼儿用刷子蘸取绿色颜料，在画布上画出竹子的形状，结合竹圈拓印，组成一幅竹林图。(事先在画布上画几只成品熊猫，几只勾了外形的熊猫和若干竹子，小中班幼儿可以沿着轮廓涂色，大班幼儿可以在画布上自由发挥)

游戏规则：

(1) 幼儿穿好反穿衣再进行绘画。

(2) 注意将使用好的颜料、画笔等物归原处。

二、社团活动

1. 打竹板

适合年龄段：大班

材料：竹板，音乐

玩法：

幼儿可以自编作品并理解作品内容，借用竹板用连贯的语言有节奏感地表达。

观察重点：

(1) 感受竹板的魅力，有节奏感，朗朗上口。

(2) 观察幼儿在集体面前大胆表达表现。

提示：

(1) 刚开始教师提供的作品可以简单一点，字数不用很多，但字要押韵，让幼儿感受到竹板的魅力。

(2) 在创编过程中，教师始终要以欣赏的眼光看待幼儿，给予幼儿充分自主的空间。

2. 竹竿舞

适合年龄段：大班

材料：竹竿(细竹8根、粗竹2根,各长4米)

玩法：

两名幼儿打竹竿,其余幼儿掌握了步伐的方法和要领,跟着音乐有节奏地跳。

观察重点：

(1) 观察幼儿了解竹竿舞的基本步的跳法,发展灵敏、协调、弹跳的能力。

(2) 观察幼儿间合作互助、竞争进取、勇于挑战的良好品质。

提示：

(1) 在跳竹竿舞之前,要先让幼儿熟悉音乐节奏,掌握进出时机。

(2) 要先掌握步伐的方法和要领,强调口令跟动作的配合。然后再在不动的竹竿上练习过竿的方法。

(3) 难度可以慢慢加大,当能过两根竹竿了,能不能两个小组靠在一起打竹竿,连续跳过四根竹竿,再配上一些上肢动作,这样就更优美了。

3. 竹子乐器响叮当

适合年龄段：中大班

材料：竹制的各类乐器、图谱

玩法：

(1) 根据图谱,请幼儿边听音乐边观察,讲述歌曲的情境,并引导幼儿用肢体动作为乐曲伴奏。

(2) 幼儿感受图谱,将图谱转化为身体动作,再用竹乐器进行伴奏。

观察重点：

(1) 观察幼儿能根据图谱拍出相应的节奏,并创编身体动作。

(2) 熟悉乐曲旋律,认识并学习使用各种竹乐器。

提示：

(1) 在幼儿还没熟悉歌曲旋律时,教师可适时地引导。

(2) 幼儿刚开始用竹子乐器演奏时,可以看教师指挥,有节奏地运用竹子乐器进行演奏。

4. 竹韵坊

适合年龄段：中班

材料：竹圈,竹筒,竹枝,竹叶等

玩法：

幼儿大胆想象,和大人一起运用竹材料进行制作。

观察重点:

(1) 观察幼儿的想象力如何。

(2) 观察幼儿的动手能力及整理物品的能力。

提示:

(1) 在活动中,家长可以先将主动权还给幼儿,让幼儿大胆想象,设计出不一样的竹制品。

(2) 在动手操作环节,家长也尽量往后靠,将主动权还给幼儿,在他们需要的时候给予帮助。

(3) 为幼儿创设一个展示台,让幼儿相互交流和学习。

专 门 性 活 动

一、运动游戏

1. 野战基地

适合年龄段:中大班

材料:自制"宝藏"(仿真水果),粘粘球背心,挂有铃铛的丝带,轮胎,报纸,大纸箱,红旗,迷彩服等

游戏玩法:

玩法一:野战训练营

(1) 幼儿一起在起跑线上听到指令后,用膝盖着地爬或匍匐前进爬过由丝带制成的"电网"。(2) 幼儿爬过"电网"后,跨过低障碍栏,寻找藏匿的"宝藏"。

玩法二:我是小小野战兵

幼儿在竹林迷宫中进行打野战活动,幼儿分为两组,一方为攻方一方为守方,一方扔粘粘球,另一方在竹林中快速走动进行躲避。

玩法三:夺红旗

幼儿分成两组,分别将一队的红旗放置于最安全的地方。

野战营员通过快速及躲闪跑的方式绕过各种障碍,到达目的地抢夺红旗,先夺下的一方获胜。

游戏规则:

(1) 游戏过程中如发现"触电"等现象,幼儿须回到起跑线重新开始。

(2) 幼儿在打野战扔粘粘球时不可往其他幼儿头部、脚部扔。

2. 竹林小屋

适合年龄段：小中大班

材料：挂有铃铛的绳子,自制"宝藏"(仿真水果),竹背篓,沙包,竹梯,鸟巢,纸球。

游戏玩法：

玩法一：寻宝之旅

幼儿通过爬、走、拉等形式到达竹林小屋最高层,获得寻宝任务卡,幼儿根据任务卡寻找"宝藏"。

玩法二：小小攀登者

幼儿通过攀爬架在竹屋上的竹梯,尝试给鸟巢里的小鸟喂食。

玩法三：小小搬运工

幼儿身背竹背篓通过爬、走、拉等形式到达竹林小屋,将竹林小屋顶端的沙包放进自己的竹背篓并躲避悬挂的铃铛离开空中竹屋。

游戏规则：

(1) 幼儿要注意身体的各个部位都不能碰到路上设置的铃铛。

(2) 攀爬竹梯时,幼儿要有序排队。

3. 游乐园地

适合年龄段：中大班

材料：纸箱,轮胎,竹梯,竹架,竹篮。

游戏玩法：

玩法一：平衡力挑战

幼儿将纸箱、轮胎等组合叠加,看谁能手拿竹篮平稳地走过。

玩法二：勇敢者道路

幼儿将竹梯、竹架等组合叠加出一定高度,看谁能勇敢地攀登。

玩法三：建宝塔

幼儿利用各种形状的竹片、竹积木来建造房屋,也可以将大的积木放下面,小的积木放上面,搭建属于自己的宝塔。

游戏规则：

幼儿可以任意组合场上材料,组合时注意安全。

二、沙水游戏

1. 沙水城堡

适合年龄段：各年龄段

材料：玩沙工具，玩水工具，竹梯，竹架等

游戏玩法：

玩法一：

(1) 幼儿利用工具堆积出各种类似城堡的造型。用其他的辅助材料装饰沙子城堡。

(2) 幼儿借助工具或者徒手堆城堡。用其他的辅助材料进行简单改造后装饰沙子城堡。

(3) 幼儿合作、有计划地搭建城堡。用其他辅助材料进行改造后装饰沙子城堡。

玩法二：

(1) 幼儿在教师创设的沙水城堡情境中，利用提供的工具或者寻找适合的"工具"在城堡中寻宝。

(2) 幼儿完善城堡情境，一组幼儿将宝藏藏于沙池中，另一组幼儿开始寻宝之旅。

(3) 幼儿创设城堡寻宝的情境，两组或多组队伍进行比赛，看谁寻得的宝藏多。过程中鼓励幼儿改造自制方便的挖宝工具。

玩法三：

(1) 幼儿利用竹梯、竹架搭建大型城堡，并且不断完善城堡周围的基础设施，如：打造护城河、增加便利设施。

(2) 以城堡为基地，开展一场守卫城堡的对决赛。

游戏规则：

(1) 游戏过程中不扬沙，不挥舞工具。

(2) 游戏结束后需要对沙池周边进行清理。

2. 水到渠成

适合年龄段：大班

材料：竹笕，竹三脚架，压水泵等

游戏玩法：

玩法一：

(1) 幼儿创设游戏情境，如：给小树苗浇水、为农民伯伯引流、南水北调等,开始水到渠成的沙水游戏。

(2) 幼儿先确定竹笕搭建的线路,并且绘制计划的线路图。接着用竹笕和竹三角架搭建预设的线路。最后挤压水泵,将水引入渠。

玩法二:

通过不断地调整三角架的高低排列发现、验证"水往低处流"的真理。同时通过不断的试验,发现竹笕连接的奥秘。

游戏规则:

(1) 幼儿自创游戏情境,明确目标,将水引入到某一处。

(2) 合作、商量共同完成引水入渠的任务。

3. 大渡河

适合年龄段:各年龄段

材料:铲沙工具、小竹篓、旗帜等

游戏玩法:

玩法一:

幼儿借用铲沙工具挖掘河流,用小竹篓等装沙工具将挖出的沙搬至某一区域。在大渡河的两岸建造沙子建筑物,并且用其他的装饰物装扮大渡河两岸。

玩法二:

完成大渡河的挖掘后,试验水流是否能够顺利通过。如不能则探索水流的秘密,进一步改造大渡河,直至水流成功通过大渡河流域。

玩法三:

(1) 幼儿在已建成的大渡河两岸分别设立堡垒,树立旗帜明确队伍,以大渡河两岸为基地,开始拓疆活动。

(2) 幼儿自定拓疆活动的胜负规则,胜利者则获得对岸的某一疆域,并做记号。

游戏规则:

(1) 游戏过程中,幼儿不可以扬沙、大肆挥舞工具。

(2) 在玩法三中幼儿可以自定拓疆游戏规则。

(3) 游戏结束后,幼儿自主清理沙池周边。

三、角色游戏

1. 我爱我家

适合年龄段:小中大班

材料：竹制家具如竹椅等，竹制生活用品如竹筷、竹杯，美工材料如竹枝、竹叶等，废旧材料如纸箱、牛奶盒、瓶瓶罐罐等

游戏玩法：

玩法一：利用各种材料自制一些家具和生活用品，创设娃娃家的生活场景如卧室、厨房、小院子等。

玩法二：幼儿在厨房摆放竹制生活用品切菜烧饭，学习用勺子、筷子喂宝宝吃饭等。

玩法三：幼儿在其他生活场景中，自由地创造性地玩。

游戏规则：

(1) 爱护每一样游戏材料，能做到轻拿轻放。

(2) 待游戏结束后，能根据标记将物品整理收纳放回原处。

(3) 换一种材料玩之前，先把未用的材料放回原处。

2. 开心农场

适合年龄段：中大班

材料：竹板，大小不一的竹圈，竹片等竹制材料、动物玩偶等，一些农作物如辣椒、玉米等

游戏玩法：

玩法一：利用各种材料结合接插、围合、垒高等技能分组建构我们的农家小屋，有房屋、小院等。

玩法二：利用各种材料结合排列、组合等技能分组建构我们的农田，有农田、果树、蔬菜等。

玩法三：利用各种材料分组建构我们的开心农场，有各种农场动物、农作物，等等。

游戏规则：

(1) 轻拿轻放游戏材料，注意不要磕碰到其他小朋友。

(2) 游戏结束后能将材料整理收纳放回原处。

3. 美食一条街

适合年龄段：小中大班

材料：竹制生活用品如竹铲、竹筷、竹篮等，自制烤箱，全自动豆浆机，石磨豆浆机，秤，彩纸等

游戏玩法：

玩法一：在撕、串、烤、翻、喷涂中学习烧烤的技能，学开烧烤店。

玩法二：学习制作蛋糕的简单过程，在游戏中掌握捏、团、搓、揉等技能，制作美味的蛋糕。

玩法三：了解花生、黄豆、芝麻的特征，用全自动豆浆机和石磨豆浆机制作豆浆。

游戏规则：

(1) 游戏过程中注意安全。

(2) 游戏结束后能将材料整理收纳放回原处。

四、结构游戏

建 筑 工 地

适合年龄段：小中大班

材料：木质积木,竹片,竹板,竹筒,纸筒,乒乓球,竹篮子,仿真小动物,仿真树木,泡沫板

游戏玩法：

玩法一：竹子垒高

1. 选择同种积木进行垒高。

2. 选择不同积木进行组合垒高。

玩法二：竹空隧道

竹空隧道我们建。几名幼儿合作，搭建半开的竹筒成为一条悬空的竹空隧道，然后将乒乓球放入隧道中，滑落进指定竹篮子。

玩法三：叠叠高

幼儿将积木一个个摆放整齐，就像多米诺骨牌一样，可以摆成直线、各种图形等，摆放好后只要推倒最前面的或者最后面的一个，就会使所有积木迅速、有序倒下。

游戏规则：

将积木垒高，看谁垒得又高又稳。

五、美工游戏

畅 想 天 地

适合年龄段：小中大班

材料：颜料,画笔,竹枝,废旧报纸,画纸,细沙

游戏玩法：

玩法一：竹枝大变身

1. 在长卷画上展开一场竹枝想象风暴。

2. 利用多种材料完成竹枝作品创作。

玩法二：宝贝涂鸦

幼儿在涂鸦墙上自由使用多种工具涂鸦自己喜欢的图案。

玩法三：沙画坊

幼儿大胆地进行沙画创作，充分发挥想象，表达情感。

游戏规则：

(1) 幼儿进行绘画创作时需穿戴好画服。

(2) 幼儿使用过的颜料画笔及时洗净。

六、益智游戏

竹 林 迷 宫 阵

适合年龄段：中大班

材料：竹竿，各色绸带线，各种自制图片与数字等

游戏玩法：

玩法一：

幼儿用各色绸带线设计"火线"，制定游戏规则，如：不能触碰"火线"，触碰黄色"火线"就需要停止一定时间，触碰蓝色"火线"就需要重新开始穿越迷宫阵等。

玩法二：

1. 幼儿根据"藏宝图"的提示，寻找隐藏在某处的"宝藏"。

2. 幼儿分为两组，一组幼儿将"宝藏"隐藏并绘制找到该"宝藏"的关键信息；另一组幼儿根据提示寻找宝藏。游戏结束则更换角色。

玩法三：

在竹竿的较低部位贴上一些自制图片，如：春夏秋冬的花、代表数字的图形组合、四季的服饰等可以由幼儿自由分类的图片。幼儿根据一定"路线"走出竹林。如：沿着春天的花走出一条路，并将自己走过的路记录下来。

游戏规则：

1. 绸带线设计而成的"火线"不宜过密，需要错落有致，具有挑战性，也要有成功的可能性。

2. 在玩法一的游戏中，幼儿可以自己制定规则。

3. 玩法三中的自制图片可以不定期地进行更替。鼓励幼儿自己设计、绘制图片信息。

七、表演游戏

1. 我型我秀

适合年龄段：小中大班

材料：快板、竹制木鱼等竹制乐器，话筒，音响等

游戏玩法：

玩法一：一个幼儿展示一种乐器，幼儿们听音乐进行竹制乐器展览秀。

玩法二：敲敲打打拍拍各种竹制乐器，感受不同竹制乐器发出的不同声音。

玩法三：幼儿跟着音乐的节奏演唱歌曲，幼儿拿着竹制乐器进行合奏表演。

游戏规则：

(1) 一个幼儿只能拿一种竹制乐器，一首歌结束才能交换竹制乐器。

(2) 游戏结束后能将竹制乐器整理收纳放回原处。

2. 钱幼大剧院

适合年龄段：小中大班

材料：斗笠，小背篓，竹扇等竹制生活用品，音响等

游戏玩法：

玩法一：幼儿听音乐摆弄斗笠、小背篓或者竹扇等竹制生活用品。

玩法二：幼儿跟着音乐演绎《青青竹》，体验农家男孩女孩的乐趣。

玩法三：幼儿听着其他音乐，感受音乐的有趣并随着音乐演绎歌曲。

游戏规则：

(1) 一个幼儿只能拿一种竹制乐器。

(2) 游戏结束后能将竹制乐器整理收纳放回原处。

拓展性活动

一、民间游戏

1. 投壶

适合年龄段：中大班

材料：竹筷，竹篓，竹筒

游戏玩法：

玩法一：幼儿每人四根竹筷，站在投掷线处，手拿竹筷，往竹筒或者竹篓中投掷竹筷，中签者可以获得所中竹筒或竹篓相对应的小礼物。

玩法二：幼儿自由分组，每人五根竹筷，依次站在投掷线处，手拿竹筷，往竹筒或者竹篓中投掷竹筷，谁中签多谁获胜，获胜者可以获得小礼物。

游戏规则：

(1) 幼儿必须站在投掷线处投掷竹筷。

(2) 每次只能投掷一根竹筷。

2. 蹴鞠

适合年龄段：大班

材料：竹藤球，球门

游戏玩法：

幼儿分成两组，设定球员和守门员，用脚踢竹藤球，将竹藤球射进球门则得一分，哪一队进球多，哪一队则获胜。

游戏规则：

(1) 球员不可以用手碰竹藤球。

(2) 守门员需站在球门的线内守球门。

3. 滚竹圈

适合年龄段：大班

材料：竹圈，竹推杆，油桶

游戏玩法：

玩法一：幼儿一手拿竹推杆，一手拿竹圈，将推杆勾（第一勾）放在竹圈中间圆孔内。在空旷的场地，幼儿自由滚竹圈，或走或跑，掌握方法的幼儿可沿直线、曲线等路线连续向前推。

玩法二：在空旷的场地，把油桶摆成竖排。幼儿自由分组，第一位幼儿滚竹圈绕过油桶并快速前进到终点后，从一侧直线滚回竹圈，下一幼儿继续游戏。哪一组先完成，哪一组获胜。

游戏规则：

分组滚竹圈时，幼儿依次出发，第一位幼儿完成后，拍一下第二位幼儿的手掌，第二位幼儿方可出发。

4. 抬花轿

适合年龄段：大班

材料：竹轿子、起点、终点线、熊猫玩偶

游戏玩法：

玩法一：幼儿三人一组，两位幼儿抬轿子，一位幼儿坐轿子，自由在场地上抬轿子走动。

玩法二：幼儿分成两组，两两结对，第一队幼儿抬着熊猫玩偶从起点出发，绕过终点后回到起点，第二队幼儿再出发。哪一组幼儿最先送完所有的熊猫回家，哪一组幼儿获胜。

游戏规则：

(1) 两位抬轿子的幼儿须握住竹轿子的前后两端，抬起轿子时须同时站起来。

(2) 两组幼儿竞赛时，须依次出发，第一队幼儿完成后，拍击一下第二队幼儿的手掌，第二队幼儿方可出发。

5. 套圈

适合年龄段：中、大班

材料：大小不同的竹圈、竹筒

游戏玩法：

玩法一：幼儿每人五个大小不同的竹圈，站在投掷线处，手拿竹圈，往远近不同的竹筒上套圈，中签者可以获得所中竹筒上相对应的小礼物。

玩法二：幼儿自由分组，每人五个大小不同的竹圈，依次站在投掷线处，手拿竹圈，往远近不同的竹筒上套圈。谁中签多谁获胜，获胜者可以获得小礼物。

游戏规则：

(1) 幼儿必须在投掷线处套竹圈。

(2) 每次只能套一个竹圈。

6. 竹蜻蜓

适合年龄段：中、大班

材料：竹蜻蜓、丝带

游戏玩法：

幼儿用双手搓动竹蜻蜓的竹棒，让竹蜻蜓飞越过上方的丝带。

游戏规则：

游戏时不可以直接用手将竹蜻蜓扔过丝带。

7. 抖空竹

适合年龄段：大班

材料：竹空竹

游戏玩法：

幼儿将竹空竹平放在地上,将线绕过竹空竹两圈,绕好后将空竹从地面拎起,拎起的同时,右手竿提高,左手竿放松,使竹空竹转动起来。

游戏规则：

在玩竹空竹时需在空旷的地方进行,确保身边没有其他幼儿。

8. 踢竹片

适合年龄段：大班

材料：竹片,即时贴

游戏玩法：

幼儿自由分成两组,分别站在两边端线外,甲队的第一位幼儿先将竹片丢在甲区内,然后单脚跳进,将竹片踢到乙区,最后单脚跳线外;乙队的第一位幼儿再将竹片丢在乙区内,然后单脚跳进,将竹片踢到甲区,最后单脚跳线外,如果哪一方踢不进区,就算输了。

游戏规则：

(1)两队的幼儿须有序在两端线外等待,依次进行游戏。

(2)游戏时须单脚跳进游戏区,再单脚跳出游戏区。

9. 跳房子

适合年龄段：大班

材料：竹制房子,沙包

游戏玩法：

玩法一：从第一个房子起点开始,逐格单脚跳跃到终点。走到第二个房子起点,逐格双脚跳跃到终点。走到第三个房子起点,逐格跨跳到终点。走到第四个房子起点,逐格单双脚交替跳。跳跃时,要求跳到格子中间,不能踩到边缘线。

玩法二：每组从第一人开始轮流玩,将沙包扔到第一格内,然后单腿跳起,用另一只脚将沙包踢到第二格,再单腿跳到第二格,依此类推,踢到第五格,将沙包一下踢到第一格,单腿逐格跳出起线,开始跳第二间房子,将沙包踢到第二格开始跳,以同样的方法开始跳第三间,第四间,直至跳完第五间房子。跳房过程中,脚和沙包压到线或没有踢到应踢到的房子中,算失误,换另一人跳,以先跳完五间房子者为胜。

游戏规则:

(1) 跳房子的时候不能踩边缘线,踩到线的幼儿须退回起点重跳。一种跳法完后,依次从旁边绕开,接着队伍继续第二种跳法。

(2) 跳房中,脚和沙包压到线或没有将沙包扔准至相应的数格内,算失误,换另一人继续游戏,以先完成的一组为胜。

10. 赶小猪

适合年龄段:中班

材料:稻草球,竹棍,障碍物

游戏玩法:

玩法一:双手握着竹棍,眼睛看着小猪,用竹棍轻轻地往前赶小猪同时跟着小猪往前跑。

玩法二:赶小猪绕过障碍物,看谁将小猪赶得稳又快。

游戏规则:

(1) 用辅助材料赶小猪。

(2) 不能用小手碰球。

(3) 谁先把小猪赶进家门谁赢。

11. 陀螺

适合年龄段:中班

材料:陀螺若干

游戏玩法:

玩法一:把陀螺放在地上,用手捏住小柄,然后用力一旋,陀螺就飞快地转起来了。看谁的陀螺转得最快,转的时间最长。

玩法二:先将鞭上的绳子缠在陀螺的上部,缠紧,随后用手按住,另一只手拿鞭子,用力拉绳,同时松开按陀螺的手,当陀螺在地上转了起来以后,再用鞭子顺着抽绳子的方向去抽打陀螺。随后幼儿开始进行打陀螺比赛。

游戏规则:

听教师发出"开始"口令,一齐抽打陀螺,看谁的陀螺转得最久即获胜。

12. 跳竹竿

适合年龄段:中班

材料：竹竿若干

游戏玩法：

玩法一：两个小朋友手拿竹竿面对面蹲下,用竹竿同时分合敲击,另一个小朋友在中间看准竹竿的分合跳进或跳出。

玩法二：合作跳,有单人跳、双人跳和三人跳,并加入舞蹈动作。尝试玩十字杆(两组竹竿交叉)和方形杆(四组竹竿摆成正方形)。十字杆需要四人共同在十字杆上转着跳,一个人跳不好就全部坏了,方形杆也需四人共同跳,需要幼儿一个123跳一个123跑。

游戏规则：

(1) 每组2个小朋友先敲打,另外的小朋友跳,然后再交换。

(2) 强调两人合作,有节奏地摆放竹竿,并注意安全。

13. 赛龙舟

适合年龄段：中班

材料：竹龙舟

游戏玩法：

玩法一：幼儿与同伴之间依次抱住前面幼儿的腰并有节奏地蹲着向前走。

玩法二：幼儿与同伴共同拿起竹龙舟,有节奏地向前走。

游戏规则：

(1) 自由组合,六人一组,幼儿半蹲向前走。

(2) 两组幼儿进行比赛,从起点处到终点处,哪组先到就获胜。

二、田野游戏

1. 扁担乐

适合年龄段：中班

材料：扁担,稻草

游戏玩法：

玩法一：选择两捆稻草固定在两端,用一侧肩膀扛起扁担。

玩法二：两人一组,协商选择稻草,固定中间,两人一前一后,同时扛起扁担。

游戏规则：

(1) 在自由挑稻草过程中从起点用扁担将两端的稻草挑至终点。

(2) 在比赛中,听辨讯号从起始处开始挑稻草至终点,先到者为胜。

2. 农忙时节

适合年龄段：中班

材料：打稻器，翻稻器，晒干的稻谷

游戏玩法：

玩法一：将晒干的水稻放在场地上，幼儿用打稻器打稻谷。

玩法二：场地上晒的稻谷，幼儿用翻稻器翻稻谷。

游戏规则：

(1) 晒干后的稻谷放置在地上进行翻打。

(2) 使用打稻器过程中将器械进行翻越才算成功。

3. 竹林寻宝

适合年龄段：中班

材料：小旗，地图，锣

游戏玩法：

玩法一：给孩子们发放地图，讲解规则和注意事项，展示点标旗及到终点敲的锣(或小钟)，没有可以以击掌代替。

玩法二：各小组找到寻宝点后，完成通关任务(答题或其他)或两分钟后，在寻宝点的服务人员在其地图上相应寻宝点处贴上小贴画，小组继续寻找下一关。

游戏规则：

每组选手根据地图指示找到图中所示的 6 个寻宝点，并返回大本营。找到寻宝点时还需通过宝藏守护神的考验后，才会得到小贴画，以此证明过关。完成 6 个寻宝并用时最短的小组获胜。

4. 春播秋种

适合年龄段：中班

材料：秧苗(竹枝)，稻田(竹筒)，竹背篓

游戏玩法：

玩法一：幼儿取秧苗(竹枝)放置在背篓中，走到稻田中将秧苗插入其中。

玩法二：幼儿站在稻田的远处，将背篓里的秧苗投掷到稻田区域，然后插入稻田中。

游戏规则：

(1) 在插秧过程中左右手交替进行。

（2）投掷秧苗过程中,双脚前后开立,站在取秧处向前进行投掷。

5. 田野炊事班

适合年龄段：中班

材料：竹林,砖头,锅子,铲子

游戏玩法：

玩法一：幼儿到竹林中用砖头进行搭建灶头。

玩法二：幼儿自由结伴用自然工具如竹枝、竹竿在竹林深处寻找"食物",将寻找到的"食物"放在锅中进行烹饪。

游戏规则：

（1）幼儿搭建灶头不宜过高。

（2）在竹林处的指定区域内寻找"食物"。

6. 村里的那些事

适合年龄段：中班

材料：短竹竿,已捆绑竹枝,竹推车

游戏玩法：幼儿在竹林中将短竹竿、已捆绑竹枝搬到竹推车上,并进行简单固定,运往家中。

游戏规则：在运输过程中控制好竹推车的方向。

探竹活动方案集

个别化学习活动

一、小班活动

1. 竹叶拓印

适合年龄段：小班

材料：与幼儿共同收集竹叶、白纸、颜料、铅笔、双面胶等

玩法：幼儿根据竹叶的形状进行想象，通过组合构成各种画面，并能用拓印、压印、拼贴等方法制作竹叶画。

观察重点：幼儿能充分发挥想象，大胆尝试创作出与众不同的作品。

提示：老师观察幼儿表现的事物是否相符合，指导能力弱的幼儿合理构图，表现事物特征。

2. 竹叶在跳舞

适合年龄段：小班

材料：竹叶，颜料，铅画纸，记号笔

玩法：

(1) 幼儿将竹叶蘸取颜料后，在铅画纸上进行拓印。

(2) 幼儿用记号笔为铅画纸上的竹叶印画上跳舞的姿势。

观察重点：

(1) 观察幼儿在用竹叶拓印时是否用力均匀。

(2) 观察幼儿在添画时的想象力和创造力。

提示：

(1) 用竹叶蘸取颜料时不能蘸取过多。

(2) 等竹叶印干了后再进行添画。

3. 竹筒画之好朋友

适合年龄段：小班

材料：竹筒,幼儿头像照片,马克笔,彩纸,固体胶

玩法：

在贴有幼儿头像照片的竹筒上装扮自己的好朋友。

观察重点：

(1) 幼儿是否关注同伴的照片以及对竹筒装饰的兴趣。

(2) 幼儿选择的装饰材料是否吻合照片中幼儿的性别。

提示：

(1) 幼儿在装饰时也可发挥自己的想象。

(2) 幼儿可选择辅助材料进行装饰。

二、中班活动

1. 装饰竹枝

适合年龄段：中班

材料：竹枝,黏土,彩纸,胶水等

玩法：用黏土或彩纸等材料,装饰竹枝。

观察重点：

(1) 幼儿喜欢用何种方式装扮竹枝。

(2) 幼儿喜欢用何种颜色装饰竹枝,是否有颜色、大小等概念,是随意装饰,还是有目的地选择。

(3) 幼儿使用黏土等材料的习惯及材料整理情况。

提示：

(1) 装饰竹枝的装扮活动,可以激发幼儿对美的欣赏,在剪剪、贴贴、粘贴等活动中,培养幼儿大胆想象、乐于尝试、动手操作等良好品质。

(2) 此内容所提供的幼儿表征方式较多,教师可以根据班级幼儿情况和发展需要选择性提供,逐步推进。如材料上的推进,可在幼儿操作一段时间后,教师有目的地提供较复杂的竹枝及其他辅助物,提高幼儿操作的兴趣和能力。

(3) 把幼儿装扮好的竹枝展览出来,分享同伴经验,鼓励大胆想象与创意装扮。

2. 竹片迷宫

适合年龄段：中班

材料：竹片,底板等

玩法：

两名幼儿一组,各自选择一组迷宫(也可根据已有材料在底板上自主搭建竹片迷宫)。两人轮流,看谁先走出迷宫。

观察重点:

(1) 幼儿游戏过程中的专注度。

(2) 幼儿是否遵守游戏的规则,以及协商处理过程中发生问题的能力。

提示:

(1) 竹片的数量投放不宜过多,之后可依据幼儿游戏的经验逐步增加竹片的数量,以提高迷宫的难度。

(2) 鼓励幼儿在游戏中用语言表达自己的想法。

3. 趣味吹画

适合年龄段:中班

材料:铅画纸,吸管,颜料

玩法:

(1) 幼儿先将颜料滴在铅画纸上,然后选择一根吸管,将吸管的一端对准颜料,用嘴对准吸管的另一端吹气,"气流"通过吸管吹动画纸上的颜料,直到颜料流动呈现出不同的形状。

(2) 幼儿根据自己的喜好,尝试添画。

观察重点:

(1) 观察幼儿吹画的兴趣如何、持续时间及大胆尝试添画。

(2) 幼儿作画中的习惯,如工具使用后能否物归原处、自主整理等。

提示:

(1) "趣味吹画"活动操作简单、方法多样,既能激发幼儿对于美工活动的兴趣,又能使幼儿大胆运用多种材料进行表达与表现,提供给幼儿艺术表现的机会。

(2) 在开展活动之前,教师应有意识地让幼儿多观察、多想象,有助于幼儿在个别化学习中创造性地表现。

(3) 在教室的一角,可将幼儿的作品展示出来,激发幼儿再创造的兴趣和欲望。

4. 竹筒创意画

适合年龄段:中班

材料:竹筒,彩纸,颜料,黏土等

玩法：

幼儿利用各种辅助材料在竹筒上作画。

观察重点：

(1) 幼儿使用学习工具的基本技能、方法及安全问题，如使用剪刀的能力。

(2) 幼儿在活动中的创意能力(想象、组合、变化)及动作发展。

(3) 幼儿对多种辅助材料的选择、运用，以及创意的兴趣。

提示：

(1) "竹筒创意画"为幼儿提供了丰富的各类学习工具、美术材料、装饰用品等，活动的多样性，大大提升了幼儿的活动兴趣，以及对美的感受和表达。

(2) 在活动过程中，教师要提供足够的空间便于幼儿作品的展示，还要关注与幼儿间的分享交流，以不断拓展幼儿的创意想象，提升制作中的技能技巧。

5. 竹子垒高

适合年龄段：中班

材料：竹筒，竹片，竹的横截面，奶粉桶等

玩法：

支持幼儿运用多种材料搭建各种物品，可以对照图纸搭建，也可以创意搭建。可以用竹筒、奶粉桶等材料尽可能地垒高，然后在墙壁上贴上标签，做高度标记，教师帮忙写上日期和幼儿姓名，然后和同伴比一比谁垒得高。

观察重点：

(1) 幼儿在垒高过程中的数概念和空间方位及已有的垒高经验。

(2) 幼儿在垒高过程中的目的性和有意水平，如有目的地持续搭建和联合搭建情况，以及动手操作能力。

(3) 幼儿在游戏中是否能两两合作进行游戏，有哪些与同伴沟通、协商的方式。

提示：

(1) 为幼儿提供多种搭建材料，满足幼儿进行动手垒高、搭建的愿望。

(2) 竹子的材料不求花样多，但一定要保证每种材料的数量充足，同时供多名幼儿使用。幼儿可以自由选择、自主搭建,教师需引导幼儿在垒高活动结束后进行材料归类、整理。

(3) 鼓励幼儿在交流分享时向同伴介绍自己垒高的技巧。

三、大班活动

1. 中国筷

适合年龄段:大班

材料:各种材质的筷子,各种功能的筷子,筷子演变历史图册,正确握筷子的手势图片

玩法:

(1) 幼儿尝试用各种材质的筷子夹豆子,两人或多人进行比拼,看谁夹的豆子最多。

(2) 经过对各种材质筷子夹物的体验,得出结论:哪一种筷子最好夹。并做好记录。

(3) 查看筷子演变历史图册,了解各种材质的筷子、各种功能的筷子被发明的原因及其优点,进一步了解中国的筷子历史。

观察重点:

(1) 观察幼儿使用筷子的动作技能与相关经验如何,如握筷的方式、夹物的方法、动作灵活情况,以及使用筷子的礼仪、规则等。

(2) 观察幼儿在游戏过程中的能力水平,如观察图示,理解并解决问题的能力,与同伴协商规则、遵守规则的能力等。

(3) 观察幼儿讲述筷子历史时的语言逻辑性,对筷子历史的兴趣度。

提示:

(1) 教师可以制作专门的版面用于展示各种各样的筷子。

(2) 夹豆子比赛时,可以根据幼儿的发展增加难度,如:用绳子将摆放豆子的篮子进行穿插系绑,制定不得触碰绳子的游戏规则。

(3) 筷子演变历史图册可以做成分页式的,让幼儿根据自己的认知进行排序讲述。

2. 竹片迷宫 DIY

适合年龄段:大班

材料:自制竹片迷宫,短竹片,垫子,泡沫球,小动物图片,打卡路线图

玩法:

玩法一：

(1) 选择竹片迷宫,设定起点与终点。

(2) 幼儿滚动竹筛迷宫里的小球,从起点滚到终点。

玩法二：

(1) 幼儿选择半成品迷宫的材料。

(2) 幼儿自己设计迷宫路线,并在各路线放置小动物。

(3) 幼儿根据打卡路线图滚动竹片迷宫里的小球,逐个碰到小动物即成功。

观察重点：

(1) 幼儿滚动竹片迷宫时的耐心和专注度,是否乐意探索并发现小球成功与失败的原因,如晃动竹片迷宫时的力度过大等。

(2) 幼儿能否进一步动手、动脑,探索、设计并制作自己的竹片迷宫。

(3) 幼儿能否看懂打卡路线图,并能正确完成。

提示：

(1) 初步提供成品竹片迷宫,少量半成品材料,随着活动的不断开展可逐步增加半成品材料、打卡路线图。

(2) 根据幼儿活动兴趣、活动完成度适时开展集体分享交流,帮助能力一般的幼儿积累成功经验,增加幼儿自制竹片迷宫的信心。

3. **装饰竹枝**

适合年龄段：大班

材料：竹枝,超轻黏土,皱纸,扭扭棒,纸巾,剪刀,胶水等

玩法：用超轻黏土、皱纸等其他美工材料装饰竹枝。

观察重点：

(1) 幼儿对装饰竹枝的兴趣如何,是否能持续玩一段时间。

(2) 幼儿在装饰竹枝的过程中,对哪些材料感兴趣,能否熟练运用材料,精细动作的水平如何。

提示：

(1) "装饰竹枝"活动能让幼儿在搓搓、贴贴、做做、说说的过程中,表达自己的创作灵感,并提高动手能力和自主设计能力。

(2) 完成作品后,可放在美工区或其他区域装饰我们的班级环境。

集 体 活 动

一、小班活动

集体活动1：小竹农

苏周莉

【设计思路】

1. 幼儿角度：白天和黑夜是怎么样的，对于小班的孩子来说，他们的理解是朦胧的，是粗浅的。本次活动旨在拓展孩子对白天和黑夜的认知，让孩子们了解白天和黑夜的区别不仅仅是太阳和月亮的区别，人们在白天和夜晚的活动也是不同的。

2. 理论方面：《纲要》中指出，教育内容的选择，要贴近幼儿的生活，为幼儿感兴趣的事物和问题。幼儿园地处农村，周围都是竹林，竹农伯伯是班里孩子所熟悉且有亲切感的。故本次活动教师以竹农伯伯的生活为切入点，引导孩子观察竹农伯伯在白天和夜晚所做事情的不同，从而让孩子们进一步区分白天和黑夜。

3. 教师角度：本次活动不仅旨在让孩子区分白天和黑夜的不同，也希望通过孩子的体验，体会到竹农伯伯劳作的艰辛，继而萌发他们对竹农伯伯的敬意。

【活动目标】

1. 了解竹农伯伯白天和夜晚所做事情的不同，进一步区分白天和黑夜。
2. 体会竹农伯伯劳作时的艰辛，萌发对竹农伯伯的敬意。

【活动准备】

经验准备：有小竹林劳作的经验。

材料准备：太阳、月亮的图片，两幅农民画，小竹林，幼儿使用的施肥器、斗笠、小镰刀、挖笋工具、毛巾等。

【活动重难点】 了解竹农伯伯白天和夜晚所做事情的不同，进一步区分白天和黑夜。

【活动过程】

一、出示太阳和月亮的图片

导入：小朋友们，图片上是什么呀？你们认识它们吗？

1. 关键提问：当太阳出来的时候，天空是什么样的？当月亮出来的时候，天空是什么样的？

2. 小结：当太阳出来的时候是白天，天空亮亮的。当月亮出来的时候是夜晚，天空暗暗的、黑黑的。

（价值分析：通过谈话，让幼儿初步了解白天和黑夜的不同。）

二、出示白天竹农伯伯劳作和夜晚休息时的画

1. 关键提问：现在是白天还是夜晚？白天竹农伯伯都在做什么？

2. 小结：白天，竹农伯伯们都在竹林里面劳作，他们有的在除草，有的在施肥，有的在挖笋，很辛苦。

3. 关键提问：现在是白天还是夜晚？夜晚竹农伯伯都在做什么？

4. 小结：竹农伯伯在农田里农作了一天很辛苦，到了夜晚，他们都在家里睡觉休息了。

（价值分析：通过引导幼儿观察竹农伯伯白天劳作和晚上休息时的画面，让幼儿了解竹农伯伯在白天和夜晚所做事情的不同，进一步区分白天和黑夜。）

三、我是小竹农

幼儿扮演小竹农，白天时（遮光帘打开）自行选取农具在小竹林劳作，天黑时（拉上遮光帘）结束劳作休息。

（价值分析：通过扮演小竹农，让幼儿亲身体验竹农伯伯劳作时的辛苦。）

专家点评：

1. 活动内容有递进性

整个活动分为三个部分，先是从区分太阳和月亮的不同开始，引导幼儿回答白天的天空是什么样的，夜晚的天空是什么样的；继而教师展示了白天竹农伯伯劳作时的画及夜晚竹农伯伯休息时的画，引导幼儿观察两幅画中竹农伯伯所做的事情有什么不同，进一步引导幼儿区分白天和黑夜；最后，让幼儿扮演竹农，分别表演竹农伯伯白天和夜晚做的事情，激发幼儿对竹农伯伯的敬意。

2. 师幼互动活跃

师幼互动的质量是衡量课程效果的一个重要指标。一方面，本次活动中教师主要采取了师幼之间一问一答的形式，教师抛出问题"当太阳/月亮出来的时候，天空是什么样""白天/夜晚竹农伯伯都在做什么"等，

旨在引导儿童观察思考，区分白天和黑夜的不同。为儿童提供语言表达的机会，鼓励幼儿大胆用语言表达自己，进而培养幼儿的语言表达能力。另一方面，优质活跃的师幼互动也能获得更好的教学效果，更好地达到本次活动的教学目的。

3. 形式多样

教师为整个活动准备了很多不同形式的材料，比如图片、农民画、小竹林，幼儿使用的施肥器、斗笠、小镰刀、挖笋工具、毛巾等，在活动中全方位调动幼儿的感觉器官，让幼儿仔细观察、亲身体验，让幼儿积极主动地参与到活动中。

集体活动2：竹林觅食

陶　叶

【设计思路】

1. 幼儿角度：打节奏对于小班幼儿来说是枯燥的，听着音乐来演奏的话，一会儿就没有兴趣了。因此教师设计了竹林散步、竹林觅食、竹林野餐几个环节的情境，激发幼儿的兴趣。

2. 理论方面：在《上海市幼儿园办园质量评价指南》中指出，小班幼儿喜欢听音乐，他们有能伴随熟悉的或节奏感明显的音乐做动作的发展特点。

3. 教师角度：在材料选择的过程中响板是小班孩子比较容易操作和掌握的一个乐器，响板的声音从它的音色还有节拍的控制上对于小班的孩子来说比较容易掌握、比较上手。它的音色小小的、轻轻的，也更加接近小蚂蚁走路的声音。

在音乐的选择过程中，教师将同一段音乐剪辑成不同的快慢，让幼儿在情境中反复欣赏，感受分辨节奏的快慢。

【活动目标】

1. 在游戏情境中，模仿小蚂蚁，听辨节奏的快慢。
2. 体验用响板表现小蚂蚁的快乐。

【活动准备】

经验准备：对小蚂蚁有初步的了解。

材料准备：小蚂蚁头饰，响板，PPT，音乐。

【活动重难点】

听辨节奏的快慢。

【活动过程】

一、竹林散步

欣赏音乐一

引导语：小蚂蚁们跟着妈妈去竹林里面散步啦！

关键提问：小蚂蚁们，听着音乐散步怎么样？

小结：听着欢快的音乐，走起路来也是快快的。

（价值分析：通过环境布置创设竹林，以故事情境导入，幼儿戴上小蚂蚁头饰模仿小蚂蚁，激发幼儿的兴趣，引导幼儿在散步过程中反复欣赏音乐散步，初步感受音乐的节奏。）

二、竹林觅食

搬棒棒糖

引导语：瞧，前面有一根棒棒糖，我们一起把它搬回家吧！

欣赏音乐二

关键提问：

搬棒棒糖的时候走起来怎么样？

小结：因为小蚂蚁很小棒棒糖很重，所以我们搬的时候走起来也是慢慢的，音乐也是慢慢的。

比较音乐一、二的不同之处

关键提问：

散步的时候和搬东西的音乐一样吗？哪里不一样？

小结：散步的时候音乐快快的，搬东西的时候音乐慢慢的。

搬草莓、西瓜（响板）

欣赏音乐三

过渡语：大大的竹林，妈妈怕你们迷路，为了不让你们迷路，所以给你们准备了一双"鞋子"！穿上它走起路会发出好听的声音，我们再去竹林里找一找还有什么美味的食物呢！

关注：幼儿拍响板的方式。

引导：一步、一拍。

关键提问：

搬东西的时候听着音乐走起路来快快的还是慢慢的？

小结：小蚂蚁们你们可真厉害，穿上鞋子跟着音乐发出慢慢的声音，真好听呀！

(价值分析：在寻找食物的情境中，教师通过搬运食物让幼儿感知食物重重的，因此小蚂蚁走起来也是慢慢的，通过散步与搬运音乐的比较，响板的加入进一步让幼儿分辨音乐节奏的快慢。)

小蚂蚁去野餐——进一步感受音乐节奏的快慢。

我们一起去野餐吧！

(价值分析：在前面两个环节的铺垫下，让幼儿带着这些食物去野餐，再一次激发幼儿用响板感受节奏的快乐。)

专家点评：

教师注重创设教学情景，努力体现"有教无痕""寓教于乐"。教师借助竹林散步、竹林觅食、竹林野餐情景让幼儿反复感知、操作着小乐器响板。在情景活动中，幼儿不仅获得了节奏敲打的快乐，并练习了敲打不同的节奏型，如四分、八分节奏。打击乐器对于小班幼儿来说是新鲜而刺激的，因为幼儿在平时的活动中没有操作过这些玩具，而且这些打击乐器也不同于其他的玩具，它能够发出好听的声音，这些玩具对幼儿颇有吸引力。但如果直接让小班幼儿来操作这些乐器，那么正确使用乐器的常规就很难建立。本次活动中，教师借助情景，运用充满情趣、形象化的语言"响板就是小蚂蚁的小鞋子，小鞋子快穿穿好"(即提醒幼儿正确使用响板)。引导幼儿在为小蚂蚁走路、搬运食物中配打乐器，并让幼儿在这个过程中，自然渗透了拿放乐器的一些常规。

集体活动3：竹子宝宝在哪里

唐晓丹

【设计思路】

1. 幼儿角度：结合小班幼儿的年龄特点和校园竹特色，活动素材选取了日常生活中常见的竹竿、竹笋和竹叶。

2. 理论方面：出示图片小竹林导入，观察竹竿、竹笋、竹叶的不同外形特征。在带领幼儿唱唱跳跳中进一步感知三者的基本特征。

3. 教师角度：通过说说简单的儿歌和重复式的词，积累相应的竹子知识。

【活动目标】

在游戏的情境中，尝试模仿学念儿歌《竹子宝宝在哪里》，初步了解认识竹笋、竹竿、竹叶的不同特征。

乐意扮演竹子宝宝做游戏,体验一起跳跳玩玩的乐趣。

【活动准备】

经验准备:幼儿认识竹笋、竹竿和竹叶,并且知道它们的特征。

材料准备:竹饰品,音乐《竹子宝宝在哪里》,竹背景板。

【活动重难点】

活动重点:了解竹笋、竹竿、竹叶的基本特征,能够分辨三者的不同。

活动难点:能根据儿歌提示唱唱跳跳、做出相应的动作。

【活动过程】

一、参观小竹林,感受竹子宝宝

导入:参观小竹林,仔细观察竹笋、竹竿、竹叶的不同特征。

1. 关键提问:你看看它们三个长什么样?

2. 小结:我是竹笋,外面穿了一件黄色的衣服。我是竹竿,长得直直的,颜色绿绿的。我是竹叶,我长得细细的,尖尖的。

导入:和竹子宝宝打招呼。

1. 关键提问:说说你最喜欢哪一个朋友,它长得什么样?

2. 小结:不管是穿了黄衣服外套的竹笋宝宝,还是直直的、绿绿的竹竿宝宝和尖尖的竹叶宝宝,都有人喜欢。

(价值分析:导入环节通过创设竹林情境引起幼儿的兴趣,直接出示竹笋、竹竿、竹叶的图片,引导幼儿探索发现三者的明显不同特征。竹子宝宝们拟人化的介绍加深幼儿对它们的印象。打招呼和提问进一步加深幼儿对竹子特征的掌握,为下一环节做铺垫。)

二、竹子宝宝做游戏,说说竹子宝宝

导入:感受、欣赏《竹子宝宝在哪里》的儿歌。

1. 关键提问:刚刚从儿歌里面听到了什么呀?

2. 小结:竹子宝宝们真可爱,它们把刚才的秘密都用儿歌告诉了小朋友,竹竿宝宝长得直直的,竹笋宝宝黄黄的,竹叶宝宝绿绿的。而且它们想要和我们玩捉迷藏的游戏。

导入:自选竹子宝宝做游戏

① 第一遍游戏,和竹子宝宝一起做游戏。

关键提问:竹笋、竹竿、竹叶宝宝什么时候躲起来,什么时候出来?

小结:听到儿歌念到"竹竿竹竿在这里",我们就要跳出来。

② 第二遍游戏,幼儿自己听儿歌玩游戏(关注幼儿是否能分清躲对

了地方)。

③ 第三遍游戏,交换道具身份,再玩一遍游戏。

小结:今天我们认识了三个好朋友,竹笋宝宝、竹竿宝宝和竹叶宝宝,和它们一起做了好玩的游戏,待会儿可以邀请更多的好朋友一起来玩。

(价值分析:第二环节,通过说说跳跳捉迷藏的游戏互动,引导幼儿加深对竹笋、竹竿、竹叶的认识,巩固第一环节的知识内容,体验与同伴一起做游戏的快乐。)

延伸活动

小朋友们可以和爸爸妈妈一起去小竹林里面找找我们的竹子好朋友哦!

专家点评:

从幼儿的观察与兴趣入手,开始此活动。通过参观竹林,对竹子有了一个初步印象,有了一个直观感受。整个活动生动、有趣,充分地吸引了幼儿,不但提高幼儿的语言表达能力,也丰富了幼儿的生活经验。根据幼儿的心理特点和认知经验,将认知内容巧妙地融入各种游戏之中,激发幼儿的学习兴趣,营造良好的学习氛围,启发引导,探索发现,形成了"师幼互动"的良好氛围,教育效果显著。活动以游戏贯穿始终,让幼儿在玩中学、学中玩,活跃了气氛,拓宽了教学途径,符合小班幼儿活泼好动的特点。在活动中充分地给孩子创造了一个想说、敢说、愿意说并能得到积极回应的环境。

集体活动4:竹筒宝宝去旅行

沈乐怡

【设计思路】

1. 幼儿角度:小班幼儿对于竹子的认知比较少,那么如何唤起小班幼儿对于竹子的关注呢?结合小班幼儿年龄特点,教师选取了在幼儿园常见的竹筒,并赋予竹筒拟人化的形象,在情境竹筒宝宝旅行的过程中,感知竹筒的基本特征,运用高矮进行排序。

2. 理论方面:《3—6岁儿童学习与发展指南》的科学领域中,针对小班幼儿年龄段有以下期望:"能感知和发现物体和材料的软硬、光滑和粗糙等特性;对感兴趣的事物能仔细观察,发现其明显特征;能感知和区分物体的大小、多少、高矮等量方面的特点,并用相应的词表示。"本活动中,引导幼儿摸一摸、看一看、比一比,促其感知竹筒的基本特征,积累科学领域的经验。

3. 教师角度:本活动设计分为三个环节,为了充分调动幼儿的操作积极性,创设竹筒宝宝去旅行的情境,在材料提供上,对竹筒增加眼睛、嘴巴,可视性强;火车的操作材料,让幼儿在排列时易于操作且具趣味性,同时加入了合作互动,使活动更生动。

【活动目标】
1. 能够根据竹筒外部特征(高矮)进行排序。
2. 体验带竹筒宝宝去旅行的快乐。

【活动准备】
经验准备:幼儿初步接触过竹筒。
材料准备:高低不同的竹筒,自制小火车。

【活动重难点】
能够根据竹筒外部特征(高矮)进行排序。

【活动过程】
一、认识竹筒
1. 出示竹筒,请幼儿看一看、摸一摸。
2. 提问:看一看,竹筒宝宝长什么样子?小手摸上去感觉怎么样?
小结:竹筒宝宝有圆圆的身体,穿了一件光滑的衣服,还系着一根小腰带,中间有个大洞洞,真可爱呀。
(价值分析:引导幼儿通过看一看、摸一摸,感知竹筒的基本特征,鼓励幼儿表达自己的想法。)

二、竹筒宝宝去旅游
1. 竹筒宝宝去石化沙滩
(1)提问:这列小火车有几节车厢?可以坐几个竹筒宝宝?
(2)操作:两个竹筒宝宝坐上小火车。坐上去的时候想一想,谁坐在前面,谁坐在后面。
(3)交流:为什么它要坐前面?它要坐后面?
小结:原来排排队,两个竹筒宝宝站在一起就能知道谁高谁矮了。
2. 竹筒宝宝去枫泾古镇
(1)出示三节车厢的小火车。
(2)操作:三个竹筒比高矮。
(3)关键提问:这次你用了什么不一样的办法带竹筒宝宝坐上了火

车?你怎么知道它的个子最高?

小结:比一比,根据竹筒个子的高矮,就可以让它们乘上小火车。

(价值分析:通过创设竹筒宝宝去旅行的情境,幼儿一边操作一边比较,初步积累排序的经验,并乐意表达。)

三、竹筒宝宝回家

将竹筒宝宝送进相对应的篮子里。

(价值分析:巩固之前的经验,激发幼儿进一步的探索兴趣。)

专家点评:

"竹筒宝宝去旅行"这个活动通过让幼儿认识竹筒宝宝,尝试去观察竹筒的特征,带上竹筒宝宝去旅行,从两个排列到三个排列,层层递进,有丰富的情感体验,幼儿根据活动环节的递进不断进行思维挑战,学会能根据竹筒的外部特征进行排序。

1. 活动环节结构合理,层层递进,习得经验。

活动中教师将竹筒以拟人化的形象出现,创设去旅行的情境,让幼儿探索根据物体的外部特征进行排序,探索的问题层层递进,通过不断发现、排列达成活动目标:能够根据竹筒外部特征(高矮)进行排序,使幼儿积极主动地参与到活动中,在不知不觉的操作、观察、讨论中获得排列的经验。

2. 活动材料彰显特色,选自生活。

本次活动中选取的材料是竹筒,将园所的特色得以应用和实践,竹筒随处可见,体现了幼儿科学活动内容与材料的自然化、生活化。

3. 活动过程中教师耐心等待,及时支持,有效互动。

整个活动过程中教师对幼儿尊重、耐心倾听、顺应接纳等给我们留下了深刻的印象,教师平和宽松的教学风格体现出一名优秀教师良好的素养。尤其是幼儿在操作三个竹筒排列过程中,教师时而微笑鼓励,时而语言提醒,整个互动中教师循循善诱,在互动中实践平等,教师有着正确的儿童观、教学观,有着良好的互动技能。

二、中班活动

集体活动1:空中小屋

沈浩梅

【设计思路】

1. 幼儿角度:我们班大部分幼儿对阅读非常感兴趣,且能根据画面提供的信息大致说出故事情节。本次活动尝试让幼儿在自主阅读图片的过程中,理解故事内容,了解小狐狸住空中小屋的故事情节。并通过分别观察三幅图片,引导幼儿讲述图片内容。并尝试根据画面提供的线索对故事情节发展和任务对象做出大胆的推想,并清楚地表达自己的想法。同时,通过对故事情节的了解体验同伴间相互帮助的情感。

2. 理论方面:《3—6岁儿童学习与发展指南》中指出,4—5岁幼儿已经有了初步的阅读理解能力,"空中小屋"为幼儿创设了自由、宽松的语言环境,鼓励和支持幼儿与成人、同伴交流,让幼儿想说、敢说、喜欢说并能得到积极回应。在阅读中发展幼儿的想象和创造能力,鼓励幼儿依据画面线索讲述故事,大胆推测、想象故事情节的发展。

3. 教师角度:教师意识到这是一个很好的素材,它不仅能引发孩子们想象、探究,也能了解竹子与我们生活的关系,提高观察的兴趣和细致性,也符合中班幼儿语言发展特点,但在完整讲述所看到故事内容方面的经验还不足,所以本活动采用由单幅图片的讲述到完整讲述的过渡方式,层层递进,鼓励幼儿大胆表达,大胆想象,丰富其语言表达能力。

【活动目标】

1. 观察画面,能根据画面提供的信息大胆说出故事内容。

2. 在解决小狐狸遇到的问题过程中,发现竹的特性并感受朋友之间相互帮助的快乐。

【活动准备】

经验准备:认识了解竹子的生长变化过程。

材料准备:背景图片,动物图片,PPT。

【活动重点】观察画面,能根据画面提供的信息大胆说出故事内容。

【活动难点】能根据竹的特性大胆设想如何帮助小狐狸。

【活动过程】

一、观察图片,分别讲述两幅图片内容

1. 导入:今天老师给大家带来了一个有趣的故事,故事就藏在老师电脑上的这三张图片里,我们一幅一幅地来看,好吗?

关键提问:

第一张图上有什么?你能看明白吗?谁能说清楚?

谁能说得长长的,把图片上所有的东西都说出来呢?

小结:春天到了,山坡上的竹林里长满了绿绿的(又高又直的)竹子,小狐狸在竹林里(矮矮的竹笋上)盖了一幢漂亮的房子,房子的门是太阳形状的,上面还有月亮图案。

过渡语:听明白了吗?那我们接着往下看。

2. 出示第二张图片

关键提问:

(1) 第二张图片和第一张图片一样吗?发生了什么变化?

小结:小狐狸的房子本来是盖在竹笋上面,过了一段时间竹笋长高了,变成了高高的竹子,所以小狐狸的房子就变得很高了。

(2) 小狐狸住的房子本来是矮矮的,忽然一下变高了,它住在里面心情怎么样?谁来学一学小狐狸?

过渡语:这个声音越传越远、越传越远,森林里的许多动物朋友都听到了。(出示动物图片)这么多动物朋友都来了,它们会怎么帮助小狐狸呢?(幼儿大胆猜测)

(价值分析:仔细阅读单幅图片,清晰表述图片内容和大致故事发展脉络。)

二、展开想象,动手操作并表述自己的好办法

1. 关键提问:就在你们想办法的时候,有一只聪明的小猴它也想出了一个好办法,它要借助竹林里的竹子。竹子怎么能帮助小狐狸呢?

幼儿分组操作并合作讲述自己的方法。

2. 小结:小猴找来两根长的竹子,一根挖有洞的像楼梯一样的是上去的,另外一根是下去的,这样小狐狸就可以走上去滑下来。小猴想的这个办法真是好,又方便又快乐(你们想的办法和小猴的一样吗?)。

过渡语:接下来我们一起把这三张图片编成一个小故事,我们一起来说说看。

(价值分析:根据故事情节内容和提供的动物信息,借用竹子展开想象并尝试表达。)

三、完整讲述故事内容

师幼共同讲述故事主要内容。

小结:今天最开心的事情就是帮助小狐狸,看来以后无论是在幼儿园还是在家或是在其他的地方遇到了麻烦事儿只要有了大家的帮助,困难的事情就会变成简单的事情。

(价值分析:完整讲述故事内容,锻炼语言表达能力。)

专家点评：

今天这个教学活动叫"空中小屋"，符合中班幼儿年龄特点，然后它的选材是来自一本绘本，同时也是新教材学习活动中的一个故事。它主要是指给孩子提供一些图片，让孩子通过观察理解图意，猜想图意的基础上，根据图片提供的线索，运用一些恰当的语句完整地来讲述，看图讲述并大胆想象，这一过程中巧妙地助推幼儿的语言表达及思维能力。

教师能有效指导幼儿看图讲述的经验和能力，体现出对年龄发展水平的准确把握。

首先，三幅图片内容之间有连续性、合理性，适合进行看图讲述活动，体现出教师具备准确选择图片的专业能力。

其次，在活动中教师能引导观察、耐心倾听、层层推进，及时示范，有效指导。具体表现在：

第一张图片后，教师能示范小结图片内容，当幼儿表达中出现词不达意时，教师能及时丰富"竹林"；当幼儿表达与众不同时，教师能及时肯定："讲得真好，竹子长到天上去了"；为了帮助幼儿心理体验，请幼儿扮演角色说话"快来救救我呀"。

看图讲述中幼儿能依据图片提供的线索，进行完整清楚合理地编讲一段故事内容。在以往的讲述活动中，往往会因为教师的主观引导而给幼儿带来思维定势，也会造成课堂中幼儿重复他人的内容，从而缺乏创意。那么，在看图讲述活动中，教师们如何关注并给予幼儿创造性思维的机会？本次活动中，教师采用结伴操作的形式，提供幼儿进行自主构图讲述的机会。在分享环节，教师不仅能给予幼儿充分的机会表达，而且善于引起同伴互动，引导幼儿仔细观察和交流同伴们之间不同的办法。这一操作构图、编讲故事情节的环节设计，不仅符合中班幼儿思维特点，也给予了幼儿自主想象创造的机会，起到了引导幼儿积极思维、自主表达、共享经验等作用，具有实效性。

在分组讨论中，幼儿借用竹林里的竹子，利用竹子的特性，充分给予幼儿自主的空间，幼儿天马行空，利用竹子想出了很多办法，如将竹子切开来，横截面做成滑滑梯；在竹节处挖个洞做成楼梯……这一环节可以看出幼儿对竹子特性十分熟悉，也愿意用竹子来想办法，非常有效。

在完整讲述图片环节中，教师能根据幼儿年龄特点，采用师生共同讲述的方式，与幼儿一起完整地讲述着三幅图片内容，不仅使幼儿获得了看

图讲述、完整编讲故事的经验,也提高了幼儿看图讲述活动的兴趣和能力。

整个活动体现出教师两个准确"把握":(一)准确把握中班幼儿语言发展水平,(二)准确把握有效指导幼儿讲述的方法。

集体活动2:认识竹子

陆君伟

【设计思路】

1. 幼儿角度:竹是自然界的一种植物,但它却与人们的生活息息相关,在我们的周边有着很多的竹资源:在小朋友家的周围有着一片片的小竹林;在幼儿园中,有竹竿、竹梯、竹架等各种竹制体育器材;在生活中有竹担、竹筐、竹席子等生活用具。可见竹在我们幼儿园小朋友的周边无所不在。当孩子们从观察竹子到寻找生活中竹的用途的时候,他们睁大了双眼,他们的眼神充满了好奇的热情。他们虽然知道这么多竹子的成品,但是,对于竹子的生长情况、特点等却了解得不多,因此,我们决定与幼儿一起认识竹子,寻找竹子的秘密。

2. 理论方面:《3—6岁儿童学习与发展指南》科学领域:"常常动手动脑探索物体和材料,并乐在其中。""能对事物或现象进行观察比较,发现其相同与不同。""鼓励和引导幼儿学习做简单的计划和记录,并与他人交流分享。"

《上海市学前教育课程指南(试行稿)》:"用各种感官主动感知周围事物的特征,比较事物的异同,发现事物之间的关系。""亲近大自然,有观察、探索周围事物与现象变化与发展的兴趣,初步了解人与自然的关系。"

3. 教师角度:幼儿的科学活动是在探究具体事物和解决实际问题中,尝试发现事物间的异同和联系的过程。中班年龄段幼儿喜欢接触新事物,有很强的好奇心和探究欲望,喜欢动手动脑探索物体和材料。在这节活动中,教师通过设计"摸一摸""剥一剥""比一比"等不同的环节,感知竹子的外形特征并了解、发现竹子的用途,帮助幼儿不断积累经验。在分析、总结、归纳的过程中,教师帮助幼儿梳理经验,强化幼儿的学习探究能力。

【活动目标】

1. 在活动中认识各种竹,了解竹的生长过程、特点及用途。

2. 探索竹对我们生活所作的贡献,萌生热爱自然、热爱家乡的情感。

【活动准备】

经验准备:幼儿有吃笋玩笋的经历,初步知道关于竹子的一些知识。

材料准备:竹笋,竹子,PPT

【活动重难点】 知道竹子是由笋长成的;了解竹子的用处;懂得竹子及竹制品与人们生活的关系。

【活动过程】

一、猜猜、说说,引发幼儿兴趣

关键提问:你们知道谜语说的是什么植物吗?

小结:你们猜对了,这个谜语说的就是竹子。

附谜语:小时能吃味道鲜,老时能用有人砍,虽说不是钢和铁,浑身骨节压不弯。

(价值分析:通过设置谜语引出活动的主体——竹子,引发幼儿进行活动的兴趣。)

二、探索竹子

导入:我们每个椅子下面都有一个竹笋,我们一起来看看吧。

1. 观察竹笋

关键提问:你的竹笋是怎么样的?它的形状和颜色有什么特点?

小结:每一根竹笋都有相同之处和不同之处。相同的是上面是尖尖的,它的壳是黄色与黑色的,下面是圆圆的,白白的;不同的是竹笋有的粗、有的细,有的高、有的矮,有的弯、有的直。

2. 剥竹笋

关键提问:现在请你们剥开竹笋看一看,它里面是怎样的? 它可以吃吗?

提示:竹笋的壳要放进垃圾桶,剥竹笋的时候,要从最下面开始剥,一层一层地剥,剥好了的小朋友用你的指甲掐掐竹笋,感觉怎么样?

小结:原来竹笋的外面和里面是不一样的,里面是白白的、一节一节的,而且竹笋可以吃,味道美极了。

3. 观察竹子

关键提问:竹子长得怎样?和竹笋有什么不同?把竹子折一折会发生什么?

小结:竹子是由竹笋长成的,竹子是青色的,中间是中空的,竹笋可

以吃,但是竹子不能吃,如果把竹子折一折它会折断,但是却不会弯曲。我们用一个词来形容它,就是宁折不弯。

(价值分析:通过看一看,摸一摸,比一比,知道竹子是由竹笋长成的,了解竹笋、竹子的基本特征。)

三、竹子的用途

1. 讨论

关键提问:竹子有什么用?竹制品为我们的生活带来了哪些便利?

小结:原来在我们的生活中,竹笋可以吃,味道鲜美;竹子可以做很多的竹制品,比如扁担、竹筐、竹扫帚、竹筒等,为我们的生活带来方便。

2. 探索

导入:除了刚才小朋友们说的几个用途之外,竹子烧成炭之后也有用途哦,今天我就带来了几种材料,有竹炭、海绵、餐巾纸还有几个装了烟雾的瓶子,这几种材料,都或多或少有吸收烟雾的作用,我们一起去试一试吧。

关键提问:瓶子里的烟变少了吗?这几种材料里谁是最厉害的,谁又是第二名,第三名呢?

小结:原来竹炭可以净化空气,吸收烟雾。竹炭还可以吸收甲醛,也就是房子装修后产生的有害气体。竹林也可以美化环境,净化空气,竹子可真是有用。

(价值分析:通过科普让幼儿知道竹子在人们生活中的作用,并通过科学实验深化,让幼儿对竹子的用途有更深的认识。)

延伸活动

让幼儿将竹子的用途或者是生活中的竹制品用画笔画下来。

专家点评:

这节课最大的特点就是多维度,似乎用到了幼儿可以用到的所有感官,比如观察竹笋,用到了感官中的视觉,从形状、颜色等多方面观察竹子的外形;剥竹笋则是用到了触感,让幼儿能直观地感受到竹笋内部的结构;观察竹子的时候则用到了折一折,将竹子宁折不弯的特性介绍给了幼儿;讨论竹子用途的时候则是以说一说、比一比的方式,不仅让幼儿说,还让幼儿通过探索比较的方式,了解竹子能净化环境的特点。但是这样的多维度也为我们活动重点的凸显带来了问题,教师似乎什么都想告诉幼儿,但是又似乎什么都没说,幼儿的宽泛经验得到的深化与提升相对来说就显得有限了。如果有二研的话,我建议老师把重点可以在竹炭的吸附性上面做文章,把这篇文章做足做深,这样深入学习的探究精神,才是科学活动的本质,这样喜欢探究、乐于探究的科学精神才能在幼儿心中生根发芽。

集体活动3:竹圈变变变

沈浩梅

【设计思路】

一进入美工室,幼儿们一下子被一个个大小不一的竹圈所吸引了,他们将竹圈拿在手里,"这是什么呢?""用它可以做什么呢?"幼儿们议论纷纷,"宝贝们,别急,老师告诉你们,这是竹圈!""老师,我觉得竹圈像太阳。""老师,我觉得竹圈像棒棒糖。"……整个美工室里像炸开了锅,你一言,我一语,别提多活跃了。

教育家卡伯曾指出:正是童年时的幻想引发形成了以后所有的创造性活动。卡伯一语道出了培养幼儿创造性思维的重要性。中班的幼儿思维活跃,想象力丰富,那作为幼儿教师,该如何正确对待幼儿创造性的表现呢?我们应思考如何为幼儿提供广阔的空间,打开创造的大门,培养他们探索发现的积极性,挖掘他们创造的潜能,让幼儿在广阔自由的天地里进行创造,让幼儿变得越来越聪明,让他们真正体验到创造的快乐。

竹圈,普通得再也不能普通的农村自然材料,但对于幼儿来说却是非常有意思和有趣的东西,他们被竹圈所吸引,每天都谈论着竹圈。看到这一现象,为何不巧妙地抓住幼儿的兴趣点,进行有效的挖掘和培养他们的创造欲望呢?于是就开展教学活动"竹圈变变变"。

【活动目标】

1. 尝试探索竹圈组合添画的方法,知道竹圈能变成各种各样的东西。

2. 感受竹圈组合变化的乐趣。

【活动准备】

经验准备:幼儿与家长共同收集竹圈,并在收集的过程中感受竹圈的特征。

材料准备:竹圈若干,黏土,蜡笔,纸等。

【活动重点】 观察画面，能根据画面提供的信息大胆说出故事内容。
【活动难点】 能根据竹的特性大胆设想如何帮助小狐狸。
【活动过程】

一、讨论交流

1. 一个竹圈添画

瞧，这是什么？它是什么形状的？

关键提问：一个竹圈可以变成什么呢？

小结：一个竹圈在蜡笔、黏土的帮助下可以添画成各种各样的东西。

［价值分析：出示了一个竹圈让幼儿认识并想象一个竹圈能变成什么，一个开放式的提问让幼儿们充分发挥自己的想象，各抒己见，拓展幼儿的思维，并知道了原来一个竹圈在蜡笔（或胶水）的帮助下可以添画成各种各样的东西。］

2. 两个竹圈组合、添画

关键提问：两个竹圈可以变成什么呢？

请个别幼儿摆放，讨论不同的摆放方法。

小结：两个竹圈摆放位置不一样（或一样），变出的东西是不一样的。

［价值分析：在大家的想象、交流中，一起探索竹圈添画的过程，层层递进，让幼儿探索了竹圈组合添画的方法，并知道了不同（或相同）数量的竹圈也能变出各种不同的东西。］

二、想象创作

1. 现在，请你们试试用两个或者更多的竹圈来变成各种各样的东西吧。

2. 教师出示操作中的注意图示，幼儿自由探索操作。

（价值分析：操作中的注意图示可让幼儿自己说，加深幼儿的印象，进入制作环节，幼儿需要将之前理解的、感受的、想象的、发现的都融入自己的操作中，这个环节极富有创造性，让幼儿运用自己的想象力来探索操作。）

三、交流分享

幼儿将作品放在展示台上。

关键提问：交流竹圈变成了什么，你是怎么变的？

小结：根据幼儿作品进行进一步的总结。

（价值分析：这个环节需幼儿互动才能完成，教师可鼓励幼儿对自己的作品进行大胆的表达，其他幼儿对于自己不了解的地方可向作者提问并要求认真倾听。）

延伸活动

今天，我们让竹圈大变身了，小朋友们想出了很多方法来变，相信你们还能变出更多好玩的东西，下次我们一起试试吧！

专家点评：

在整个活动中，教师从中班幼儿的认知特点和幼儿现有的发展水平出发，以幼儿发展为本，充分体现以幼儿为主体，发挥幼儿的想象力、创造力，充分调动幼儿对竹圈的热情和兴趣。活动一开始，教师出示了一个竹圈让孩子认识并想象一个竹圈能变成什么，通过教师的引导与提示，孩子们各抒己见，想象力很丰富，想出了很多的东西，并知道了原来一个竹圈在蜡笔（或胶水）的帮助下可以添画成各种各样的东西。再让幼儿想象两个、三个竹圈可以变什么，在大家的想象、交流中，一起探索竹圈添画的过程，层层递进，让幼儿探索了竹圈组合添画的方法，并知道了竹圈也能变成各种各样的东西。

由于幼儿个性差异，在知识理解与表现上有一定差异，有聪明灵活的、有思维较呆板的，对于一些添画能力较弱的幼儿，教师能及时抓住他的点滴进步，发现他作品的"闪光点"，并将其放大，给其以鼓励，如表扬"想法好""创意新颖"等，鼓励这些幼儿要更大胆地创造，从而激发其学习积极性，使其潜在能力得到最大限度发挥。在交流分享中，教师让幼儿具体指出哪些地方好，为什么好，创意体现在哪里等，实事求是地给予表扬，并提出新的希望，鼓励其向更高的目标迈进。这样，使不同层次的幼儿在自己原有基础上都能积极努力并得到发展。

本次教学活动是真正属于幼儿自己的教学活动，真正体现幼儿为主体的教学活动。整个活动中，环节思路清晰流畅，形式新颖，真正体现以幼儿为主体这一教学宗旨。但是孩子对竹圈的创作还是有所欠缺的，以后的活动中教师要注意教授和引导幼儿对竹圈创作的把握，让孩子学会对竹圈通过联想组画、添画简单的过程，表现其主要特征。在以后的活动中，可以继续鼓励孩子发挥想象，自由创作，尊重孩子的个人兴趣，使其得到更好发展。

集体活动4：竹艺茶馆

沈乐怡

【设计思路】

1. 幼儿角度：茶文化博大精深，本次活动以茶艺为线索，抛砖引玉，通过感知与欣赏，初步体会中国茶文化的精髓之处，又通过实践与体验，进一步感知竹叶茶的韵味、茶艺的独特魅力，从而帮助幼儿在泡茶、品茶、敬茶中学会礼貌待人。

2. 活动的价值：中国茶文化博大精深，竹叶茶更是我园竹味馆特色之一，幼儿不但兴趣浓厚，在与小伙伴茶道交往过程中也表现出礼貌、文明、乐群的形象，本活动借助竹叶茶、竹制茶具让幼儿系统地了解泡茶礼仪，感受中国传统茶文化的精妙。

3. 教师角度：竹艺茶馆融合了我们的竹叶茶、茶道的特色，将竹文化衍生出的内容得以延伸。首先从回忆幼儿经验出发，回忆竹味馆活动室中幼儿体验过的竹叶茶的制作，紧接着以茶艺视频来激发幼儿对于茶文化的感知，最后幼儿用实践的操作，引导幼儿同伴间的合作，在动手泡茶中了解中国的茶文化。

【活动目标】

1. 在竹艺茶馆的情境中，感受茶艺特色并初步尝试茶艺。
2. 愿意与同伴一起合作茶艺，对竹文化有进一步探索兴趣。

【活动准备】

1. 经验准备：幼儿前期进入过竹味馆，对竹味馆中的竹叶茶有过体验。
2. 材料准备：竹制茶具3套，开水，竹叶茶，毛巾，示意图，视频

【活动重难点】

在竹艺茶馆的情境中，感受茶艺特色并初步尝试茶艺。

【活动过程】

一、创设竹艺茶馆情境

1. 导入：今天我们来到了竹味馆，竹味馆中开设了一家竹艺茶馆。
2. 提问：你们去过茶馆吗？茶馆里可以干什么？为什么这么多人喜欢茶馆？

小结：茶馆里可以喝喝茶，喝茶对我们的身体有益，所以茶馆很受

欢迎。

（价值分析：创设情境，让幼儿身临其境，抛砖引玉，引出竹艺茶馆的话题，为后面茶艺埋下伏笔。）

二、认识茶具

关键提问：看看有些什么？猜猜它们有什么用途？你最想了解哪个泡茶宝贝？

小结：这是用竹子制作的茶具，有茶盘、茶杯、茶壶……都是用来泡茶的、喝茶的工具。

（价值分析：通过茶具的展示和介绍，让幼儿了解茶具的用途。）

三、观看茶艺表演

1. 欣赏视频第一段，提问：她是谁？在做什么？坐姿怎么样？
2. 欣赏视频第二段，提问：为什么要醒茶？
3. 欣赏视频第三段，提问：茶艺师说了什么？
4. 欣赏视频第四段，提问：怎么递茶？为什么要三品茶？

小结：茶艺师泡茶的方式极为讲究，茶艺有很多学问。

（价值分析：观看欣赏茶艺表演，初步感受茶艺的乐趣，感知泡茶的步骤。）

四、体验泡茶过程

1. 幼儿体验茶艺师：泡茶、品茶、请茶。
2. 幼儿间互相说说当茶艺师的感受。

（价值分析：通过体验操作，进一步感知茶文化的博大精深。）

专家点评：

1. 话题层层递进

整个活动的话题分为四个部分，先是从创设竹艺茶馆的情境导入，使幼儿身临其境，话题导入很自然；其次教师为认识茶具设定了一个环节，为幼儿的认知做了铺垫；紧接着是欣赏茶艺师的视频，为后面动手操作的环节埋下伏笔；最后，话题转向幼儿自身，动手实践操作进一步感受茶的学问。话题层层递进，使幼儿在原有的生活经验的基础上，扩大经验范围，培养幼儿的社会认知能力，促进其社会性发展，体现出教师在课程设计中对目标的明确把握与过程的准确划分。

2. 师幼互动活跃

师幼互动的质量是衡定课程效果的一个重要指标。本活动中教师主要采取了师幼之间一问一答的形式,教师抛出问题"她是谁""在做什么""怎么递茶"等,旨在引导幼儿对于泡茶礼仪的认识,对泡茶的步骤进行详细解读。一方面,大量的师幼互动能够营造积极的课堂氛围,为儿童提供语言表达的机会,鼓励幼儿大胆用语言表达自己,进而培养幼儿的语言表达能力。另一方面,优质活跃的师幼互动也能获得更好的教学效果,在愉快的学习氛围中感受茶艺特色。

建议:

面对中班下学期的孩子,要做到泡茶、醒茶、敬茶是有难度的,尤其还涉及礼仪方面的学问,孩子们的意识还不够强烈,如果今天是大班的孩子,场面一定会很热闹,放在中班效果比较不明显。教师们不用困惑,这正是幼儿年龄段的问题,还需要进一步抓住幼儿的年龄特点。

三、大班活动

集体活动1:和竹子在一起

韩春磊

【设计思路】

1. 幼儿角度:在幼儿园竹趣特色课程的组织与实施中,幼儿积累了一定的与竹相关经验,如:认识了许多竹子制品,了解了竹子生长的规律,感受到了竹子在生活中的用处。随着竹趣活动的开展,幼儿对竹子有了越来越全面的认识,也逐渐对竹子与人们生活的关系产生了兴趣。在生活中,幼儿乐于寻找竹制品,尝试体验一些简单竹制品的制作。在"寻竹"宅基课堂的开展中,幼儿有了更多的机会走进竹林,走近传统手工竹艺人,和竹子来了一次又一次的亲密接触。

幼儿这些玩竹经验的支撑,竹子渐渐成了幼儿间谈论频次较高的话题之一。基于大班幼儿语言核心经验发展的现状考量,幼儿的语言发展普遍呈现较弱的态势,主要表现为:不敢开口,表达不连贯,逻辑性不强等。而选择竹子为话题,幼儿有着足够的前期经验准备,也就变得有话可说了。

2. 理论方面:《3—6岁儿童学习与发展指南》语言领域:能说出所阅读的幼儿文学作品的主要内容。并且指出:幼儿的语言学习需要相应的社会经验的支持,应通过多种活动扩展幼儿的生活经验,丰富语言的内容,增强理解和表达能力。

《3—6岁儿童学习与发展指南》科学领域：初步了解人们的生活与自然环境的密切关系。

本人在研的区级一般课题《大班幼儿语言核心经验提升的支持策略研究》中提出了：借助材料支持,提高幼儿语言表达能力。此处的材料可以理解为：竹子相关经验和竹子绘本。

3. 教材解读：对于提升幼儿的语言核心经验,绘本阅读一直是首选的策略之一。通过形象生动的绘本图片,幼儿总是乐意尝试用语言表述内容。

《和竹子在一起》是一本中国原创图画书,内容极具中国民间竹特色。讲述了阿斌一家一年四季中与竹子的故事,描绘了令人向往的和竹子在一起的童真岁月。绘本将竹子在四季中的妙用通过阿斌的视角展现在人们面前。同时绘本中春夏秋冬的时间主线正好与大班的《春夏秋冬》这一主题相契合。幼儿基于主题开展的已有经验和积累的生活经验,幼儿对于竹子一年四季的妙用有了全面、整合的认知,进而了解到竹子与人们生活的紧密联系,感恩竹子给予我们的一切。

【活动目标】

1. 认识一些竹子制品,知道竹子和人们的生活息息相关。
2. 向往与竹子在一起的乡野童年生活,感恩竹子给予的一切。

【活动准备】

经验准备：认识生活中的一些竹制品。

材料准备：教学PPT,绘本《和竹子在一起》,竹制品与其他制品的图片若干

【活动重难点】

活动重点：知道竹子制品在生活中的用处,明白竹子与人们的生活息息相关。

活动难点：向往与竹子在一起的乡野童年生活。

【活动过程】

一、竹制品知多少——认识生活中的竹制品。

导入语：我们的生活中有许多竹子做成的东西,你们知道有哪些吗？

1. 四人一组从若干图片中选出竹制品。
2. 验证答案,再次调整。

小结：我们的生活中有许多东西是由竹子做成的,竹子真是个宝贝。

（价值分析：通过在一堆物品的图 15 中寻找竹制品的趣味小游戏，帮助幼儿回顾、认识生活中常见的竹制品。）

二、和竹子在一起——了解竹子在生活中的妙用。

过渡语：竹子那么有用，那么和竹子在一起的生活会是什么样的呢？

1. 集体阅读，发现竹子在春天里的妙用。

2. 分组阅读，继续发现竹子在夏、秋、冬里的妙用。

3. 说一说，一年四季里阿斌与家人们用竹子做了些什么？

小结：竹笋能变成美味佳肴，竹子能做成竹制品，也能编成竹器，更能让我们享受有趣又好玩的乡野童年。

（价值分析：借助绘本，跟随春夏秋冬的时间主线，了解、感受竹子在一年四季中的妙用，进而初步感知竹子与我们生活的关系。）

三、我和竹子的故事——亲身感受自己和竹子在一起的生活。

1. 说说自己与竹子的故事。

2. 提问：你和竹子有什么有趣的事情吗？

小结：看似平凡的竹子也有大大的用处，它还给我们的生活带来了无穷乐趣。

（价值分析：回归生活，结合幼儿的生活经验，大胆讲述自己和竹子之间的故事，激发幼儿的表达能力。进一步感受竹子与我们生活的密切关系。）

专家点评：

《和竹子在一起》是一本中国原创的图画书，内容涵盖了一年四季中竹子的妙用。可以说从内容上来看，与钱圩幼儿园的"竹趣"课程的需求相契合。

从活动的内容上来看，既有意义，又有挑战。意义在于幼儿在经过前期的"竹趣"活动的经验积累下，对竹子有了一些大致的了解。但，这个了解又不是全面的，而是片段的、分散的。因此，急需一个契机，将幼儿的这些零散的竹经验做一个串联与统整。而活动"和竹子在一起"的丰富内容，很好地将幼儿的零碎竹经验做了整合。至于挑战则在于要上好这个活动，幼儿必须是具备了比较丰富的竹子经验的，一旦幼儿缺少了竹的经验，活动就只能在教师的"一言堂"下进行了。

活动的最后一环节，教师将落脚点放到了幼儿生活中的竹经验，引导幼儿进一步感受竹子与我们生活的密切关系。活动中，教师极具智慧地将话题引导到了竹趣宅基课堂和竹趣室的活动中,再一次回顾了幼儿已有的竹经验。

建议:将绘本内容做一个筛选,在图片内容的选择上可以适当加入一些幼儿园里开展的竹活动。这样一来,在讲述绘本故事时幼儿会更加有代入感。

集体活动2:筷子兄弟

韩春磊

【设计思路】

1. 幼儿角度:学会用筷子是大班幼儿的一项基本技能。虽然我班幼儿在正确使用筷子方面没有多大的难度,但是在分筷子上却出现了问题。餐前准备时,作为值日生的幼儿总会帮助保育员阿姨分筷子。有时候,值日生在分筷子时会出现只分一根筷子的情况。经过多次的值日工作后,幼儿逐渐明白两根筷子是一双的道理。鉴于幼儿总是对分筷子的值日生工作跃跃欲试,培养每位幼儿正确分筷子也就成了一项紧要的任务。

在《我是中国人》的主题开展下,幼儿在个别化学习活动中尝试用各种各样的筷子夹物,感受材质不同的筷子使用感也不同。借着这一机会,幼儿对不一样的筷子有了初步的认识。偶尔也会听到幼儿间谈论这些筷子与自己家筷子的不同,知道了筷子是中国人伟大的发明之一。

2. 理论方面:《3—6岁儿童学习与发展指南》科学领域目标:能发现事物简单的排列规律,并尝试创造新的排列规律。《3—6岁儿童学习与发展指南》社会领域目标:知道国家一些重大成就,爱祖国,为自己是中国人感到自豪。

3. 教师角度:对于大班上的幼儿来说,AABB型的排列规律还是有一定难度的。然而借助筷子"双"的概念,就能较容易地感知AABB的排列规律。同时,借助长短不一、颜色各异的筷子,甚至可以将AABB的排列规律引申为AABBCC、AABBCCDD。跳脱出以往排列活动比较单一的ABAB形式,创造机会让幼儿感知新的排列。

随着时代的进步,筷子也在进行着一场改革。越来越多的筷子出现在了大家面前。在预防疾病,关注餐饮卫生的背景之下,使用公筷也逐渐成了一种用餐礼仪。因此,让幼儿认识各种筷子,巧用筷子也是一种时代发展的需求。

【活动目标】

1. 以"双"为单位用各种筷子进行排列,体验 AABB 式的排列规律。

2. 认识各种各样的筷子,为中国人民的智慧创造感到自豪。

【活动准备】

经验准备:

1. 知道筷子是中国人民的智慧产物。

2. 尝试过简单的排列规律。

材料准备:教学 PPT、长筷子、短筷子、红筷子、黑筷子若干

【活动重难点】 以"双"为单位用各种筷子进行排列,体验 AABB 式的排列规律。

【活动过程】

一、分筷子,分辨量词"根"与"双"的区别

1. 讨论:给五位小朋友分筷子,需要几根筷子?几双筷子?

2. 分辨量词"根"和"双"的区别。

小结:两根筷子称为一双,一双代表两根,我们在分筷子的时候总是将两根筷子作为一双来发。

(价值分析:巩固幼儿对于"根"和"双"的认识,为接下来的活动做好铺垫。)

二、筷子排排队,体验 AABB 式排列规律

1. 看图片,发现筷子的排列规律。

关键提问:这些筷子兄弟是按什么规律排列的?

2. 创设情境,尝试用 AABB 式的规律排列筷子兄弟。

(1) 播放视频,提出排列要求。

(2) 分组操作。

(3) 集体讨论。

3. 图示讨论,找出按照 AABB 式规律排列的筷子兄弟。

提问:哪些筷子兄弟的排列是有规律的?什么规律?

小结:一双长筷子、一双短筷子的排列就是一种有规律的排列方法。我们用更多不同的筷子兄弟就能发现更多有趣的排列规律了。

(价值分析:借助筷子"双"的概念,帮助幼儿感知 AABB 的排列规律。)

三、不一样的筷子,了解各种各样的筷子兄弟

过渡语：筷子是中国人民的智慧发明，它让人们的用餐变方便了，也变得更卫生了。那么你们还认识哪些特别的筷子呢？

图示生活中各种各样的筷子，说说它们的用处。

（1）儿童练习筷　（2）一次性筷子　（3）长筷　（4）公筷

关键提问：你认识这些筷子吗？它们有什么特别的用处吗？

小结：聪明的中国人为了方便生活、改善生活，发明了各种各样的筷子，这些特别的筷子满足了人们生活的各种需求。

（价值分析：了解、认识不同功能的筷子，感受中国人民的伟大智慧。）

专家点评：

1. 活动设计体现出教师的设计智慧。

对于大班幼儿来说，ABAB 型的排列顺序比较好理解。但是 AABB 型的排列顺序理解起来可能是有难度的。活动中，教师很有智慧地借助筷子的"双"的概念，很自然地将 AABB 型排列引入进来。并且设计了分筷子的环节，让幼儿加深了双的概念，为接下来幼儿操作 AABB 型排列打下基础。

2. 活动内容体现了对幼儿的挑战性。

以往的关于排列的数活动中，幼儿更多的是进行 ABAB 型的排列。在"筷子兄弟"这一活动中，教师将难度跳了一跳，为幼儿导入了一个全新的排列概念。这样的突破性改变，可以说是为幼儿接下来创造、认识更多排列注入了新思路。

3. 活动设计体现领域整合。

筷子是此次活动的绝对主角。在借助筷子进行排列后，教师带领幼儿进一步了解了各种各样的筷子。走进了中国的筷子文化，也了解了筷子的不同功能。结合当下推崇的公筷，将大热话题——公共卫生也进行了探讨，体现了教案设计的与时俱进。

建议：活动中，教师试图让幼儿尝试 AABBCC、AABBCCDD 的排列顺序，但是对于部分幼儿来说有些接受不适。因此，教师不妨放慢脚步，逐步攻破。让幼儿在熟练感知 AABB 型排列后再尝试更具难度的排列顺序。

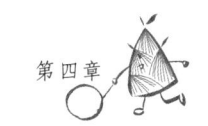

集体活动3：声临其境

韩春磊

【设计思路】

1. 幼儿角度：在大班"有趣的水"主题活动的开展中，幼儿多次尝试用拟声词形容描述自然界不同形态的水，如：哗啦啦的江海声，叮叮咚咚的泉水声，滴答滴答的小溪声，等等。教师惊讶地发现向来不善表达的幼儿居然能够用形象的拟声词较为生动地表达各种水流声。经此之后，幼儿对拟声词有了较为深刻的认识，他们开始尝试用拟声词描绘生活中的场景，甚至开始创造一些拟声词让自己的表述更真切。

城郊幼儿词汇量的积累一直是个短板，因为幼儿没有庞大的词汇量支撑，导致他们在表述时总是不那么生动。拟声词作为朗朗上口，简单明了又接地气的形容词，很容易被幼儿掌握。当幼儿的描述中加入了拟声词，画面感也就随之而来了。可以说拟声词作为提升幼儿生动表达能力的奠基石，帮助幼儿建立起语言表达的自信心，开启探索生动表达的语言之旅。

在幼儿园竹趣特色课程的组织与实施中，幼儿获得了更多走进竹林的机会，他们在竹林中挖笋、画竹、玩游戏，积累了许多和竹子有关的经验。同时，在本人区级课题"大班幼儿语言核心经验提升的支持策略研究"的开展下，我多次转移阵地，将竹林作为活动地点，开展赏、话竹活动。所以幼儿对竹子、竹林、竹林中的事是不陌生的。幼儿也更乐意在开放、自然、轻松的竹林环境中有感而发。

2. 理论方面：《3—6岁儿童学习与发展指南》对大班幼儿的语言及艺术领域发展提出参考目标，语言领域，讲述时能使用常见的形容词、同义词等，语言比较生动；艺术领域，乐于模仿自然界和生活环境中有特点的声音，并产生相应的联想。

3. 教师角度：幼儿总是天生对自然界的事物感兴趣。让幼儿多接触大自然，感受和欣赏美丽的景色和好听的声音也能激发幼儿热爱大自然的情感。

活动以用拟声词模仿竹林中的声音为主线，带领幼儿动用感官，通过耳朵听、眼睛看、脑袋想的方式多方位捕捉竹林中各种各样的声音，生动形象地表达竹林美景,感受语言的意境美。活动环节体现层层递进,先是最直观的听,旨在帮助幼儿进一步巩固对拟声词的了解,也通过最直接的声音激发幼儿的联想,为下一环节开展埋下伏笔。接下来,加大难度,通过一幅内容丰富的竹林美景图,鼓励幼儿大胆想象,用眼睛捕捉声音,尝试在描述中融入拟声词,让描述性语言更生动。

【活动目标】

1. 熟悉常用拟声词,能运用拟声词进行生动形象的描述。

2. 喜欢倾听竹林中美妙的声音,并能产生相应的联想。

【活动准备】

经验准备:知道一些简单的拟声词。

材料准备:教学 PPT,竹林的图片,塑料袋,沙锤,小风扇,快板,拨浪鼓,玻璃杯,筷子,书,铃铛等

【活动重难点】

活动重点:熟悉常用的拟声词,并能运用拟声词进行描述。

活动难点:能结合情境运用拟声词,感受语言的意境美。

【活动过程】

一、猜猜是谁,认识拟声词

1. 游戏:猜猜是谁?

关键提问:你怎么知道是它们?

2. 幼儿说一说知道的其他代表声音的词。

提问:还知道哪些代表声音的词吗?

小结:模拟自然界声响而创造出来的词汇叫作拟声词。

(价值分析:从简单的小猫、小狗叫声再到幼儿较熟悉的打雷、下雨声让幼儿初步对拟声词有概念。)

二、竹林里的声音,用拟声词描绘竹林景象

1. 播放音频"竹林的早晨",幼儿说说音频中听到的声音,并尝试用拟声词模仿。(较简单的鸟鸣声、溪水声、沙沙声,先将话题带入到竹林中。)

2. 出示竹林相关的音频视频,引导幼儿尝试用拟声词描述。

提问:你听到了竹林里的什么声音?

3. 分组操作,讨论春天里、夏天里、秋天里、冬天里竹林中的声音。

要求:可以操作桌上的小道具寻找竹林四季里的声音。想一想这个

声音像什么。

4. 用拟声词描绘竹林春、夏、秋、冬的景象。

关键提问：竹林的春天里、夏天里、秋天里、冬天里会有哪些美妙的声音？

小结：大自然中有各种各样的声音，这些好听的声音构成了一幅幅美丽的画卷。

（价值分析：自然界是一幅美丽的画卷，自然界的声音对幼儿来说比较熟悉，将话题放在竹林，让幼儿有话可说，有想象的空间，有助于加深对拟声词的运用了解。）

三、看图"听"声音，用生动的语言描述画面

过渡语：让我们一起去看一看竹林美丽的画卷，寻找图中美妙的声音吧。

1. 出示图片，感受图中的声音。
2. 用拟声词描绘图中景象。

关键提问：你听到了图中的什么声音？

小结：静止的画面中其实也隐藏着美妙的声音，而这些好听的声音让图中的故事更加动听。

（价值分析：第二环节通过音频视频和自己操作想象为幼儿呈现了竹林四季的美，这一环节进一步地通过图片，让幼儿发现图中的声音，感受隐藏在图中的生动的语言。）

延伸活动

带领幼儿去大自然中找声音，结合拟声词生动地说一说身边的美景。

专家点评：

本次活动设计有创意，从幼儿比较常用的拟声词入手，结合竹林里一年四季的景色，带领幼儿感受一场美妙动听的语言盛宴。

基于幼儿已有的宅基课堂中对于竹林的体验和城郊幼儿对于竹林的熟悉度，幼儿对竹林中的声音或多或少有所感知。活动中，教师采用了音频（听声音）、视频（看画面、听声音）、图片（"看"声音）的方式循序渐进地将幼儿带入到四季的竹林中。在难度上来说，是比较合理的。即使幼儿前期关于竹林的经验不是那么丰富，但是在层层递进的视听引领下，幼儿也能够慢慢融入，大胆表达。可见教师在环节的设计上是经过了深思熟虑的。

整个活动中,执教教师不是急不可耐地将"标准答案"告诉幼儿,而是一步步引导幼儿听与想象,肯定幼儿自创的拟声词,并且鼓励幼儿用拟声词进行完整、生动的讲述。这样一场不走寻常路的语言活动,激发了所有幼儿的活动积极性,每一位幼儿都愿意讲述自己听到看到的竹林之声。

建议:最后一环节的看图"听"声音,由于是幼儿的初体验,并不能带动多数幼儿的参与,不妨稍稍将难度放低,给予幼儿一些关于声音的提示。

集体活动4:水到渠成

戚丹花

【设计思路】

1. 教师角度——观察发现

活动内容来源:竹趣嘉年华中"竹空隧道"游戏,吸引诸多幼儿参与,幼儿手持竹筧,一个接一个,接到地上的竹篮中,球在竹筧中滚动,落至篮子。其中3位幼儿从游戏一开始就在此玩,不停地尝试,虽未曾成功过,但始终不放弃,丝毫不减游戏热情。——幼儿喜欢这个游戏。

教师的思考:幼儿屡战屡败,却依旧乐此不疲的原因是什么?游戏的趣味性?材料?还是沉溺于探究的乐趣?带着这些问题,深入观察发现:竹筧连接点出现了缝隙,球掉落;手的高低不一,球滚至一半停滞不前;第二片竹筧放在第一片的上面,球卡住了;一幼儿一旁指挥同伴手放低,牵一发则动全身,后面的小伙伴根本不理解且不知道该怎么做,指挥喊得口干舌燥,其他人还是无动于衷……这样那样的问题,困扰着幼儿。何不组织一次集体活动,帮助幼儿共同发现、解决这些问题呢?

2. 幼儿角度——已有经验

(1) 对材料的熟悉度,竹筧在建构区、户外沙水游戏中一直接触。

(2) 建构游戏中幼儿已经具备架空、插接、组合等多种建构能力。

3. 理论角度——梳理关键

《3—6岁儿童学习与发展指南》《上海市学前教育课程指南》中的大班幼儿年龄特点及发展目标、《上海市幼儿园办园质量评价指南(试行稿)》之3—6岁儿童发展行为观察指引,围绕"合作""科学""习惯"等关键词,指出:

(1) 探究中有所发现时感到兴奋和满足。

(2) 能通过观察、比较与分析,发现并描述不同种类物体的特征或某个事物前后的变化。

（3）能用一定的方法验证自己的猜测。

（4）探究中能与他人合作与交流。

（5）支持和鼓励幼儿在探究的过程中积极动手动脑寻找答案或解决问题。

（6）支持幼儿与同伴合作探究与分享交流，引导他们在交流中尝试整理、概括自己探究的成果，体验合作探究和发现的乐趣。

（7）帮助幼儿回顾自己探究过程，讨论自己做了什么，怎么做的，结果与计划目标是否一致，分析一下原因及下一步要怎样做等。

【活动目标】

建构渠道，探索引水入渠的方法，体验合作探究的乐趣。

【活动准备】

已有经验：

1. 幼儿在沙水游戏中玩过引水的游戏（重点了解水从高往低流；支架高低排）。

2. 幼儿了解9宫格、16宫格是一格一格走的，不能对角线走。

3. 幼儿对这些竹筒、竹笕相当熟悉，玩得很溜。

材料：宅基地（家门口有井有田地）；

竹笕（6个，其中一个通向田地）、竹筒（从高到低10个，每个间距3—5厘米）——放在地上表格的一侧；

任务单；地上绘制表格（和任务单相同）；笔、画架、画板（张贴幼儿的记录）、幼儿观看视频"水到渠成"之后，记录引水关键的方法（支架高低排列、竹笕连接处有高低），如下右图；大竹凳（2个，幼儿坐）；小竹凳（1个，教师坐）、粉笔（绘制地上表格用）；

【活动过程】

一、经验回顾,梳理方法

1. 幼儿先前观看视频,并积累相关引水的经验。

关键提问:要想把水成功地从山上引到山下有哪些关键的方法?要注意些什么?(幼儿讲述自己的记录)

2. 方法梳理并小结。

小结:是啊,不仅支架要从高到低排列,而且竹笕连接的地方也要有高、低。

二、运用方法,挑战任务

过渡语:今天,我们就用这些方法帮助爷爷浇灌花园和菜园。仔细看,这是爷爷给的任务单。

1. (出示任务单一)关键提问:这个表格看得懂吗?有不明白的吗?"√"是什么意思?

小结:从起点到终点,一定要经过这个地方(手指"√"处),这是必经之路。

2. 任务要求:

(1) 4个人一组合作完成。

(2) 表格是一样的,上面同样有起点、终点和必经之路。

(3) 8分钟完成任务,听到提示就停下。

听明白了吗?(听明白了。)好,开始。

3. 幼儿建构,师观察指导(重点观察有无必经之路;建构方法;合作情况)

根据需要,你们可以先做一些计划

(这些计划可以是分工上的计划——商量、分工、合作

路线上的规划——设计线路)

先思后行

边思边行

(1) 通过必经之路了吗?

(2) 碰到了什么问题?该怎么办?如何解决(调整)?

问题合作——分工、沟通

建构——位置——移动合作——同时拿两端或一人拿竹笕一人

放竹笕时,移动支架易倒

轻拿轻放

找不到合适的支架——寻找四周有否替代物（随机应变）

（3）提示时间：2分钟……1分钟

三、验证结果、分享交流

分享从以下维度思考

自评——分享经验1.路线不同；2.支架、竹篾数量不同

他评——发现不同，学习新知哪组快？为什么？继续抛问：最少要用几个支架？（引发幼儿讨论）

他评——（发现不同，学习新知论、继而开展探究兴趣）

自评反复倒，原因是什么？——做事不够细致

合作、沟通——多听听别人的意见

未成功——寻找原因

他评问题在哪？该怎么解决？——再试试

1. 验证结果。

2. 成功则分享成功秘诀。

（自评中的N种回应）

——团队合作很重要

——失败乃成功之母，不放弃一定会成功

——先想后做，做事有计划，非常好

——方法很重要

——只要动脑筋，一切困难都会解决

他评中的提问与回应：

提问：

● 他们搭的和你们有什么不同？（路线不同、支架多少不同——最少可以用几个支架？哪个快？为什么？）

● 你们觉得他们哪些地方或好方法值得你们学习？

——仔细看，认真听，从别人那也能学到许多知识。

——真像个小学生，能够愿意倾听、接纳别人的意见和建议，非常好！

3. 失败则共同寻找原因，解决问题。

过渡：失败也没关系，一起看看问题在哪。

问另一组：你们觉得没有成功，可能是什么原因？该怎么调整？

问该组：听懂了吗？听明白了吗？他们的意见是什么？（幼儿复述）

找到原因，根据刚才的意见再去试试，相信你们肯定成功，（面向另

一组)你们也可以去帮帮他们。或者挑战一下用最少的支架完成任务……

延伸活动：出示任务单二

附件：任务单一

任务单二：

专家点评：

一、幼儿视角的活动设计

从设计思路可以看出：活动设计源于幼儿，是教师充分观察幼儿、分析思考后，立足幼儿角度，原创设计并组织实施的竹趣微型活动。一场游戏"竹空隧道"中幼儿的表现和热衷度（屡败屡战），引发教师深思，继而运用幼儿熟悉的材料（竹笕、竹筒），在幼儿玩过沙水游戏经验的基础上，立足幼儿视角，创设任务情境，给予幼儿新的挑战。

二、创新的活动形式

在宅基地开展活动，让幼儿走出去、在园外学习，活动形式上的创新给予本次活动新的活力，也是充分利用家庭资源的体现，思维上的新挑

战。本次活动,给予幼儿思维上的新挑战,主要体现在:其一,具象的表格到抽象的地上的表格之间的联系(两个地格起点、必经之路、终点的方向都不同,需要幼儿仔细观察,建立平面与立体之间的联系)。其二,在16宫格中,进行一定规则连接、架空、插接、组合等多种建构能力的综合运用。其三,在短时间内,完成任务,这就需要幼儿自主安排,做事有计划、不拖拉,这也体现了幼小衔接中的时间观念。其四,记录表的呈现,从起点到终点,有多条路径。其五,教师的提问,如你发现了什么问题(幼儿发现问题的能力)?该怎么解决(幼儿解决问题的能力)?在诸多细节中,让我们看到了执教者对于幼儿思维能力发展的重视及关注。

三、多样的分享交流

活动分享中,教师充分让幼儿开展自我评价和他评,生生互动中帮助幼儿总结成功经验、发现失败原因,寻找解决问题的方法。

四、学习品质的培养

整个活动中教师关注幼儿学习品质的培养,如合作、遵守规则(听到提示马上停)、记录、计划书的制定、清晰完整连贯语言的表达、协商妥协、具象到抽象思维的发展等,这些能力的培养都是为大班幼小衔接做服务。

建议:

1. 情感挖掘还可深入,体会古人引水入渠的智慧。

2. 节约用水,保护水资源方面还需关注。

集体活动 5:说唱竹味馆

沈乐怡

【设计思路】

1. 幼儿角度:竹味馆是幼儿园新开辟的专用活动室。在竹味馆活动过程中,幼儿乐意制作美食,品尝美食,在吃吃玩玩操作中收获快乐。当客人们前来一起加入做客时,大班幼儿对于竹味馆的内容、故事、功能能够进行简单的语言介绍,可是语言表达还是比较单调、枯燥。又基于近期幼儿在大舞台表演时,对于说唱的感觉特别有味道,当唱起"yo yo"时手舞足蹈,兴致高昂。基于幼儿的兴趣点和现状,于是教师设计"说唱竹味馆"的活动。

2. 理论方面:《3—6岁儿童学习与发展指南》艺术领域目标:在艺术欣赏时常常用表情、动作、语言等方式表达自己的理解,能够专心观看自己喜欢的文艺演出或艺术品,且积极参与艺术活动,能与他人相互配合。

《3—6岁儿童学习与发展指南》语言领域目标:能有序、连贯、清楚地讲述一件事,讲述时使用形容词、同义词等。

3. 教师角度:竹味馆中的美食恰好映射了一些中华传统美食的文化,同时更是竹文化在"食"中的体现,鼓励幼儿尝试将竹味馆的美食、材料等融入说唱中,通过说一说、唱一唱、编一编、演一演等大班幼儿喜欢的方式,再次深入挖掘竹味馆,增加对竹味馆的兴趣,以说唱的形式引导幼儿去多元、个性地表达表现,也进一步拉近竹文化和我们生活的关系。

【活动目标】

1. 根据画面和提示,尝试将竹味馆中的内容创编到说唱中,感受说唱曲风的韵味。

2. 愿意与同伴一起合作表演,对竹文化有进一步探索兴趣。

【活动准备】

1. 经验准备:幼儿前期进入过竹味馆,对竹味馆的功能有所了解。

2. 材料准备:PPT课件,画板画架三个,竹味美食图片。

【活动重难点】

活动重点:根据画面和提示,尝试将竹味馆中的内容创编到说唱中。

活动难点:与同伴一起合作表演说唱竹味馆。

【活动过程】

一、进竹味馆

提问:你们都去过竹味馆吗?请你们说说竹味馆给你印象最深的是什么?

小结:听了你们的介绍,竹味馆里有好吃的美食、好玩的竹具、好看的环境还有可爱的你们。那今天我们就一起走进竹味馆说说、唱唱吧。

(价值分析:在活动一开始,通过提问将幼儿的注意力集中到竹味馆,回忆自己的已有经验。)

二、唱竹味馆

(一)听一听

1. 教师示范,熟悉歌词

2. 出示图谱,帮助幼儿理解歌词

3. 幼儿尝试说唱

小结：竹味馆里美食真多，是个好玩的地方。

（二）学一学

1. 幼儿尝试创编歌词

2. 幼儿完整说唱

小结：你们真厉害，不仅会唱，还会创编歌词，把竹味馆里的美食编得多姿多彩。

（三）编一编

1. 幼儿分组创编竹味馆歌词

2. 分组展示表演

小结：竹味馆里可以做美食、吃美食、玩竹具、看漂亮的环境，下次我们就把竹味馆里的内容用说唱的方式介绍给别人吧。

（价值分析：幼儿在听一听、学一学的过程中循序渐进地了解竹味馆的内容，为了帮助幼儿在"编一编"中产生更多素材，我们将幼儿产生的信息点建立联系，从而进行有目的的、有方向的创编、表演。）

延伸活动

我们可以用今天学到的说唱方式在个别化的时间再去尝试编一编、唱一唱竹趣室、小竹林。

（价值分析：引导幼儿可以沿用说唱的形式，举一反三。）

专家点评：

从被动学习到主动探索。

本次活动体现了幼儿主动探索创编歌词并积极尝试合作表演的过程。首先来看《说唱竹味馆》的选材，教师从回忆竹味馆的经历着手，帮助幼儿激起对竹味馆的印象，这样的设计和准备从幼儿的角度拉近了幼儿经验和创编素材的距离，使原本难度重重的歌词创编减低了难度，更加贴近幼儿的水平，使整个活动接地气。

当然，教师的选材用心也是很独到的。为什么在小竹林、竹趣室等其他竹有关的活动室中教师要选择竹味馆作为本次音乐活动的新授内容呢？我想可能是因为与竹味馆开展过程中教师的细心观察和幼儿近期的兴趣点有关。

在整个过程中有别于传统的教师预设大于生成的音乐活动教学，而是将幼儿的主体地位凸显到最重要的地位，教师在活动中最大的作用就是"整合"与"提升"。"整合"的是幼儿的语言创编，"提升"的是对于竹味馆内容的再现。

从个体独享到共同分享。

在本次音乐创编活动中,其实教师在示范说唱时就已经铺垫了"生生互动"和"共同分享"。在幼儿尝试创编歌词过程中,就已经出现了幼儿之间两两合作创编的倾向。

我们可以看到幼儿在表演创编歌词时,已出现手势、动作,但是当自由创编合作表演时,你一句、我一句,你一个动作、我一个动作,这种不留痕迹的生生互动使幼儿之间的动作表现非常自然和谐。

在一般的音乐活动中,只要涉及合作表演,教师往往只关注幼儿的动作而忽略了幼儿自身对于动作的感受和想法。而在此次活动中,教师更关注的是幼儿创编后的语言表达以及动作和画面之间的联系。因此,在本次创编中,教师有意识地引导幼儿合作表演说唱,使幼儿在整个过程中都能关注到自己和同伴。

在"说唱竹味馆"音乐活动中,材料、幼儿、教师三者之间体现了良性的互动。教师在把握幼儿发展水平及已有经验和能力基础上,在幼儿享受说唱的韵味、自由表现的开放性进程中,接纳幼儿各种丰富的创编语言、简单的动作表现,并给予适时支持和提升,使幼儿在有目的的音乐探索活动中获得了良好的发展。

集体活动 6:特别的脸

杨雯晔

【设计思路】

《3—6 岁儿童学习与发展指南》对大班幼儿提出,"能通过观察、比较与分析,发现并描述不同种类物体的特征或某个事物前后的变化""能用多种工具、材料或不同的表现手法表达自己的感受和想象"。《幼儿园教育指导纲要》对教师提出,"指导幼儿利用身边的物品或废旧材料,制作玩具,美化幼儿的生活"。

人有各种各样丰富的表情,但孩子们很少真正去注意自己甚至是别人的表情到底是怎样的。针对"我自己"这个主题,教师设计了本次美术活动"特别的脸",通过有趣的表情游戏及欣赏丰富的肖像作品,让幼儿感受肖像作品特别的美的同时,也去感受五官变化的不同效果,在利用各种竹材料、生活化材料进行操作过程中去体验创造的快乐。在这样一个美

术活动中幼儿从关注自己五官的不同变化到关注他人的五官变化,学会互相欣赏,从而促进其社会性情感的发展。

【活动目标】

1. 通过欣赏,感受脸的特别之处。
2. 尝试用多种方式表现"特别的脸",体验创造的乐趣。

【活动准备】

1. 经验准备:幼儿会用黏胶等粘贴物,并对表情有一个基本的认识。
2. 材料准备:竹圈、竹篾等竹材料,小树枝、毛线、纽扣等生活化美术材料,万能黏胶、双面胶、黑色卡纸、剪刀等辅助工具,PPT课件

【活动重点】 感受肖像作品五官的不同变化。

【活动难点】 用竹材料、生活化材料表现出肖像五官的夸张变化。

【活动过程】

一、表情游戏——感受五官变化

导入:我们的脸会表现不同的表情,可以有什么表情?做做看,谁的表情最有趣?

1. 关键提问:现在老师说一个表情,看看谁做得最有趣?

(1)微笑的表情。

(2)哈哈大笑的表情。

(3)发怒的表情。

2. 小结:五官的变化可以表达出不一样的情绪。

(价值分析:通过表情游戏,引导幼儿感受五官的不同变化可以表达出不一样的情绪,鼓励幼儿与人分享自己的情绪。)

二、作品欣赏——感受"特别的脸"

1. 关键提问:你觉得哪幅作品最特别?带给你怎样的感受?

2. 小结:原来生活中的材料可以表现特别的脸。现在我们小朋友也来试一试。

(价值分析:欣赏"特别的脸"艺术作品,引导幼儿发现作品美的特征,感受不同材料可以创造出不同的美。)

三、幼儿操作——体验创造乐趣

1. 提要求:

(1)想一想用哪个材料?

(2)想办法让人知道你变出的是谁的脸。

2. 幼儿创作。

（价值分析：提供丰富的便于幼儿取放的竹材料、生活化材料、工具，鼓励幼儿在操作前进行思考，支持幼儿自主创作。）

四、交流分享——表达美感体验

1. 关键提问：你用什么材料变出了谁？从哪里看出来？

2. 小结：今天我们用竹子和其他不同的材料变出了特别的脸。只要我们能够把自己心中的想法大胆地表现出来，相信你做出来的作品都是最棒的。

（价值分析：通过交流分享，了解并倾听幼儿独特的艺术表现的想法或感受，领会并尊重幼儿的创作意图，肯定幼儿作品的优点，激发幼儿艺术创作的乐趣。）

延伸活动

在美工区投放竹材料以及其他生活化美术材料供幼儿进行艺术创作。

专家点评：

1. 活动内容的选择有思考，各种各样的表情、不同的脸表达出不同的情绪，教师能根据本班幼儿的发展来设计活动，掌握了幼儿的兴趣点和价值点，体现了日常活动中教师对于幼儿的观察与分析。

2. 整个活动可以看到，教师始终把幼儿放在前面，不管是表情游戏还是欣赏或者是操作表现，教师都能关注到幼儿的发展，并且对活动有充分的预设，抛接问题自然、收放自如，整个活动对于该班幼儿来说获得了有价值的提升。

3. 整个活动能让幼儿享受到艺术的美感，能感受到五官变化带来的表情的变化，同时能体验美术活动带来的快乐，这体现了教师对于活动的把控及智慧。

4. 活动现场幼儿的参与性、积极性高，从幼儿在活动中的语言、情绪能看到他们对于本次活动的兴趣。

集体活动7：竹石图

杨雯晔

【设计思路】

《3—6岁儿童学习与发展指南》对大班幼儿提出"能结合情境理解一

些表示因果、假设等相对复杂的句子""愿意和别人分享、交流自己喜爱的艺术作品和美感体验""艺术欣赏时常常用表情、动作、语言等方式表达自己的理解"。大班主题"我是中国人"子主题"了不起的中国人"提出,幼儿需要了解我国有名的人物、事迹,并且为自己是一个中国人而自豪。竹子是最能代表中华民族优秀品质的植物之一,幼儿的家附近有着许多的竹林,虽然知道竹子这种植物,但是对于竹子的外形只有粗浅的认知,对竹子包含的人文品质更是知之甚少。于是教师借助郑板桥的《竹石图》,试图串联起名家、中国画、竹子及中华民族品质这几个关键词,以"看一看竹子的外形""品一品竹子的画""说一说竹子的品质"三个主要环节设计整个活动。幼儿从郑板桥的《竹石图》中初步了解画家运用的近实远虚的艺术手段,从而萌发对水墨画作品美的感受和体验,进而激发自己成为像竹子这样有着虚心、高洁、坚韧品格的人。

【活动目标】

1. 欣赏郑板桥的《竹石图》,初步了解中国画近实远虚的艺术手段,萌发对水墨画作品美的感受和体验。

2. 在看一看、品一品、说一说的过程中,了解竹子的品质,激发自己成为像竹子这样有着虚心、高洁、坚韧品格的人。

【活动准备】

1. 经验准备:幼儿对竹子基本外形特征的了解。

2. 材料准备:竹子材料、多媒体课件、郑板桥《竹石图》打印图若干

活动重点:欣赏郑板桥的《竹石图》,了解作品中近实远虚的艺术手段。

【活动难点】 了解竹子的品质,激发自己成为像竹子这样有着虚心、高洁、坚韧品格的人。

【活动过程】

一、看一看竹子的外形

导入:今天,杨老师带来一个谜语,请你猜一猜。

1. 谜语引入。

一节复一节,千枝攒万叶。

我自不开花,免撩蜂与蝶。(竹子)

提问:你从哪里猜出来是竹子?

小结:原来竹子是一节一节的,它不开花,长了许多的竹枝和竹叶。

(同时出示竹子图片)

2. 摸一摸、看一看、说一说竹子。

(1) 教师提供竹竿、竹枝、竹叶等材料。

(2) 幼儿分组摸一摸、看一看、说一说竹子。

(3) 集体分享交流。

关键提问：你要说一说竹子的哪个部分？它的外形是怎样的？摸起来感觉怎么样？

小结：原来我们看到的竹子，竹竿是直直的、一节一节的，中间是空心的；竹枝有许多的分叉；竹叶是细长的、尖尖的，竹子除了竹叶之外摸起来都是硬硬的。

(价值分析：通过猜谜语，引导幼儿回忆竹子的外形，通过摸一摸、看一看、说一说竹材料，从而调动更多的感官去感知竹子的外形特征。)

二、品一品竹子的画

1. 提问：你从这幅画上看见了什么？

2. 小结：这是一幅水墨画，上面画了竹子和大石头，作品名字就叫《竹石图》，是由我国古代著名的画家郑板桥画的。

3. 提问：什么是水墨画？

4. 小结：原来水墨画就是国画，是由水和墨调配成不同深浅的墨色所画出的画，是绘画的一种形式。

5. 关键提问：这幅画上的颜色有什么秘密？

6. 小结：原来这幅画的墨色有深有浅，靠近前面的竹子墨色来得深，在后面的远的竹子、石头墨色来得浅，这就是国画近浓远淡、近实远虚的艺术手段，我们国画作品中经常会用到这种方法来表现画面的美。

(价值分析：初步欣赏郑板桥的画，观察作品的内容，了解水墨画的近实远虚的艺术手段，进一步提升幼儿对中国画的欣赏能力，发展幼儿的观察能力，激发幼儿语言表达的兴趣。)

说一说竹子的品质

1. 提问：这幅画中的竹子是怎样的？除了竹子，你还看到了什么，它是怎样的？

2. 小结：作品中的竹子细细的、直直的、长长的，大石头细而高地屹立在竹子旁边。

3. 提问：你觉得竹子的生长环境怎么样？它的生长有没有受周围环境影响？

4. 小结：竹子虽然生长在恶劣的环境下，但它仍然长得生机勃勃，盎然挺立。

5. 关键提问：你觉得竹子有怎样的品质？为什么？

6. 小结：竹子有着高洁、坚韧、秉直、虚心的品格。

（价值分析：进一步欣赏《竹石图》，观察画作中竹子的生长环境，大胆与大家分享、交流自己的想法和美感体验，结合画面中情境，试图理解画家所表达的意图，从而激发幼儿对竹子崇高品质的向往。）

延伸活动

1. 阅读区提供郑板桥更多的水墨画作品供幼儿欣赏。
2. 美工区提供墨水、毛笔、宣纸等供幼儿进行创作。

专家点评：

1. 从本次美术欣赏活动效果来看，在教师的引导下，幼儿基本上都能积极参与到学习活动中来。在过程中，我们看到幼儿是快乐的、开心的，他们交流自己的观点的积极性很高，能看到这个班级的幼儿普遍都乐于思考、愿意分享。

2. 活动内容选择贴近该班幼儿年龄段，活动环节紧密围绕活动目标展开。在欣赏名家画作中，在教师的问题中，激发了幼儿的观察能力、分享表达的欲望。

3. 活动结束后，教师预设的目标达成度较高，幼儿对于《竹石图》，对于中国的水墨画及近实远虚的艺术手法都有了较深的认识，他们的学习兴趣被激发，同时认知水平、语言水平得到了不同程度的发展。

4. 教师在活动中发挥主导作用，抛出问题，也能积极回应幼儿的回答，师生互动、生生互动良好。

集体活动8：竹子开花喽喂

金 玲

【设计思路】

1. 幼儿角度：班中幼儿对于《竹子开花喽喂》的绘本很感兴趣，常常和同伴们在图书区讨论小熊猫咪咪的故事，并好奇咪咪唱的歌曲是什么？在日常的音乐活动中，幼儿最感兴趣的是一首歌曲的旋律，每当旋律响起他们会最先拍手、摇头等感知旋律,但往往对于歌曲中的歌词内容并不能较清楚地记住,这也影响了他们最终演唱歌曲的情绪。而《竹子开花喽喂》这首歌曲旋律优美、有较强的节奏、有故事情感渲染,基于幼儿的当前兴趣热点结合音乐欣赏、演唱等形式,生成音乐活动,尝试引导幼儿在绘本欣赏中初步学会有感情地演唱歌曲。

2. 理论方面:音乐是表现情绪、情感的最好方式。想让幼儿喜欢参加艺术活动,大胆表现自己的情感和体验,寻找合适的歌曲教材是至关重要的。歌曲《竹子开花喽喂》旋律优美、内容生动,在几句歌词中包含了一个令人有些悲伤却又坚信明天会更好的熊猫咪咪的故事。歌词中描绘了几种不同的情绪,第一段描述了咪咪和妈妈在一起的美好回忆,第二段描述了咪咪失去妈妈的悲伤情绪,第三段描述了大家会帮助咪咪的坚定决心。内容的层层递进和音乐不同情绪的表达,使这首动听的歌曲成为幼儿学习有感情演唱歌曲的好教材。

3. 教师角度:大班幼儿逻辑思维虽然已开始萌芽,但主要的思维方式还是以具体形象思维为主的。所以本次活动教师让幼儿通过多种感官通道,运用多媒体、快板演示、体验等手段,充分让幼儿感受和欣赏音乐,激发幼儿体会生命虽然脆弱,但爱能使人更强大的情感,我们要友爱地对待我们身边的好朋友。

【活动目标】

1. 在绘本欣赏中理解歌词内容并尝试有感情地演唱歌曲。
2. 体会生命虽然脆弱,但爱能使人更强大。

【活动准备】

经验准备:幼儿有在图书区看过绘本。

材料准备:PPT,快板,《竹子开花喽喂》绘本

【活动重难点】

活动重点:理解歌词内容,初步学唱。

活动难点:尝试有感情地演唱歌曲。

【活动过程】

一、图片导入

1. 出示图片,介绍熊猫咪咪
2. 播放音乐伴奏

关键提问:这段音乐给你什么样的感觉?

小结：熊猫咪咪最喜欢哼唱这首歌了，音乐时而轻柔时而欢快，里面充满了咪咪所有快乐的回忆，今天它要把这首《竹子开花喽喂》分享给我们大二班小朋友，一起来听一听吧。

（价值分析：通过图片的形式介绍今天的主角熊猫咪咪，引发幼儿回忆自己所阅读过的绘本《竹子开花喽喂》，继而通过对音乐伴奏的欣赏引导幼儿关注音乐的节奏变化，初步感知音乐旋律。）

二、绘本欣赏

1. 出示视频1

关键提问：为什么只有咪咪不愿搬家呢？

小结：因为保护区是咪咪和熊猫妈妈的家，当年熊猫妈妈舍弃自己保护了咪咪，这里充满了咪咪和妈妈的美好记忆。

2. 出示视频2

关键提问：

(1) 饲养员做了什么事让咪咪重新吃起了竹子？(2) 咪咪为什么很喜欢哼唱《竹子开花喽喂》这首歌曲呢？

小结：饲养员知道咪咪很想念已逝的妈妈，像妈妈一样摸着咪咪的头唱起了竹子开花喽喂，唤起了咪咪和妈妈在一起的美好回忆——数星星、准备早餐。

（价值分析：利用幼儿熟悉且有一定兴趣的绘本开展集体阅读可以引导幼儿在绘本欣赏、互动交流中初步理解歌词内容，体会熊猫咪咪哼唱这首歌背后的原因、情绪，为后续有感情地演唱歌曲做铺垫。）

三、歌曲欣赏

1. 欣赏歌曲第一段

关键提问：

(1) 歌曲里的咪咪在干什么？

(2) 咪咪又在担心什么？

小结：（有节奏地朗读）咪咪躺在妈妈的怀里数星星，星星呀星星多美丽，明天的早餐在哪里？

2. 欣赏歌曲第二段

提问：歌曲里是怎么对咪咪说的？

小结：（有节奏地朗读）咪咪呀咪咪，请你相信，我们没有忘记你，高高的月儿天上挂，明天的早餐在我心底。

3. 欣赏歌曲第三段

提问:歌曲里是怎么来帮助咪咪的?

小结:(有节奏地朗读)请让我来帮助你,就像帮助我自己,请让我来关心你,就像关心我们自己,这世界会变得更美丽。

(价值分析:以分段欣赏歌曲、回忆歌曲内容的形式引导幼儿进一步理解歌词内容,教师有节奏地朗诵也帮助幼儿在熟悉歌词的基础上又熟悉歌曲节奏。)

四、歌曲学唱

1. 学唱歌曲

(1) 快板打节奏

关键提问:

快板打节奏需要注意什么?

小结:我们需要确定节奏,根据相同的节奏去演奏歌曲。

(2) 快板演唱

2. 分享交流

提问:(1)这首歌曲让你有什么感受?(2)通过这首歌让你们懂得了什么?

小结:虽然我们的生命是很脆弱的,但身边人给予我们的爱会让我们变得强大,勇敢去面对任何困难。

(价值分析:将有趣的快板融入幼儿的歌曲演唱环节,引导幼儿跟随相同的快板节奏尝试有感情地演唱歌曲,体会歌曲中的浓厚情感。)

延伸活动

幼儿回到区角表演《竹子开花喽喂》

专家点评:

整个活动体现了将"源于幼儿,发展幼儿"以及全面发展的教育理念贯穿始终,具体为:

一、活动"源于幼儿",能调动幼儿活动的兴趣。

活动内容取自于幼儿日常最喜欢的绘本之一《竹子开花喽喂》,以音乐活动的形式解开幼儿的迷惑:熊猫咪咪唱的歌曲到底是什么?整个活动通过欣赏音乐、说说自己的感受,集体再次欣赏绘本,欣赏歌曲内容,学唱歌曲,快板演唱到体会歌曲的内涵将活动难点逐渐解开,幼儿自始至终都兴致勃勃、兴趣很浓厚。

二、活动"发展幼儿",体现幼儿主动、创新学习。

有效的集体教学不仅要体现幼儿的主动性,也应该体现教师的指导性。活动中的教师善于运用语言适时引导、及时提升幼儿的语言表达与情感共鸣能力,保护和进一步激发了幼儿学唱歌曲的积极性。活动中,教师有效地运用快板进行歌曲打节奏也是活动的一大亮点,将有趣的快板融入幼儿的歌曲演唱环节,发挥了幼儿的自我理解及节奏感知能力。

三、活动注重交往合作,推动了幼儿全面发展。

幼儿园音乐教学应该使幼儿在学科知识增长的同时也健全和发展人格。"竹子开花喽喂"活动中,教师以绘本导入学习歌曲《熊猫咪咪》,引导幼儿体会生命虽然脆弱,但爱能使人更强大,促进幼儿自信、乐学、关爱他人等良好个性和品格的培养。

寻竹活动方案集

历史资源活动

一、小班活动

活动名称： 小小卖货郎

活动目标： 体验吆喝叫卖式的传统卖货方式，感受扮演小小卖货郎的快乐。

活动时间： 2021年2月23日

活动对象： 小一班、小二班幼儿、幼儿家长及教师

活动地点： 钱富路

活动准备： 竹编、扁担、篮筐

活动过程：

1. 幼儿和家长一起收集竹编。
2. 部分幼儿叫卖自制竹编。
3. 部分幼儿跟随家长一同去卖货。

二、中班活动

活动名称： 特色老茶馆

活动目标：

1. 通过观察茶叶的特征，欣赏茶具的工艺美，了解茶道文化及发展，培养幼儿细致观察物体的能力，增长见识、拓宽视野。

2. 领略浓郁的茶道特色，感受茶道艺术的无穷魅力，激发幼儿对传统文化的兴趣。

活动时间： 2021年4月20日

活动对象： 中二班部分幼儿、家长志愿者、教师、一名保安

活动地点： 钱圩老街

活动准备： 前期收集幼儿对于茶馆产生的各类问题、竹叶茶

活动过程：

1. 幼儿参观特色老茶馆。

2. 聆听茶馆中老爷爷的讲述。

3. 幼儿品味茶馆中的茶。

4. 泡一泡竹叶茶,品一品竹叶茶的与众不同。

5. 幼儿说说此次活动的感受。

6. 幼儿回到教室将活动的经历或感受画下来。

7. 教师将幼儿的画编辑成册。

三、大班活动

活动名称： 时光滴答,探寻老街上的钟表店

活动目标：

1. 通过参观老街上的钟表店,认识一些以前的钟表。

2. 感受钱圩老街的旧时光,感受现代城市的快速发展。

活动时间： 2021年6月3日

活动对象： 大一班、大二班部分幼儿、大班组教师

活动地点： 钱圩老街钟表店、教室、幼儿家中

活动准备： 相机、PPT、竹编钟表

活动过程：

地点：钟表店

1. 幼儿辨别各种各样的钟表。

2. 听钟表店的老爷爷讲述这些钟表的用途。(如：怀表、秒表、落地钟等)

3. 说一说自己最喜欢的钟表,并阐述原因。

地点：教室

1. 对比旧时的钟表和现如今的钟表,发现相同与不同。

2. 欣赏近现代时期的竹编钟表,感受钟表的演变。

2. 教师总结钟表的发展历程。

地点：幼儿家中

1. 找寻家中的旧钟表,将其带到幼儿园进行交流。

2. 听一听长辈讲述关于这块旧钟表的故事,感受过去的时光。

人文资源活动

一、小班活动
活动名称：竹林探险

活动目标：

1. 让幼儿了解竹林是我们的地域特色，萌发爱家乡的情感。
2. 体验竹林打野战的乐趣。

活动时间：2021年4月16日

活动对象：小一班、小二班部分幼儿、部分家长及教师

活动地点：金山卫镇星火村

活动准备：竹林、玩具枪、迷彩服

活动过程：

1. 聊聊竹林，畅谈竹林里的游戏。
2. 幼儿更换迷彩服，带上装备，家长与幼儿共同前往竹林。
3. 幼儿共同制定打野战规则。
4. 开展竹林里的游戏。

二、中班活动
活动名称：绘竹林

活动目标：

1. 通过绘竹林的活动，了解竹子的外形特征，生长特性等，并能够通过画笔表现出来。
2. 通过对周边竹林这一人文资源的利用，拓展幼儿的活动范围和人文视野。

活动时间：2021年3月18日

活动对象：中一班、中二班部分幼儿、部分幼儿家长及教师

活动地点：金山卫镇横浦村

活动准备：竹林、记号笔、油画棒、水彩笔、写生板、小椅子等

活动过程：

1. 仔细观察竹子的外形特点。
2. 观察竹林里的变化（竹笋冒出来了）。
3. 用画笔将竹笋与竹子表现出来。

4. 互相分享作品,感受他人眼中的竹林美景。

5. 将作品带回幼儿园,并向他人讲述与分享。

三、大班活动

活动名称: 趣谈八字桥

活动目标:

1. 在户外清新的环境下,让幼儿享受美好的自然风光,了解八字桥的由来,铭记历史文化。

2. 联合家长、社区资源开展户外宅基课堂活动,激活人文资源优势,优化主题亲子活动。

活动时间: 2021年9月3日

活动对象: 大一班、大二班部分幼儿、部分幼儿家长及教师

活动地点: 金山卫镇八字村

活动准备: 八字桥的历史图片、竹枝、竹片、竹篾等竹制品

活动过程:

1. 幼儿跟随家长实地参观八字桥。

2. 幼儿倾听爷爷奶奶讲述八字桥的由来。

3. 幼儿分享自己参观八字桥的感受。

4. 幼儿用竹制品合作搭建一座"八字桥"。

宅基资源活动

一、小班活动

活动名称: 快乐竹竿舞

活动目标:

1. 掌握跳竹竿的基本节奏和动作,发展弹跳能力、灵敏性和协调性,培养节奏韵律感。

2. 体验竹竿舞的乐趣和成功的喜悦。

活动时间: 2021年1月14日

活动对象: 小二班部分幼儿及家长、两名教师

活动地点: 金山卫镇联合村

活动准备: 音乐、竹竿

活动过程：

1. 欣赏舞蹈录像,感受竹竿舞的欢快气氛。

2. 家长带领幼儿进行简单的跳竹竿游戏。

3. 音乐节奏下,幼儿自由进行简单的竹竿舞活动。

二、中班活动

活动名称：**笋肉塌饼**

活动目标：

1. 围绕宅基地挖掘具有乡野特色的活动,为幼儿提供更多的体验式学习。

2. 开发更多家庭及周边环境资源,实现家长进课堂活动内容的多元化。

活动时间：2020 年 12 月 24 日

活动对象：中一班部分幼儿、部分幼儿家长及教师

活动地点：金山卫镇星火村

活动准备：笋、肉、面粉等食材

活动过程：

1. 幼儿在教师及家长引导下帮忙剥笋、准备食材。

2. 体验制作笋肉塌饼的过程。

3. 品尝自己的劳动成果"笋肉塌饼",说说自己的感受。

4. 和同伴们一起分享制作笋肉塌饼的方法。

三、大班活动

活动名称：**巧搭竹棚,乐享竹味**

活动目标：体验搭竹棚的宅基劳动,知道竹棚对丝瓜生长的支持作用,感受竹子的妙用。

活动时间：2021 年 5 月 10 日

活动对象：大一班、大二班部分幼儿、部分幼儿家长及教师

活动地点：金山卫镇星火村

活动准备：斗笠、竹竿、绳子等

活动过程：

1. 准备搭丝瓜棚所需的竹竿。

2. 和奶奶一同为丝瓜搭竹棚。

3. 记录与分享活动体验。

自然资源活动

一、小班活动

活动名称：竹风铃

活动目标：学习制作竹叶风铃的方法,体验和爸爸妈妈一起进行手工制作的快乐。

活动时间：2021年3月18日

活动对象：小一班、小二班部分幼儿、部分幼儿家长及教师

活动地点：金山卫镇星火村东圩

活动准备：竹叶、剪刀、细绳、微视频

活动过程：

1. 幼儿和家长一起在小竹林里摘竹叶。

2. 幼儿和家长一起观看制作竹风铃的微视频。

3. 幼儿和家长一起制作竹风铃。

4. 幼儿对竹风铃进行装饰。

二、中班活动

活动名称：竹子的秘密

活动目标：

1. 通过实地探秘小竹林,知道竹林中竹子、竹叶的基本特征。

2. 通过宅基小课堂的模式,品味乡野特色,体会在竹林中玩耍的快乐。

活动时间：2020年12月24日

活动对象：中二班部分幼儿及家长、两名教师

活动地点：金山卫镇横召村

活动准备：竹林

活动过程：

1. 教师及家长带领幼儿进行穿越竹林的游戏,一起探索竹林里的秘密。

2. 摸一摸竹叶,说说看竹叶和其他叶子有什么区别?我们可以用竹叶干什么呢?

3. 数一数竹子的竹节。

4. 听一听竹林里的声音。

5. 说一说关于竹子的小秘密。

三、大班活动

活动名称：竹篾编织

活动目标：

1. 通过观看家长编织竹篾，了解竹篾编织的方法与技巧。

2. 体验传统的竹篾编织，感受竹子的多种用途。

活动时间： 2020 年 12 月 2 日

活动对象： 大三班部分幼儿及家长、两名教师

活动地点： 金山卫镇张桥村

活动准备： 竹篾、剪刀

活动过程：

1. 欣赏竹篾作品，了解编织竹篾的方法。

2. 观看祖辈家长进行竹篾编织。

3. 幼儿在家长指导下尝试进行竹篾编织。

4. 欣赏自己和同伴的编织作品。

第五章

城郊幼儿园"竹趣"微型课程的管理策略

金山区钱圩幼儿园校本研修方案

一、师资现状分析

(一) 基本情况

钱圩幼儿园是一所二级幼儿园。现有6个班级(小班2个,中班2个,大班2个),共有183名幼儿。现有在编教师20人,其中高级教师2人,一级教师8人,二级教师10人。

具体情况如下:

总数	职称			学历		骨干教师		年龄(岁)			
	高级	一级	二级	本科	大专	区级	园级	20—30	31—40	41—50	50—60
20名	2	8	10	20	0	1	5	2	12	5	1
百分比	10%	40%	50%	100%	0	5%	25%	10%	60%	25%	5%

(二) 发展优势

1. 队伍建设优化,管理实效提升

幼儿园围绕区教育工作党委"围绕一个主题""聚焦两个指数""建好三支队伍""完善四项机制"党建工作内涵,建立多层次激励机制,开展人力资源管理创新,进一步明确奖惩措施,通过实现精准考核,鼓励教师发挥所长,主动提升工作积极性,形成良性竞争的工作格局。重视队伍建设,制定了教师个人三年发展规划,明确了队伍发展的目标和分层培养措施,建立教师培养机制,重视师德师风建设。以"项目组"和"青年工作坊"为载体,推动教师专业发展。支部、行政、工会合力,坚持以规范园务公开工作为抓手,提高了中层干部的管理能力,形成了团结凝聚的领导班子。

2. 研修模式创新,专业素养提高

《城郊幼儿园"竹趣"微型课程的实践研究》成功立项区级重点课题及上海市教育科研一般项目。秉持"精业笃行,厚积薄发"的研训理念,坚持以全园龙头课题《城郊幼儿园"竹趣"微型课程的实践研究》引领幼儿园内涵建设、特色发展。在课题引领下开展了系列特色活动研究,形成初步的"竹蕴"系列培训内容。重视教研组制度建设和常态实施,大小教研结合,研修形式多样。《蕴德于心 润德于行》师德课程及《幼儿园"竹趣"特色活动》分别在区"十三五"校本研究课程中评为优秀课程和二星课程。我园有区第八届"明天的导师"工程区级骨干1名;正、副园长分别参加上海市特级教师陈青和应彩云名师工作室。共有20多篇论文及案例获得区级及以上奖项或发表、10多项课题区级立项、1项市级课题、20多项区级及以上个人荣誉。

(三) 发展瓶颈

1. 师资队伍专业能力存在明显差异,骨干培养亟待提升

幼儿园地处乡镇,职前60%的教师是非学前教育专业背景,幼儿园师资队伍优质与均衡发展尚显不足,区级以上骨干教师人数不多,缺乏优秀领航教师。成熟、骨干教师存在倦怠期、瓶颈期问题,教育教学理念需要持续的科学引领,专业能力、经验与发展需求个体差异较大。尤其在课程实施、环境创设和幼儿行为观察与指导等方面,研究与创新能力普遍缺乏,实践成效不够。尚需多形式、多途径为青年教师搭建平台,缩小教师专业能力差距。保健管理团队专业化、研究力不足,保育总管和保健教师认真负责、好学求进,但三大员的系统管理、专业引领、内涵提升等方面依然处于循环上升过程中的下位,区域层面缺少有影响力的保健成果。

2. 研训课程体系尚不完善,园本培训内容还需精细打造

幼儿园立足园本,结合课题研究和教师教育教学困惑开设了"希沃在日常教学中的应用""信息化教学课件的制作"课程、幼儿园"竹趣"特色活动实践课程、"竹蕴"师德素养课程等助推教师的专业成长,但园本培训和个人发展规划针对性不够,培训课程内容系统化欠缺,还需精细打造。教师在进一步用行动落实"儿童视角"方面存在短板,教师在设计活动时的创新能力不足,故本学期需尝试探寻出一些切实有效的方式和策略,通过园本研修及大、小教研活动开展相关专题研讨,同时充分发挥骨干教师的引领作用,促进全体教师的共同进步。

二、培训目标

(一) 总目标

以提升教师的职业精神和专业素养为宗旨,促进全体教师的专业化成长。根据不同层面教师成长的需求和个性特点,提供平等的学习机会,通过差异互补、共同合作,激发教师专业成长的内在动力,塑造教师的团队协作精神。以园本教研为重要载体,立足课堂真实情境,梳理问题,连环跟进,建立以"研"为核心,"学习——实践——研讨——反思"一体化的培训模式,实现因人而异、优势发展,在行动中提升教师的学习、实践、反思能力,促进专业素养和专业能力的提高。

(二) 基本目标

1. 加强师德建设,提高全体教师的师德素养,提升教师的道德水平,丰富自身的教育观、人生观和价值观,形成教师以"爱、责任"为核心的情感态度。

2. 深化课程改革,围绕有效教学开展课堂教学实践研究,梳理课程实施中的经验与成果,问题与困惑,将"教学——教研——科研——师训"一体化,进行全面专题培训。

3. 推动教师专业成长,以"实践反思、同伴互助、专业引领"为要素,聚焦问题,行为跟进的校本研修活动,促进教师队伍的专业成长。

4. 积累校本研修资源,规范校本研修管理,有效推进,及时认定,激发教师自主规划研修内容、自主管理学分,体现教师在研修活动中的主体作用。

5. 加大中青年骨干教师培养的力度,坚持骨干教师带教制度,形成梯队带教的模式,为青年教师的成长铺路搭桥,并同时使骨干教师逐步形成自己的教学风格或特色,提高教师的专业理论水平,优化教师队伍的专业能力。

6. 加强对教师进行多媒体技术应用能力的培训,提高教师使用现代化教育技术手段的能力。

三、培训对象：所有在编在岗教师

四、研修任务与要求

（一）职务培训

1. 二级和一级教师培训

有计划地参与职务培训，使教师更新教育理念，深入钻研业务。学习新知识，掌握新技能，提升教育教学实际能力。五年累计培训时间不少于360学时。

2. 高级职务教师培训

有计划地参与职务培训，使教师提升教研科研能力，通过教学示范、带教青年教师和课题研究，充分发挥高级教师的专业引领示范作用，实现高级教师的可持续发展。五年累计培训时间不少于540学时。

（二）专项培训

1. 分层专项培训

① 职初教师培训：5年内新教师和骨干教师签约，通过骨干教师的引领作用，促进青年教师的成长。

② 骨干教师培训：重点帮助教师总结教育教学经验，探索教育教学规律，进一步提升教育教学能力、教研能力、培训和指导青年教师的能力，参加主题培训班，参加"明天的导师"工程、名师带教班。

2. 教师专业素养调研

参加师德与育德能力、学科本体知识的学科调研，激发教师专业发展的愿望，推动教师专业发展的愿望，推动教师自主学习。

3. 教师信息化多媒体技术培训

以"教师信息技术应用能力提升工程"项目培训为契机，组织教师参与培训，提升教师信息化应用能力，从而提高课堂教学能效。

4. 消防知识、逃生技能类培训

有组织地参与区教育学院组织的消防知识、逃生技能培训，让教师掌握消防知识和技能，提高消防意识。

（三）校本研修

建立和完善园本研修制度。建立基于"问题启动、专题驱动、专业引领、合作互动"的"教、研、修"三位一体的园本研修机制。坚持园本培训与教研活动相结合、园本培训与教育科研相结合、理论学习与教学实践相结合,构建培训课程资源体系,为教师提供个性化、多样化的选择机会,提高园本研修的质量和水平,促进教师专业化发展。

1. 师德素养

● 目标:构建师德建设长效机制,优化师资队伍结构,激励教师自主性发展,打造以青年教师为基础,以骨干教师为核心,以优秀领军教师为引航的梯队;以"教师三年发展规划"为抓手,分层制定专业发展手册(素质指标、教学指标和成果指标),不断促进教师整体水平的提高和整体结构的优化;健全三大员评价标准,形成员工自主评价机制;创建一支"虚怀担当、正直奋进、精业笃行、团结创新"的新时代教职工队伍。

● 阶段目标与措施:

年度	年度目标	年度措施	达成标志
2021年	1. 明确"十四五"队伍建设和教师专业发展方向。 2. 理解并在"一日活动"中践行"自然天成,活力生长"的办园理念。	1. 完善"十四五"队伍建设的岗位职责和规章制度,制定《"十四五"队伍建设规划》,落实和完善分层培养机制,修订《教师五年发展规划》文本。 2.1 通过个体反思、结伴同行、专家引领、线上线下等途径提升员工专业素养。 2.2 学习师德先进事迹,开展"爱心铸就师魂"的主题教育活动,弘扬师资队伍中全心全意为幼儿服务、全面关心幼儿、师德师风高尚的先进事例,开展师德创优评选活动。 2.3 通过撰写学习故事,提升教师观察识别的专业能力;分享教育实践中"春竹成林"之故事。	1. 完善"十四五"校本研修制度,制定《"十四五"队伍建设规划》,全体教师制定《教师五年发展规划》。 2. 完成2021学年园本师德素养课程和实践体验课程,争创区优秀教研组。
	三大员日常工作常态化、规范化、精细化。	借助区级"绿叶工程"的评选,组织后勤三大员主要通过应知应会测试、操作技能比武、保研活动观摩研讨、配班工作交流会等,提高专业服务能力。	保健老师申报区级课题;营养员、保育员在区级比赛中有好名次。

续 表

年度	年度目标	年度措施	达成标志
2022年	1. 彰显"春竹成林"的师德建设目标,打造身边的师德典范。 2. 积极落实分层培训机制,以项目研究的方式加强骨干教师队伍建设。 3. 全面推进基于公平、公正、公开的推优、评优等工作,做到公平竞争、全面激励。	1. 开展"身边的感动"师德演讲和摄影展,结合评先活动大力弘扬幼儿园层面的师德典型案例与教师,积极营造"春竹成林"的团队精神。 2. 根据教师的需求和区"十四五"规划的要求,制订切实可行的培训计划,选择教师需求的培训内容,实施有效的园本培训项目(注重分层、梯度式培养),加强梯队建设。 3. 以"青年工作坊"为载体,充分发挥区级骨干教师和园级骨干教师的教学优势和教学特长,组建适合每位教师发展的工作团队,共同提高教师的专业水平。	1. 推送"身边的感动"教师专辑。 2. 有2名在区内较有影响力的教师。 3. 开设青年工作坊,构建专业发展共同体。教师全部完成2022学年园本研修课程。
	1. 加强三大员专业能力培训,体现以德而立,依规而行。 2. 通过市文明单位创建,进一步完善校园安全文明建设。	1. 通过"走出去""请进来"的培训模式,不断从各个层面掌握更多的后勤专业技能,完善我园后勤队伍的专业素养。 2. 对照上海市安全文明校园标准解读与自评,梳理经验,争创上海市文明单位。	1. 后勤人员专业评比项目活动,并做好资料积累,部分保育员持双证。 2. 争创上海市安全文明校园。
2023年	1. 进一步加强师德建设,形成"春竹成林"的团队精神,打造自主创新的师资队伍,营造良好氛围。 2. 优化骨干教师队伍,完成新一轮"园骨干教师"评选。在实施重点项目中,优化队伍建设。	1. 完善、修订幼儿园骨干教师、后备干部的评选与履职、培养方案,搭建骨干教师展示引领的平台与机会,确保师资队伍梯队建设。 2. 依托重点项目《城郊幼儿园"竹趣"微型课程的实践研究》的研究,验证使用已形成的课程内容,使之愈加丰富与完善,提升教师的专业能力。	1. 有1名教师成为"明天的导师"工程的学科导师。1/4教师评选为新一轮骨干教师。其中2名教师成为区级骨干教师。 2. 教师全部完成2023学年园本研修课程,积极申报区师德素养优秀课程。

续 表

年度	年度目标	年度措施	达成标志
2023年	修订完善三大员德能勤绩考核,完善三大员的岗位操作评价表。	修正完善三大员考核细则和岗位操作评价表。评选钱幼"三大员之星"。	出台《三大员考核细则》和《三大员岗位操作评价表》,三大员评为园"三大员之星"。
2024年	1. 进一步打造"春竹成林"的团队文化,完善教师自主发展机制。 2. 继续深入推进重点项目,深化园本特色课程研发,初步实践园本化课程评价方案。 3. 创新园本培训方式,梳理幼儿园园本培训手册。	1. 营造教师学习研讨的硬环境和软环境。以目标为驱动,有效落实自主发展,使教师拥有更清晰的发展规划,形成教学特长。 2.1 开展共同性课程与特色课程的实践研讨。 2.2 建立并完善园本化课程评价制度,加强课程实施过程监控,了解一线教师在实施过程中的情况,并及时动态调整和完善,使之更具操作性。 3. 创新园本培训方式,定期开展园本培训项目组展示活动,梳理园本培训手册。	1. 整理"竹趣"特色活动方案集,形成"竹趣"特色课程实施方案。 2. 完成2024年园本研修课程。 3. 园本培训项目展示,区级骨干辐射引领。
	进一步完善三大员的岗位操作评价表指标。	完善三大员考核细则和岗位操作评价表。	《三大员岗位操作评价表》完善。
2025年	1. 完善幼儿园教师评价机制,全面提升教师的专业素养。 2. 总结教师队伍建设的优秀经验,完成教师梯队结构的优化。 3. 全部完成"十四五"师训工作。	1. 开展"春竹成林"杯师德师风标兵评选活动。 2. 开展"竹之韵、竹之美、竹之乐"等系列活动,聚焦教师技能、理论、实践综合发展现状进行展示、分享、交流,提升教师专业综合素养与能力。 3. 全部完成"十四五"师训任务与目标。	1. "春竹成林"杯师德师风标兵评选,青年教师能在区级教育教学技能评比活动获奖。 2. 完成"竹之韵、竹之美、竹之乐"教师专业展示系列活动。 3. 完成校本研修自评报告,申报区校本研修优秀校。

续　表

年度	年度目标	年度措施	达成标志
2025年	梳理"十四五"三大队伍建设经验与不足,思考"十五五"三大员队伍建设。	对"十四五"三大员建设和发展做自我评价和总结,反思不足及后续改进措施。	撰写评价小结,梳理不足及改进措施。

2. 实践与体验

校本研修与教研活动相结合、校本研修与科研活动相结合、理论学习与实践相结合,建立"问题启动——专题驱动——专业引领——合作互动"的运行模式。

(1) 教研活动

① 寻找教师在教育教学中的突出问题,以此制定每学期的教研主题。

② 通过集体与自习相结合、理论与实践相结合、自评与互评相结合的教研过程,通过剖析具体案例,以教研为落脚点,提高教师在教育教学实践中实施新课程的能力和水平。

③ 大力开展以"基于儿童立场的观察与识别"为主题的校本研训,在实践中挖掘各类培训资源,研究各类课程模式,补足园本课程。

(2) 科研活动

● 目标:以园部"竹趣"龙头课题为抓手,深化科研工作的内涵,助推园本特色活动的深入研究与成果有效转化,"教研科研一体化",促进幼儿园保教质量的发展;以区级科研管理与培训机制为推手,进一步完善幼儿园科研管理与助研机制,强化课题研究的过程管理与成果推广运用,提升教师研究能力。

● 阶段目标与措施:

年度	年度目标	年度措施	达成标志
2021年	1. 进一步完善科研管理,使之制度化、规范化、实践化。	1. 切实落实我园的各项教育科研管理制度,加强课题实施中的指导与管理。 2.1 完成已立项课题的结题工	1. 幼儿园龙头课题有序实施,各项市、区级研究课题按期结题。

续 表

年度	年度目标	年度措施	达成标志
2021年	2. 区级一般、规划课题结题准备，确立新的专题研究项目，提高课题研究水平。 3. 完善课题管理制度，加强课题研究过程管理，落实立项课题的实践研究。 4. 积极开展各条线（教育教学、保健、家教）课题申报工作，形成市级、区级、园级三层课题群。	作，进行成果整理、汇编与推广工作。 2.2 抓住新一轮课题申报契机，申报市、区级课题。 3.1 梳理各年龄段幼儿"竹趣"微型课程内容；设计各年龄段的课程方案，在梳理好的课程内容基础上分配到各年龄段级组设计相应的课程方案，并打磨优化活动方案。 3.2 围绕龙头课题研究，发展子课题，建立课题群，逐渐完善"竹趣"课题的实践研究。 3.3 完成区级一般、区级规划课题的结题工作，进行成果整理、汇编与推广工作。 4. 推进龙头课题的实践研究，建构以整合、开放为特点的"竹趣"课程内容，在各年龄段实施、打磨、优化，并形成相关的案例、论文，组稿参加区级评比活动。	2. 区级研究课题按期结题；完成各条线课题申报工作并成功立项。 3. 完成"竹趣"微型课程目标与评价；编写《城郊幼儿园"竹趣"微型课程的实践研究》系列活动方案集。 4. 申报保健课题、党建课题、家教课题。
2022年	1. 聚焦教研模式的创新开展，提升教研组研究的有效性。 2. 争取申报立项市级青年教师基金会课题、上海市家教课题及区级课题，完成已立项区级课题的结题工作，分层指导教师开展课题研究。 3. 优化龙头课题研究成果，提升	1.1 鼓励、指导教研组结合具体需要加强理论学习，特别是对幼儿发展规律的学习和观察、解读幼儿能力的提升。 1.2 认真学习贯彻落实《上海市优秀教研组评价标准》，加强对教研组长的指导、培养，完善教研组过程性资料的管理，提高资料的完整性、有效性。 2. 鼓励和指导青年教师积极参与市级课题的申报。 3. 做好龙头课题《城郊幼儿园"竹趣"微型课程的实践研究》中期汇报工作。	1. 龙头课题研究召开现场会，总结阶段研究成效。 2. 教师立项课题2—3个，研究过程严谨，过程性资料完备。 3. 龙头课题研究召开现场会，总结阶段研究成效。 4. 做到青年教师、骨干教师人人有课题。

续 表

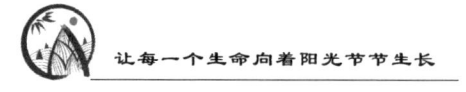

年度	年度目标	年度措施	达成标志
2022年	课题成果的区域影响力。 4. 启发教研模式之新思路，提升教研活动的有效性。引导教师在研究实践中提升教育科研能力。	4.1 加强理论学习，将理论与实际相结合，直面现实问题，立足儿童发展观，将教研活动落到实处。 4.2 贯彻落实《上海市优秀教研组评价标准》，加强对教研组长的指导、培养，完善教研组过程性资料的管理，提高资料的完整性、有效性。	
2023年	1. 鼓励教师积极参加教育科研管理培训，提高一线教师的科研素养。 2. 完成《城郊幼儿园大班"竹趣"微型课程的实践与研究》课题研究经验总结，并进行成果推广。 3. 引导教师在研究实践与教育科研管理培训中提升科研与撰写能力。	1.1 邀请专家作科研指导和引领。 1.2 开展各种形式的培训，增强激励机制，发挥科研骨干教师梯队的作用。 2.1 基于重点项目《城郊幼儿园大班"竹趣"微型课程的实践与研究》的研究，梳理、汇编研究成果。 2.2 做好龙头课题《城郊幼儿园"竹趣"微型课程的实践与研究》终期成果汇报工作，汇编研究成果。 3. 专家引领，开展多形式的科研培训活动，增强激励机制，发挥科研骨干教师梯队的作用，提升教师科研能力。	1. 一线教师参与教育科研的积极性高，争取申报区级教科研成果奖。 2. 龙头课题《城郊幼儿园"竹趣"微型课程的实践与研究》结题，召开成果交流展示会。 3. 教师撰写的案例或论文在区级获奖或发表。
2024年	1. 优化教研成效，重点关注教研内容与教研方式的有机结合。 2. 鼓励教师立足本职岗位，按需结伴进行研究，提高教师的研究动力和研究能力。 3. 加强教研与科研整合，提高课题研究实效性。	1. 教研组研究围绕研究课题和需要解决的问题展开，并创新教研模式。 2.1 搭建不同层面的研究平台（市级课题、区级课题、项目研究小组），鼓励教师立足教育实践进行保教研究。 2.2 抓住契机，进行市级、区级课题的申报。 2.3 围绕新一轮龙头课题研究，建立课题群，重点为前期的现状调查、文献收集与数据分析。	1. 幼儿园申报立项区重点课题，区级、园级骨干青年教师人人有立项课题。 2. 建立保障教研与科研整合的相关制度。

续　表

年度	年度目标	年度措施	达成标志
2024 年		3. 以科研为引领，以教研为载体，以课题为抓手，形成有机组合，相互依赖，相互促进。	
2025 年	1. 丰富教研模式，优化教研成效，完善教研机制建设。 2. 总结"十四五"教育科研成果。	1. 梳理教研组组织与实施的经验与方法，完善教研组研讨活动机制。 2. 分析汇总"十四五"教育科研成效，制订下一轮教育科研计划。	1. 形成教研组管理经验集，教师认同度高，并进行推广。 2. 总结"十四五"教科研工作成效与不足，规章制度修订成册，汇编"十四五"钱幼教科研成果集。

(3) 实践活动

① 在"城郊幼儿园'竹趣'微型课程的实践与研究"引领下，以"竹趣"大活动，如：寻竹踏青游、竹韵艺术节、竹趣嘉年华、玩竹运动会为载体，提高教师的活动策划、组织、调试能力。

② 定期开展"'竹趣'特色活动一课三研""教学擂台赛"等，以此提高教师教研教学水平。

③ 营造良好的学习氛围，提高教师专业知识及能力。

五、培训课程与学分设置

(一) 必修内容

1. 师德与素养(五年内修满 4 学分)

序号	时间	内　容	途径	学习要求	学分配置	合计
1	2021学年	1. 学习师德先进事迹，开展"爱心铸就师魂"的主题教育活动。 2. 分享教育实践中"春竹成林"之故事。	主题活动开展师德创优评选活动。	撰写学习体会；讲座笔记，学习心得	1	4 学分

续　表

序号	时间	内　容	途径	学习要求	学分配置	合计
2	2022学年	1. 开展"身边的感动"师德演讲和摄影展。 2. 积极营造"春竹成林"的团队精神。	师德论坛	故事演讲	1	4学分
3	2023学年	开展"竹蕴"教师主题评选活动	教师论坛	参与"竹蕴"教师评选活动 做孩子心目中的好老师	1	
4	2024学年	优质服务：弘扬"竹蕴"师德之风、读好书活动	讲座、论坛、自学	师德学习心得；读后感	1	

2. 实践体验课程（五年内修满8分）

序号	时间	内　容	途　径	学习要求	达标标志	学分配置	合计
1	2021学年	青年教师教学实践课 骨干教师展示课	青年工作坊	参加展示和交流反思	有活动方案、有反思、有听课记录、有活动评价表	2	10个学分（8分为保底）
		"竹趣"案例分享交流	教研大组	笔记并学习后撰写观察记录	有案例、有笔记		
		青年教师教学实践课 骨干教师展示课	教研大组	参加展示和交流反思	有活动方案、有反思、有听课记录、有活动评价表		
		基于儿童立场的观察与识别——户外游戏展示	园内组织	各班创设游戏场景，参与展示	有活动场景照片,有观察记录		

续　表

序号	时间	内　容	途　径	学习要求	达标标志	学分配置	合计
2	2022学年	青年教师技能技巧比武	园内组织	作品展示、年级组童话剧表演	有作品照片、有童话剧剧本、有奖状	2	10个学分（8分为保底）
		教研组"竹趣"特色一课三研及展示 骨干教师展示课（"竹趣"课题中期展示）	教研大组	参加展示和交流反思	有活动方案、有反思、有听课记录、有活动评价表		
		竹趣室项目化案例评比	教研大组	"竹趣"项目化成果作品展	案例评比方案、总结、案例等		
		教研组一课三研及展示 骨干教师展示课	教研大组	参加展示和交流反思	有活动方案、有反思、有听课记录、有活动评价表		
3	2023学年	基于儿童立场的观察与识别——班本化"竹趣"个别化材料评比	教研大组	班本化"竹趣"个别化学习材料，并参与展示评比	有自制材料照片、有评分表、有奖状	2	
		教研组一课三研及展示 骨干教师展示课	教研大组	参加展示和交流反思	有活动方案、有反思、有听课记录、有活动评价表		
		竹益智区个别化学习材料评比	教研大组	自制益智区个别化学习材料，并参与展示评比	有自制材料照片、有评分表、有奖状		
		教研组一课三研及展示 骨干教师展示课	教研大组	参加展示和交流反思	有活动方案、有反思、有听课记录、有活动评价表		

续 表

序号	时间	内容	途径	学习要求	达标标志	学分配置	合计
4	2024学年	"竹趣"语言区个别化学习材料评比	教研大组	自制"竹趣"语言区个别化学习材料,并参与展示评比	有自制材料照片、有评分表、有奖状	2	10个学分(8分为保底)
		教研组一课三研及展示骨干教师展示课	教研大组	参加展示和交流反思	有活动方案、有反思、有听课记录、有活动评价表		
		竹娃升学记——幼小衔接案例交流与评比	教研大组	案例反映在幼小衔接背景下,竹娃们的成长与进步	有案例、有评分表、有奖状		
		教研组一课三研及展示骨干教师展示课	教研大组	参加展示和交流反思	有活动方案、有反思、有听课记录、有活动评价表		
5	2025学年	"竹趣"集体教学活动方案设计比赛	青年工作坊	原创方案的设计	有活动方案设计、有评分表、有奖状	2	
		教研组"竹趣"一课三研及展示骨干教师展示课	教研大组	参加展示和交流反思	有活动方案、有反思、有听课记录、有活动评价表		
		课件制作竞赛	园内组织	设计教学活动课件	有课件、有评价表、有奖状		
		教研组"竹趣"一课三研及展示骨干教师展示课	教研大组	参加展示和交流反思	有活动方案、有反思、有听课记录、有活动评价表		

（二）选修内容（五年内修满 2 学分）

课程结构	序号	内　容	途　径	考核要求	学分配置	说　明
自主发展	1	技能学习	集体学习	每参与一项活动记0.5学分，最多不超过1分	1	最多记2学分
	2	青年教师读书活动	自选与专业发展、专题研究、自身困惑有关的书籍，撰写读书心得	有读后感或教养笔记	1	
	3	课堂实践学习	园内带教与跟教	有记录、有总结、有汇报课	1	
			日常教学活动观摩	每参加一次，且有记录		
	4	三年行动个人规划	个人制定	每年个人有计划，年末有总结	1	
研修	1	参与课题研究	小组学习	参与市、区、校的各级课题，自主参加各项目组，有公开课、小论文	1	
	2	独立领衔小课题研究	文本发表、交流	区级以上杂志等发表交流	1	
	3	研究课题推广	实践活动	区级以上推广	1	

（三）学分设置

级别/模块	师德与素养课程	知识与技能课程	实践体验课程	总　分
市级共享	2	5		7
区级共享	2	9		11

续　表

级别/模块	师德与素养课程	知识与技能课程	实践体验课程	总　　分
园级共享	4		10	14
总计	8	14	10	32

（四）学分要求

每位教师在五年内累计培训不少于32学分，其中参加市级共享课程学习不少于7分。

高级教师五年内在完成32学分基础上，须增加以教育研究、引领辐射为主的个性化自主研修，完成不少于18学分。其中带教指导、课程开发、课题研究等不少于14学分。

幼儿园中层干部（包括青年后备干部）须参加岗位技能培训，五年内研修不少于9学分，纳入区级学分，计入在职教师岗位培训学分总量。

（五）学分冲抵

市级培训学分可以冲抵区级培训学分，模块须对应；区级学分不可以冲抵市级学分；市、区级培训学分不可以冲抵园本研修学分。

园长培训学分可以冲抵教师培训学分；教师培训学分不可以冲抵园长培训学分。

高一层次学历进修，凭毕业证书或学历证书，可冲抵师德与素养、知识与技能两大类课程的学分（全员培训、学科专业培训等必须参加）。除学历进修外，各课程类别的学分不相互冲抵。

参加信息技术应用能力提升工程的教师，凭结业证明，可冲抵相应培训模块的学分，其中完成通识课程学习的冲抵市级学分中知识与技能模块1分，完成专业课程学习的冲抵区级学分中知识与技能模块3分，完成实践应用课程学习的冲抵园级学分中实践体验课程1分。

参加挂职锻炼、本区乡镇幼儿园支教的，在取得相关证明后可折算成相应的学分。

六、组织管理

1. 幼儿园成立校本培训领导工作小组。

2. 幼儿园领导工作小组以园长为第一责任人,业务园长为副组长具体负责组织实施。

3. 工作组下设各年龄组。

4. 幼儿园由专人制订总体培训方案、年度计划、有关制度等。各个项目由专人负责自主组织活动,工作组进行检查、指导、监督、考核。

七、保障措施

(一)组织保障

为了使师训工作顺利进行,我园特成立师训工作小组,由园长、副园长、园中层骨干及师训专管员组成,具体如下:

岗位名称	职责	具体负责
园长	组长	培训工作的领导、动员;以及"师德"中的政治学习。
副园长	副组长	负责"实践体验课程"及"选修内容"。
工会主席档案	副组长	负责"师德素养"工作;负责安排、组织、档案袋和记录册的辅导、收集,学校计划落实的资料汇总,协助"教学实践"及"研修"内容的工作。
教研组长	成员	协助"教学实践"及"研修"内容的工作。
后勤主管	成员	协助师训工作提供后勤支持。

(二)制度保障

1. 建立教师学习档案和资料袋管理制度。

2. 聘请指导老师和专家带教制度。

3. 定期进行工作推进情况通报制度。

4. 每学期资料收集、汇总制度。

5. 每学期期末进行的学分认定制度和全年进修情况个人认可制度。

(三)资源利用

1. 本市、本区内资深专家的指导。

2. 园内名优教师、优秀教师。

3. 学校人事激励制度的实施。

4. 市、区各级组织的政策保障。

（四）经费保障

幼儿园在分配方案中体现对教师、骨干教师参加继续教育的支持,保证每年度用于教师培训的经费不低于规定标准1万元。

附件：课题组架构

本课题采取统一规划、分工研究的方法,最后将分散研究成果统一汇总鉴定。幼儿园课题组建立起管理与研究的立体网络,采取逐级目标管理,层层负责。

课题组组长：刘晓薇（园长）

秘书长：沈乐怡

组员：戚丹花（副园长）、沈浩梅、陶叶、韩春磊、苏周莉、金玲、陆君伟、杨雯晔

第一子课题组：《城郊幼儿园"竹趣"微型课程之目标和评价研究》

负责人：戚丹花

课题组成员：陶叶、沈乐怡

主要任务：

1. 确立课程目标（总目标、各年龄段目标）；

2. 建立评价体系

(1) 城郊幼儿园"竹趣"微型课程——课程评价

(2) 城郊幼儿园"竹趣"微型课程——教师评价

(3) 城郊幼儿园"竹趣"微型课程——幼儿评价

第二子课题组：《城郊幼儿园小班"竹趣"微型课程的实践与研究》

负责人：陶叶、苏周莉

课题组成员：小班教研组老师

第三子课题组：《城郊幼儿园中班"竹趣"微型课程的实践与研究》

负责人：沈浩梅、陆君伟

课题组成员：中班教研组老师

第四子课题组：《城郊幼儿园大班"竹趣"微型课程的实践与研究》

负责人：韩春磊、杨雯晔

课题组成员：大班教研组老师

```
                    ┌─────────────────────────┐
                    │  课题组长：刘晓薇(园长)  │
                    └─────────────────────────┘
                         │              │
              ┌──────────────────┐   ┌─────────────────────────────────┐
              │ 秘书长：沈乐怡   │   │ 组员：戚丹花(副园长)、沈浩梅、陶叶、│
              └──────────────────┘   │ 韩春磊、苏周莉、金玲、陆君伟、杨雯晔│
                                     └─────────────────────────────────┘
```

第一子课题组	第二子课题组	第三子课题组	第四子课题组
负责人： 戚丹花	负责人： 陶叶 苏周莉	负责人： 沈浩梅 杨雯晔	负责人： 韩春磊 金玲
成员： 陶叶 沈乐怡	成员： 小班教研组教师	成员： 中班教研组教师	成员： 大班教研组教师

第六章
城郊幼儿园"竹趣"微型课程的环境资源

雅竹林

　　雅竹林以竹融趣,借竹萌动,结合家园资源共同合力打造错落有致的"竹林迷宫"。抽插式的竹竿设置让竹林迷宫再次升级为百变迷宫,满足幼儿自由穿梭、野战游戏、趣爬竹竿等探索新玩法的愿望。在雅竹林的一角更有着一片可供幼儿欣赏、观察、养护的小竹林,吸引着幼儿大胆探索竹子的奥秘,陪伴着幼儿享受不可多得的"竹意"生活。

熊猫竹园

白石小路

涂鸦天地

青青竹林

细水长流

小竹屋

竹林里

竹林探险

小竹苑

　　植物角是班级环境教育的重要组成部分,更是幼儿亲近、探索自然的窗口。幼儿们将竹筒挂起,用竹编点缀,把竹笕架起,装饰了那一隅美好,与生机勃勃的植物角绘成了一幅自然长卷。阳光洒满露台,幼儿们忙着观察变化、记录生长、分享发现,延展了与自然的亲密关系。花草茂盛,竹意盎然,一切都向着阳光节节生长。

小小竹苑

秋日私语

竹趣一隅

快乐竹苑

竹篱茅舍

青竹幽幽

小院晒秋

竹趣室

　　竹趣室是我园幼儿进行各项竹特色活动的场所。在竹趣室中,教师与幼儿共同创设空间,展现了师幼共同生发的动态过程。多样且丰富的竹材料及其他辅助材料,为幼儿创造了和竹深入互动的机会,满足幼儿游戏、操作、探索、学习和艺术创作等需要。以兴趣为引导的项目化学习活动,让幼儿在自主、合作的学习氛围中,体验竹材料的一物多用,感受竹子带来的无穷乐趣。

竹子项目

竹艺作品

竹艺作品

家长议事堂

办园理念

乐画竹扇

趣味竹筏

竹趣室一隅

竹子架高楼

竹屋环游记

竹味馆

竹味馆是幼儿品味竹之美食的空间。在竹味馆内,教师与幼儿使用竹材料共同制作笋肉塌饼、笋壳粽、竹叶茶;使用竹子器具体验炱糕、打年糕、制竹筒饭,在沉浸式体验与享受的过程中,尽情、尽兴体验快乐,品味美食,感受竹子与饮食之间的关系,在竹中寻味,传承传统美食文化。

竹筒饭

炱糕

做塌饼

竹叶茶

· 325 ·

笋壳叶粽子

白相宅基头

白相宅基头以"宅基地"为亲子活动主阵地,以幼儿家庭宅基地周边的各类资源为素材,以挖掘家长智慧、融合社区文化为策略,以自然田野、历史人文、民俗文化、村规民约为内容,让幼儿走出校园、走进乡野田间,进一步亲近自然,感受生活,萌发热爱家乡的情感。在巧搭丝瓜棚、乐玩橘园、趣制竹风铃等现实场景、生活情境中自主探索、合作分享,充分体验富有田野趣味的淳朴童年。

学做竹风铃

学扎竹扫帚

学编竹席

引水入渠

挖竹笋

竹林秋千乐

竹趣特色活动

以"竹"为载体、以"趣"为核心,利用竹资源开展有关竹的精神、竹的知识、竹的艺术、竹的实践等方面的活动,把城郊的"竹"资源与生活、运动、游戏、学习有效融合,形成品竹、玩竹、乐竹、探竹、寻竹等系列特色活动,依据季节,开展春季"寻竹踏青游"、夏季"竹韵艺术节"、秋季"玩竹嘉年华"、冬季"竹趣运动会"等丰富多元的竹趣活动,以提升幼儿社会性交往、合作协商、艺术表现等能力。

穿越火线

猴子捞月

竹根拓印

竹节吹画

沙水部落

趣味投壶

乐爬竹梯

倒挂金钩

竹篓寻宝

沙池挖宝

踩高跷

倒挂竹梯

越竹架